CEstA
Centro de Estudos Ameríndios
UNIVERSIDADE DE SÃO PAULO

PALOC
PATRIMOINES LOCAUX, ENVIRONNEMENT & GLOBALISATION · IRD · MNHN

IRD Éditions

ubu

APOIO
CEstA, LAPOD, BBM e IEB [USP]
CPEI [UNICAMP]
PALOC [IRD/MNHN]

ORGANIZAÇÃO
JOANA CABRAL DE OLIVEIRA
MARTA AMOROSO
ANA GABRIELA MORIM DE LIMA
KAREN SHIRATORI
STELIO MARRAS
LAURE EMPERAIRE

VOZES VEGETAIS

DIVERSIDADE, RESISTÊNCIAS E HISTÓRIAS DA FLORESTA

11 VEGETAR O PENSAMENTO: MANIFESTO E HESITAÇÃO

13 APRESENTAÇÃO

PARTE I

21 **SEMEAR A TERRA:
MODOS DE RESISTÊNCIA CONTRA O REACIONARISMO MODERNO**

23 **1. A voz e o silêncio**
Pedro Paulo Pimenta

37 **2. O vozerio da pós-verdade e suas ameaças civilizacionais**
Stelio Marras

57 **3. Dissonâncias vegetais: entre roças e tratados**
Laure Emperaire

77 **4. Agricultura contra o Estado**
Joana Cabral de Oliveira

97 **5. Agroecologia e a luta pela terra**
Maria Rodrigues dos Santos

PARTE 2

107 **RAÍZES DA DIVERSIDADE: SABERES DOS POVOS DO PASSADO E DO PRESENTE, HISTÓRIAS DE VIDA E LUGARES DE MEMÓRIA**

109 **6. Castanha, pinhão e pequi ou a alma antiga dos bosques do Brasil**
Eduardo Góes Neves

125 **7. O acúmulo das diferenças: nota arqueológica sobre a relação entre sócio e biodiversidade na Amazônia antiga**
Laura Pereira Furquim

140 **8. Transformar as plantas, cultivar o corpo**
Gilton Mendes dos Santos

154 **9. Memórias sobre as cuias: o que contam os quintais e florestas alagáveis na Amazônia brasileira?**
Priscila Ambrósio Moreira

167 **10. A descoberta do *manhafã*: seguindo as trilhas da floresta com os Mura**
Marta Amoroso

PARTE 3

187 **SOCIALIDADES VEGETAIS: PARENTESCO, PREDAÇÃO, CUIDADOS E AFETOS**

189 **11. Contradomesticação na Amazônia indígena: a botânica da precaução**
Miguel Aparicio

213 **12. Especulações sobre pupunheiras ou *cuidar com* parentes-planta**
Fabiana Maizza

228 **13. Vegetalidade humana e o medo do olhar feminino**
Karen Shiratori

PARTE 4

245 **COLHENDO FRUTOS: MITO E RITUAL, CICLOS DE VIDA E INTERAÇÕES MULTIESPÉCIES**

247 **14. O mundo num ouriço de castanha: a mitopoética dos índios Apurinã e o espírito ancestral das castanheiras**
Mario Rique Fernandes

266 **15. Os modos de vida, criação e reprodução das florestas de castanhais no Alto Trombetas, Oriximiná (PA)**
Igor Scaramuzzi

283 **16. Histórias e cantos do milho krahô: as muitas vozes do Cerrado**
Ana Gabriela Morim de Lima, Creuza Prumkwyj Krahô e Veronica Aldé

301 **17. As plantas ouvem a nossa voz: cantos e cuidados rituais kaiowá**
Izaque João Kaiowá

313 BIBLIOGRAFIA GERAL
351 MINIBIOGRAFIAS VEGETAIS DOS AUTORES
365 AGRADECIMENTOS
ANEXO CADERNO DE IMAGENS

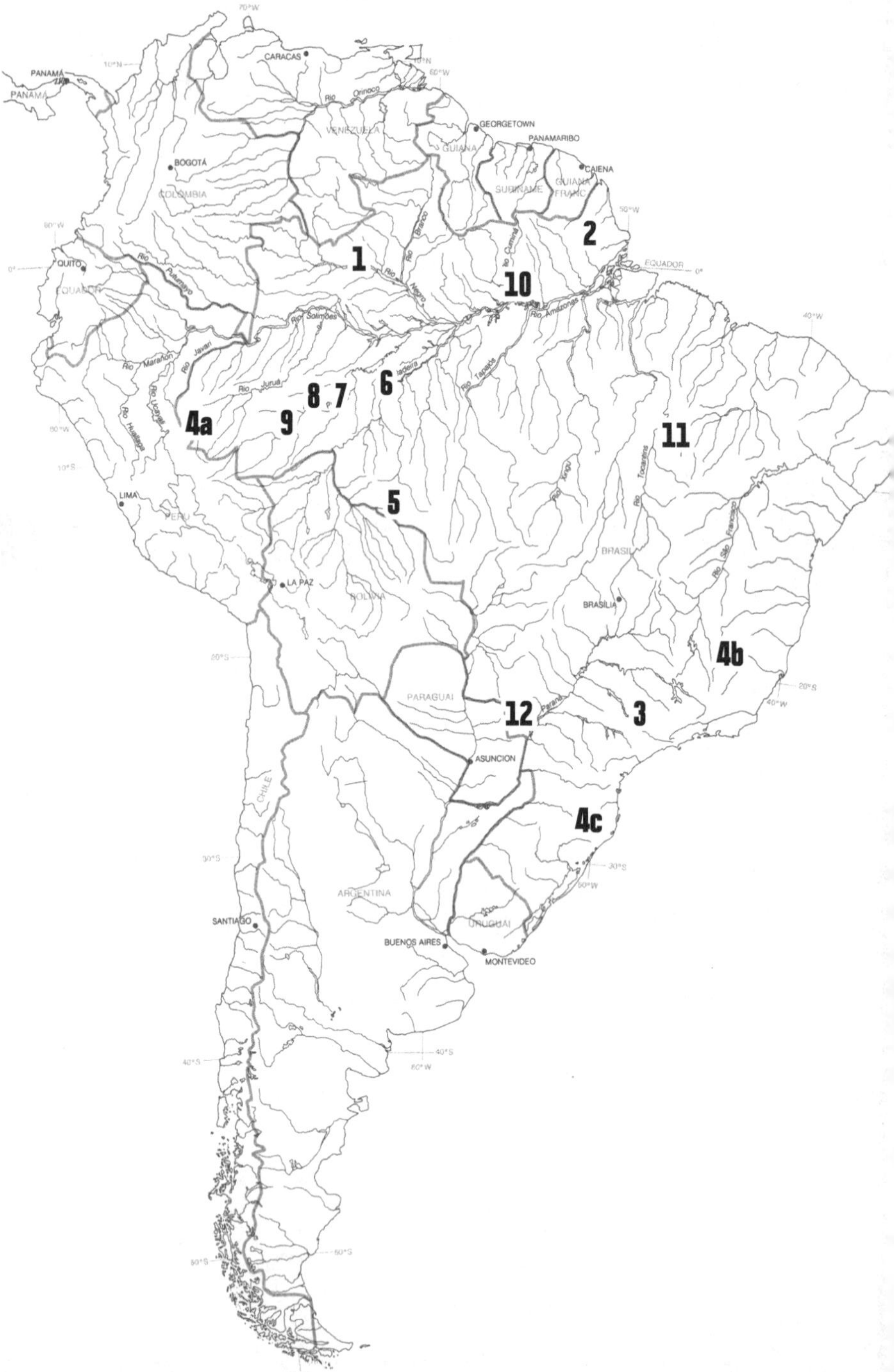

1
2
3
4a
4b
4c
5
6
7
8
9
10
11
12
PANAMÁ
CARACAS
Rio Orinoco
VENEZUELA
GEORGETOWN
GUIANA
PANAMARIBO
SURINAME
CAIENA
BOGOTÁ
COLOMBIA
QUITO
EQUADOR
Rio Putumayo
Rio Negro
Rio Branco
Rio Solimões
Rio Amazonas
Rio Javari
Rio Marañon
Rio Juruá
Rio Ucayali
Rio Huallaga
Madeira
Rio Tapajós
Rio Xingu
Rio Tocantins
Rio São Francisco
LIMA
PERU
LA PAZ
BOLIVIA
BRASIL
BRASÍLIA
PARAGUAI
Paraná
ASUNCION
CHILE
ARGENTINA
SANTIAGO
URUGUAI
BUENOS AIRES
MONTEVIDEO

LOCALIDADES E POVOS INDÍGENAS, QUILOMBOLAS E COMUNIDADES CITADOS.

1 [CAP. 3] Complexo sociocultural multiétnico do Noroeste amazônico (Aruak, Tukano, Maku, Amazonas).

2 [CAP. 3] Povo Wajãpi, Terra Indígena Wajãpi (Amapá).

3 [CAP. 3] Assentados, sítio Mãe Terra, município de Iperó (São Paulo).

4a [CAP. 6] Bacia do Alto Juruá, Brasil e Peru.

4b [CAP. 6] Caverna da Pedra Pintada, próximo a Monte Alegre (Minas Gerais).

4c [CAP. 6] Kaingang - Sítio Bonin, município de Urubici (Santa Catarina).

5 [CAP. 7] Antigos povos indígenas, rio Guaporé, pantanal do Guaporé (Rondônia).

6 [CAP. 10] Povo Mura, Terra Indígena Cunhã-Sapucaia, Baixo Rio Madeira (Amazonas).

7 [CAP. 11] Povos Banawá e Zuruahã, Terra Indígena Banawá e Terra Indígena Zuruahã (Amazonas).

8 [CAP. 12] Povo Jarawara, Terra Indígena Jarawara / Jamamadi / Kanamanti (Amazonas).

9 [CAP. 14] Povo Apurinã, Terras Indígenas Água Preta / Anari (Amazonas).

10 [CAP. 15] Quilombolas, Terras Quilombolas Abuí, Alto Trombetas 1 e Alto Trombetas 2 (Pará).

11 [CAP. 16] Povo Krahô, Terra Indígena Krahô (Tocantins).

12 [CAP. 17] Povo Kaiowá, Terra Indígena Panambizinho (Mato Grosso do Sul).

Aos indígenas, trabalhadores rurais e quilombolas vítimas da pandemia da COVID-19 e do descaso da política sanitária do governo brasileiro.

VEGETAR O PENSAMENTO: MANIFESTO E HESITAÇÃO

A virada do milênio é acompanhada de reviravoltas a um só tempo ontológicas, epistemológicas e políticas. Modos próprios de ser exigem modos próprios de conhecer e de agir. Animais, objetos tecnocientíficos e artísticos, espíritos e éteres, plantas. As plantas, mil maneiras de escutá-las desde sempre, mas agora sob constrangimentos de vida e morte inéditos em escala e em velocidade. Serão elas um guia para desconfundir o relógio com o tempo, o progresso com o crescimento?

A grande domesticação modernizadora na berlinda. O atalho célere dos agrotóxicos e o caminho compassado da permacultura e da roça de coivara. Quem domestica quem? Quem faz e quem é feito? Espécies convertidas em multiespécies, evolução em coevolução. O local em franca continuidade com o global. Urge ouvir as vozes vegetais tão diversamente traduzidas. A esfinge de um planeta respondente põe o enigma do "decifra-me ou te devoro": seguir dobrando uma natureza mais e mais excessiva e indeterminada (e por isso tão perigosa quanto auspiciosa) ou desenvolver artes de dobrar-se com ela? Com quem e de que modo aprender a revisar os vínculos com as plantas?

Ao modo das plantas, há pressa em vegetar. O que temos nós a aprender com elas? Se nelas enovelados, quem mesmo, doravante, seremos nós? Plantas são trilha e morada de outros seres. Humanos colhem e pássaros bagunçam os frutos. Abelhas fazem festa nas flores. Galhos se comunicam com o vento, raízes com as hifas, sementes pegam carona nos fluxos e asas. Vegetar é crescer em contiguidade com o mundo, coabitar lugares, aderir e fazer espaços, engajar-nos com aquilo que nos circunda – ou, antes, nos atravessa. Criar raiz e lançar sementes. Desterritorializar-se. Propagar, cortar, distribuir, desmembrar-se em qualquer ponto e depois se reconectar. Polinizar, cruzar, misturar, gerar o imprevisível. Brotar na terra, crescer, florescer, frutificar e apodrecer, voltar para a terra. Transformação é o nome do jogo. Vegetar é uma estratégia.

Em um cenário político em que os governos dão as mãos ao agronegócio, vegetar o pensamento é uma aposta de resistência feita de alianças rizomáticas com formas agroflorestais do passado, do presente e dos futuros possíveis – nunca sem a destacada presença feminina. Eis aí o cipoal por onde abrir frestas para ouvir as vozes vegetais minoritárias que vão mais e mais sendo premidas a calar-se pelo veloz monocultivo industrial e pela engenharia genética casada com puras razões mercadológicas. Vegetar é desacelerar esse andamento como condição para avançar reinícios de mundos. Haverá tempo no fim dos tempos?

APRESENTAÇÃO

O despertar de um interesse renovado pela vida vegetal em diferentes áreas do conhecimento – na política e na filosofia, nas artes e nas ciências – é em grande parte motivado pelo lugar central que as plantas ocupam no debate acerca da crise ambiental, climática e ecológica em curso, com seus desafios para os coletivos a um só tempo humanos e não humanos. Da "cegueira vegetal" à "virada das plantas", a crítica à desvalorização da vida vegetal, sobretudo no pensamento moderno, desconstrói a visão recorrente que a reduz a meras paisagens objetificadas e associais, seres caracterizados por inércia e apatia, fixidez e imobilidade, ausência de consciência, sentidos e palavras. A concepção das plantas, e mais amplamente da "natureza" como "recurso" a ser explorado ou protegido, está profundamente ligada à catástrofe ecológica promovida pelas atividades humanas baseadas no modo de vida capitalista.

Em contrapartida, os saberes dos povos tradicionais do passado e do presente, assim como dos agricultores familiares e das comunidades locais, contribuem para a promoção da diversidade simultaneamente social e biológica, motivando pensamentos e resistências em resposta aos imprevisíveis "fins de mundos" catapultados pelo generalizado modelo de *plantation* de (des)fazer o mundo. Uma concepção das plantas, dos animais e de outros não humanos como sujeitos sencientes, incluindo aqueles chamados de abióticos, é também uma característica marcante dos ameríndios e de outros povos tradicionais. Deparamos com uma diversidade de práticas e conhecimentos enraizados nos territórios, inseparáveis de cosmologias e modos de vida, que encarnam e se entrelaçam com histórias e trajetórias de vida particulares. Em circulação ao longo de gerações, tais saberes não são estáticos – estão em constante experimentação, transformação e invenção.

Esse panorama de perguntas e problemas atravessa os artigos aqui reunidos. *Vozes vegetais* tem suas raízes no seminário organizado em abril de 2019 na Universidade de São Paulo (USP) e na Universidade Estadual de Campinas (Unicamp) e é um dos frutos do fértil debate que o encontro fez brotar. Com a participação de pesquisadores indígenas e não indígenas de diferentes áreas, ativistas de grupos quilombolas e de assentamentos que se dedicam à agroecologia, e com a contribuição de uma poeta cuja obra dá destaque ao universo vegetal e, aqui, aliada com as plantas, nos convida, ao abrir cada parte do livro, a experimentar suas transformações e afetos, tivemos por objetivo promover uma conversa entre essa pluralidade de perspectivas e de formas de engajamento com as plantas, explorando novas linguagens, metodologias, teorias, práticas, caminhos éticos e mesmo teóricos.

A parte I oferece uma visão panorâmica que mapeia algumas questões gerais do campo filosófico, político e antropológico do debate contemporâneo. A começar pelo lugar da vida vegetal na metafísica e nas práticas científicas ocidentais, em particular, na história natural do século XIX, com os questionamentos acerca da estrutura hierárquica na qual o animal é tomado como modelo do vegetal, e o homem como modelo do animal (capítulo 1). Num salto histórico para o século XXI, somos confrontados com o movimento inverso de perda de confiança nas ciências, promovida pelo reacionarismo modernista que, em sua cegueira e surdez comprometidas com os ideais desenvolvimentistas, relega ou simplesmente nega os riscos socioambientais relacionados ao desmatamento acelerado, ao aquecimento global, à acidificação dos oceanos, à erosão da biodiversidade e dos solos (capítulo 2). Da perspectiva do direito, evidenciam-se as dissonâncias entre o tratamento dado pelo nosso regime jurídico às plantas cultivadas e o modo como populações tradicionais vivem e concebem os vegetais que habitam seus roçados; nossos instrumentos legais e de proteção de direitos estão aquém das filosofias e práticas tradicionais, estas, as principais responsáveis por manter um acervo fitogenético amplo e diverso (capítulo 3). Do ponto de vista das plantas e das paisagens, observa-se o uso indiscriminado de pesticidas, fertilizantes e sementes transgênicas pela agricultura em escala industrial; porém, em contraste com esse modelo hegemônico do monocultivo latifundiário, encontramos numerosas possibilidades de agriculturas e modos de vida contraestatais (capítulo 4). São histórias de ambientes devastados e formas de existência severamente impactadas, mas também de enfrentamento aos projetos de aprisionamento e extinção de modos de vida, de luta pela terra pelos que foram dela alijados – a exemplo do movimento liderado pelas famílias dos assentamentos em Sorocaba, no estado de São Paulo, que se aliam em torno da agroecologia, da biodinâmica, dos orgânicos e de iniciativas voltadas à sustentabilidade (capítulo 5).

A parte II trata da contribuição dos povos do passado e do presente, que habitaram ou habitam a floresta amazônica, para a produção da diversidade de espécies vegetais e paisagens. Embora a bacia amazônica seja conhecida como um importante centro de domesticação de plantas, muitas das espécies utilizadas no presente não são domesticadas, o que sugere que, pelo menos desde o Holoceno Médio, predominam na região sofisticadas estratégias de manejo de sistemas agroflorestais, capazes de produzir uma "hiperdiversidade" de determinadas espécies vegetais. Questionando o falso dilema posto na oposição entre plantas selvagens e domesticadas, a arqueologia demonstra, por meio das relações entre os povos indígenas e as plantas das florestas, uma multiplicidade de práticas de cultivo que não se limitam a uma concepção unívoca de agricultura. As histórias da castanha-do-pará ou castanha-da-amazônia (*Bertholletia excelsa*), da araucária (*Araucaria angustifolia*) e do pequi (*Caryocar brasiliense*) expressam na paisagem os sofisticados conhecimentos e práticas dos povos indígenas (capítulo 6). Diante dos novos dados apresentados pelas pesquisas sobre a ocupação humana na região amazônica, torna-se evidente a importância de revisar as categorias e os conceitos mobilizados para descrever suas populações e paisagens, bem como de buscar novas formas de periodização histórica, menos pautadas em modelos externos e alheios à região. Assim, observa-se durante o Holoceno um incremento expressivo da agrobiodiversidade, incluindo populações de plantas domesticadas ou não, que não pode ser dissociado de igual diversidade sociopolítica (capítulo 7). Já no presente, seguindo a trilha da produção da biodiversidade e de suas práticas associadas, exploram-se a variedade e o refinamento das biotecnologias desenvolvidas para a produção de alimentos, bem como a correlação entre corpos e plantas na Amazônia indígena (capítulo 8). Nesse sentido, dois caminhos de análise abrem indagações a respeito de duas espécies em particular: a análise morfogenética e etnobotânica da cuieira, os frutos das árvores do gênero *Crescentia* (Bignoniaceae), utilizado de longa data por diferentes povos das Américas (capítulo 9); e o trabalho etnográfico, a par da pesquisa em fontes históricas, sobre a batata *manhafã* (*Casimirella* spp.) do povo indígena Mura, que habita as regiões de interflúvio dos rios Madeira e Purus no estado do Amazonas (capítulo 10). Essas plantas se inscrevem em paisagens relacionais marcadas pela ação de humanos e não humanos, notável no cotidiano, conectando diferentes temporalidades e memórias afetivas vinculadas a lugares e a parentelas.

A parte III propõe uma reavaliação do arcabouço conceitual antropológico mobilizado para compreender as relações humanos-plantas, em particular com base em experiências etnográficas recentes com povos indígenas da família Arawá, na região do Médio Purus. Segundo os Banawá, as plantas, notadamente certas árvores, marcam os tempos e suas transformações. Nos caminhos do parentesco, as plantas – timbó (*Deguelia* sp.), castanheira, flecheira (*Gynerium sagittatum*) e tabaco (*Nicotiana tabacum*) – instauram um "princípio de precaução". A vida aldeã, efeito das transformações relacionais, estreitou o vínculo com as plantas do roçado à revelia das plantas da floresta cuja ação a *contradomestica* e desestabiliza (capítulo 11). As pupunheiras (*Bactris gasipaes*) entre os Jarawara, por sua vez, compõem a rede de relações e afetos que garantem a vida póstuma celeste, ressaltando a centralidade de uma estética do cuidar implicada tanto nos trabalhos práticos quanto nas obrigações éticas conduzidas pelas mulheres, que envolvem humanos e não humanos (capítulo 12). A inspiração também provém do feminismo especulativo, buscando outras formas de contar novas histórias e de pensar as relações entre as mulheres Jarawara e suas plantas. Também a literatura é o ponto de partida da reflexão sobre o devir-planta das mulheres jamamadi ao longo do processo de fabricação corporal no ritual pubertário. Nessa cosmologia do Médio Purus, os desdobramentos prático-conceituais dos processos do desenvolvimento humano oferecem hipóteses para pensar o modelo de vida a partir e com as plantas, levando-nos a refletir sobre "o que há de vegetal nos humanos" (capítulo 13).

A parte IV tematiza o *corpus* mítico-ritual e os calendários sazonais e agrícolas que expressam conexões multiespecíficas profundas entre os ciclos de vida das pessoas, das plantas, das roças e das florestas. A castanheira, uma das árvores mais emblemáticas da floresta amazônica e historicamente manejada por diversos povos indígenas, quilombolas, seringueiros etc., é foco de dois artigos. O primeiro deles busca aceder à perspectiva da castanheira por meio do pensamento mitopoético do povo indígena Apurinã, habitante do Alto Purus, entre o Acre e o sul do Amazonas (capítulo 14). O segundo ressalta os saberes locais dos quilombolas do Alto Trombetas, em Oriximiná, no Pará, suas concepções acerca da criação e da reprodução das florestas de castanhais, ressaltando as redes de parceria com sujeitos diversos que não se restringem ao protagonismo humano (capítulo 15). Da floresta às roças, as plantas cultivadas se revelam sensíveis aos cantos dos humanos, assim como entoam seus próprios cantos. Ganha destaque o milho (*Zea mays*), considerando a importância tanto da diversidade de variedades locais, muitas das quais correm o risco de desaparecer das roças, como de suas múltiplas expressões culturais. Entre os Krahô do Tocantins, as histórias e os cantos do milho ecoam as muitas vozes do Cerrado, que cantam e contam sobre seu jeito de ser e de viver. As narrativas, as performances e os cantos rituais ligados ao ciclo de vida do milho conectam complexas relações entre os vários sujeitos humanos e não humanos, que asseguram a alegria, a fertilidade e a resistência das roças e do Cerrado (capítulo 16). Também os Guarani Kaiowá de Panambizinho, no Mato Grosso do Sul, possuem importantes cuidados e cantos direcionados às plantas das roças, em especial o milho, para que estas amadureçam, promovam colheitas férteis e possam ser consumidas sem riscos à saúde (capítulo 17). Em ambos os casos, trata-se de saberes rituais transmitidos por várias gerações atualmente restritos a poucos especialistas.

Resta reiterar, por fim, que os artigos aqui reunidos formulam, em múltiplas vozes e miradas teóricas, caminhos conceituais e éticos, formas de engajamento e linguagens *a partir das* e *com as* plantas. Eis o suficiente para se afirmar a premência de outras alianças com os diversos seres que conformam o cosmos, sem que o humano reclame qualquer excepcionalidade. De sua parte, a humanidade aí emaranhada já não se pensa à parte das plantas.

Omama *plantou essas árvores de cantos nos confins da floresta, onde a terra termina, onde estão fincados os pés do céu sustentado pelos espíritos tatu-canastra e os espíritos jabuti. É a partir de lá que elas distribuem sem trégua suas melodias a todos os* xapiri *que correm até elas. São árvores muito grandes, cobertas de penugem brilhante de uma brancura ofuscante. Seus troncos são cobertos de lábios que se movem sem parar, uns em cima dos outros. Dessas bocas inumeráveis saem sem parar cantos belíssimos, tão numerosos quanto as estrelas no peito do céu. Mal um deles termina, outro continua. Assim, proliferam sem fim. Suas palavras não se repetem jamais. Por isso os* xapiri, *mesmo sendo tantos, podem obter delas todos os cantos que desejarem, sem nunca esgotá-los. Eles escutam essas árvores* amoa hi *com muita atenção. O som de suas palavras penetra neles e se fixa em seu pensamento. Capturam-nos como os gravadores dos brancos, nos quais* Omama *também colocou uma imagem de árvore de cantos. É assim que conseguem aprendê-los. Sem eles, não poderiam fazer sua dança de apresentação.*

— DAVI KOPENAWA & BRUCE ALBERT,
A queda do céu

PARTE 1

SEMEAR A TERRA

MODOS DE RESISTÊNCIA CONTRA O REACIONARISMO MODERNO

Criar raízes é o mesmo que fazer órbitas.
Desenhar o resto da água
que se abanca em gelo nos polos
ou a cobertura de musgo
que vive na sombra
e com o vento não se arranca
embora movimente
sutilmente
quando chove.

Oferecer o próprio corpo a ser
arbusto e água corrente
vento já não sei
o que engloba
o que me olha.

— Júlia de Carvalho Hansen, *Seiva veneno ou fruto*

1 # A VOZ E O SILÊNCIO[1]

PEDRO PAULO PIMENTA

Em determinado momento – no início do século XIX – ganha corpo no saber europeu a ideia de que isso que então se chama de Natureza tem uma voz, e de que essa voz, embora única, tem múltiplas expressões. É um evento interessante, que, como observa Jacques Rancière, em *O inconsciente estético*,[2] é solidário de certa reconfiguração da ordem dos saberes. Nos séculos anteriores, entre o XVII e o XVIII, vigorara na Europa moderna a ideia de que o regime de expressão linguística era governado pela oralidade – ou seja, pelo chamado "bom uso" (*bon usage*) da língua –, da qual a palavra escrita seria uma cópia imperfeita, enquanto a leitura silenciosa e solitária seria quase uma caricatura da leitura em voz alta, em público ou em grupo. A voz era uma prerrogativa humana, consumada no exercício de uma parte da anatomia própria de nossa espécie, e, em última instância, como observa Locke, a melhor evidência de que Deus nos criou – e apenas "nós", humanos – para a vida em sociedade: falamos, e utilizamos os signos verbais para consumar essa intencionalidade divina inscrita em nossa espécie.[3] Já os animais,

1 Deixo aqui registrado o meu agradecimento a Karen Shiratori, Renato Sztutman e Stelio Marras pelo estímulo intelectual.

2 Jacques Rancière, *O inconsciente estético*, trad. Mônica Costa Neto. São Paulo: Editora 34, 2009. A tese é exposta de maneira mais pormenorizada em *La Parole muette: Essai sur les contradictions de la littérature*. Paris: Hachette, 1998.

3 John Locke, *An Essay Concerning Human Understanding*, livro I, cap. 3, §1. P. H. Nidditch (ed.). Oxford: Clarendon Press, 1978.

silenciosos, convivem entre si e com os humanos, mas são privados da fala, seres incompletos (ou *manqués*) que se comunicam conosco parcialmente e de maneira muito imperfeita por meio de uma linguagem corporal e de vocalizações indeterminadas. É o tema de um belo livro de Élisabeth de Fontenay, *Le Silence des bêtes* [O silêncio dos animais].[4] Quanto aos vegetais, eram relegados, como mostrou François Delaporte, à categoria de um "reino secundário da natureza" (título de um estudo seminal desse autor, publicado em 1979).[5] Delaporte explica que na parte fisiológica da botânica são os animais que fornecem o esquema de inteligibilidade dos vegetais: a seiva é um esboço de sangue, sua circulação é imperfeita, porque as plantas não têm coração, a planta não se desloca, o animal sim etc. Quanto à expressão, as plantas carecem dela, são impassíveis: sinal inequívoco de que não têm sentimentos (discutia-se se os animais os teriam), e tampouco sensibilidade ou irritabilidade (que os animais certamente têm). Mesmo no que se refere à taxonomia, a escolha do critério de classificação adotado por Lineu – o órgão sexual – não deixa de ser uma projeção de uma característica pronunciada dos animais: a sexualidade, consumada, principalmente entre os mamíferos, na cópula. Sabe-se que vegetais não copulam, ou, caso se diga que o fazem, não é à maneira dos animais. Falar em vozes vegetais é então inconcebível; trata-se de um contrassenso.

E, no entanto, algo muda no panorama das ciências naturais e da filosofia europeias no início do século XIX. Rancière data essa mudança não da produção de um grande sistema filosófico ou de uma revolução geral do pensamento, mas da identificação dos fósseis de animais extintos (mamute, mastodonte, megaté-

4 Élisabeth de Fontenay, *Le Silence des bêtes: La Philosophie à l'épreuve de l'animalité*. Paris: Fayard, 1998.

5 François Delaporte, *Le Second règne de la nature: Essai sur les questions de végétalité au XVII*e *siècle*. Paris: Plon, 1979.

rio), exposta por Georges Cuvier em sucessivas comunicações públicas, entre 1796 e 1798, no Museu Nacional de História Natural, em Paris.[6] Segundo Cuvier, fragmentos de ossos que não pertencem a animais existentes na atualidade são signos de estruturas anatômico-fisiológicas e de seu comportamento – que não podemos observar –; do que se segue que eles são vestígios de épocas pregressas, o seu desparecimento marcando o que Cuvier chama de "revoluções do globo terrestre", supressões abruptas de condições de existência (geológicas e atmosféricas) às quais os animais extintos eram como que respostas funcionais exatas: suprimidas as condições, a estrutura funcional específica integrada a elas desaparece.

A revolução de Cuvier na história natural é também, no entender de Rancière, uma revolução literária. Nos séculos XVII e XVIII, falar é dizer coisas dignas de serem ditas; o registro da oralidade é fortemente hierarquizado, como na retórica clássica: existem as ações elevadas, as medíocres e as ridículas. E só se deve falar de ações, nunca da inação ou do que não age. Tais coisas são insignificantes, no sentido forte de não terem significado, ou, se quisermos, elas *não dizem nada*. Ora, as ossadas, os sambaquis, os estratos geológicos, nada disso seria digno de ser estudado a fundo por gente séria, dedicada às coisas do espírito. Objetos altamente imperfeitos e amorfos, não se comparam à harmonia do corpo humano exposta pela estatuária ou à nobreza das ações dos grandes heróis encontradas na tragédia. Se tanto, e com muitas mesuras – adotando-se, por exemplo, como faz Buffon na *História natural*, um estilo figurado e alusivo –, podem-se discutir os seres vivos próximos ao homem ou então que se destacam por sua inteligência aparente ou por seu porte imponente e seus hábitos nobres. Com Cuvier, isso muda; es-

6 Ver Martin Rudwick, *Georges Cuvier, Fossil Bones, and Geological Catastrophes*. Chicago: University of Chicago Press, 1997.

tudam-se animais desaparecidos, e, doravante, é como se um novo circuito de comunicação se instaurasse: fósseis, conchas e fragmentos falam ao nosso olhar, são indícios que, devidamente "lidos", dão testemunho de animais desparecidos que, por sua vez, remetem a mundos perdidos. Mas, note-se bem, é uma remissão da razão, não da imaginação. O animal deixa de ser uma estrutura estática e adquire o caráter de indício de uma história a ser deduzida com base nos restos fósseis, a história da natureza, onde não há herói, apenas eventos. A prosa dos naturalistas também muda: Cuvier escreve como homem comum, seu estilo é límpido e direto, pois o que lhe interessa não é embelezar o objeto, tocar a imaginação, e sim dissecá-lo, dirigindo-se à razão. Devidamente desvinculada de um registro poético e rebaixada à condição de conhecimento prosaico, a história natural tem agora a seu dispor as condições para que o vegetal também possa falar, e mostrar, por assim dizer, o seu modo de atuação.

Indicarei aqui, rapidamente, três momentos em que isso acontece, mencionando três clássicos da história natural. É evidente, não são os únicos marcos da revolução em questão; mas me parecem significativos. A mesma história aqui contada poderia ser narrada em outra versão. Por isso, se a seleção que se segue é algo idiossincrática, nem por isso é menos pertinente.

1. Jean-Baptiste Lamarck na *Filosofia zoológica*, de 1809.[7] A série vegetal organizada pelo taxonomista de acordo com a complexidade do órgão do aparelho reprodutivo (Lineu)[8] ensina o naturalista a dispor metodicamente a série paralela dos animais: o vegetal fornece o esquema de inteligibilidade do animal, torna visível a série antes invisível dos animais e desvenda os graus de

7 Jean-Baptiste Lamarck, *Filosofia zoológica*, trad. C. Hirata, J. Namba e A. C. Soliva. São Paulo: Unesp, no prelo.

8 François Dagognet, *Le Catalogue de la vie*. Paris: PUF, 1970, cap. 1.

sua complexidade. Se Lamarck trata as duas séries – animal e vegetal – como paralelas, é porque não tem elementos empíricos suficientes para demonstrar a passagem de uma para a outra. Mas isso não o impede de postular, como princípio teórico, a continuidade entre os reinos naturais: do mineral ao animal, passando pelo vegetal, encontram-se os mesmos elementos materiais configurados pelas mesmas leis mecânicas. Seu sistema da natureza é de inspiração newtoniana. Resta saber se isso é suficiente, como quer Foucault,[9] para perfilá-lo a um saber arcaizante, preso à ideia de cadeia dos seres. Parece-me que não. Em boa medida, o sistema de Lamarck, estendido à zoologia, é uma resposta à taxonomia de Lineu, na qual ainda vigora uma metafísica da experiência, exprimida pela noção de que o princípio de inteligibilidade da ordem natural é uma inteligência criadora sábia e onipotente. Na *Filosofia zoológica*, a palavra "Deus" muitas vezes é um significante vazio, em outras é um sinônimo do que Lamarck entende por "natureza" – um conjunto de fenômenos ordenados de acordo com um mesmo princípio universal de movimento. Esse deslocamento de consequências conceituais importantes é tornado possível pela adoção de um pressuposto do sistema de Lineu, malgrado suas limitações: a ideia de que toda denominação é signo e de que toda ordem é, portanto, gramática. Para Lamarck, trata-se de fazer coincidir, na medida do possível, a série da classificação com a série da especificação natural.

2. Charles Darwin em *A origem das espécies*, de 1859.[10] Darwin foi o primeiro naturalista moderno a aliar sólida formação científica, conhecimentos teóricos e ampla experiência em campo.

9 Michel Foucault, *As palavras e as coisas: Uma arqueologia das ciências humanas* [1966], 8ª ed., trad. Salma Tannus Muchaiel. São Paulo: Martins Fontes, 1999, pp. 278–ss.

10 Charles Darwin, *A origem das espécies* [1859], trad. Pedro Paulo Pimenta. São Paulo: Ubu Editora, 2018.

Se Cuvier privilegiou em seus estudos os grandes mamíferos, e Lamarck, que começou como botânico, voltou-se depois para os moluscos, Darwin privilegiou os vegetais. Observou-os em suas viagens, coletou informações junto aos agricultores ingleses, cultivou uma horta grande e variada em sua propriedade. Observou, anotou e, com base nisso, pôde constatar, entre outras coisas, que a maleabilidade dos métodos de reprodução dos vegetais, como se vê nas múltiplas formas de polinização, sugere fortemente que nossos métodos animais de reprodução (majoritariamente pela cópula, cujo modelo é a penetração) não são necessários ou mais perfeitos que outros, e sim soluções circunstanciais e temporárias, encontradas às cegas pelos seres vivos em meio ao processo incessante de luta pela existência cujo efeito é a seleção natural. Estatisticamente, a polinização é a norma, não a cópula: a reprodução, no mundo natural, muitas vezes depende mais da intervenção de um agente estranho às flores a serem polinizadas, como insetos, pássaros e mesmo mamíferos de pequeno porte, do que do encontro programado entre o macho e a fêmea de uma espécie. O naturalista inglês se cala a esse respeito, mas suas páginas sugerem que, se não vemos que é assim, é porque tendemos a tomar o modo humano / mamífero de reprodução como norma, quando a seleção natural exige a variabilidade, e não a fixidez de tais métodos. O sexo, o gênero e coisas que tais têm uma história, e, do ponto de vista dos seres vivos na luta pela existência, existem apenas provisoriamente. Essas lições, expostas no capítulo 8 da *Origem das espécies*, dedicado à "hibridização", exigem a revisão da ideia de que aqueles animais que se reproduzem sem copular seriam aberrações, pois mais correto é pensar que respondem, com seus respectivos métodos de reprodução, às circunstâncias que lhes são impostas na luta pela existência, motor da seleção natural. Vacila assim a hierarquia entre os reinos; dentro do reino animal, aquela entre os métodos; e, por fim, nos casos de reprodução sexuada, suprime-se a hierarquia entre os sexos, pois a própria divisão em macho e fêmea, com todas as variações e nuances que comporta, passa a ser vista como pura contingência, desligada da exigência de algo como um desígnio natural.

3. Richard Owen em *On the Nature of Limbs* [Da natureza dos membros], de 1847.[11] Dos três casos aqui mencionados, talvez este seja o mais interessante, até por ser o menos conhecido. Segundo esse paleontólogo inglês, fundador do Museu de História Natural de Londres, a história do reino animal poderia ser reconstituída com exatidão a partir da ideia de que todas as espécies de animais são variações anatômicas de um mesmo esqueleto primordial. Para Owen, a especificação das formas a partir do esqueleto-arquétipo se dá em um processo de "repetição indiferente ou vegetativa" das partes da estrutura anatômica, processo em relação ao qual a adaptação incide como lei secundária, isto é, as circunstâncias (climáticas) externas podem até alterar a forma de uma espécie, e essa alteração pode vir a ser transmitida hereditariamente, porém com isso não se altera a lei fundamental da especificação estrutural interna. Trata-se aí de uma engenhosa combinação entre a perspectiva de Lamarck (que poderíamos chamar de estruturalista) e a de Cuvier (que chamaremos de adaptativa). Owen tem tanta segurança do que está propondo que chega a desenhar um esqueleto-arquétipo, forma na qual estão previstas todas as possíveis variedades de vertebrados, cuja complexidade é agora subsumida ao conceito de repetição: uma parte que se acrescenta a si mesma indefinidamente explica a diferença entre mundos e mundos de espécies.[12] A força estrutural, tomada como princípio primordial

11 Richard Owen, *On the Nature of Limbs: A Discourse*. R. Amundson (ed.). Chicago: University of Chicago Press, 2007.

12 Stéphane Schmitt, *Aux Origines de la biologie moderne: L'Anatomie comparée d'Aristote à la théorie de l'évolution*. Paris: Bélin, 2006, parte II, cap. 1.

da esquematização do espaço, isto é, de sua alteração qualitativa mediante a expansão da forma, é combinada a uma força de adaptação ao meio. O emprego do adjetivo *vegetativa* mostra que, para Owen, essa repetição é um processo *indiferente* a uma vontade, a um desejo, a uma deliberação. Encontramos aí o mesmo sentido fisiológico de vegetativo dado em língua portuguesa pelo *Dicionário Houaiss*, algo "cujo funcionamento é involuntário ou inconsciente". Desvinculado estruturalmente de sua animalidade, ser irrefletido por definição, o animal de Owen é, no fundo, tão indiferente ao desejo quanto a planta de Darwin e encontra-se submetido à mesma lei de especificação que o vegetal, chame-se a ela "repetição das partes" ou "seleção natural".

A história silenciosa dos seres vivos adquire assim densidade, graças à inversão de perspectiva que permite tomar o vegetal como modelo do animal, estabelecendo uma reversibilidade entre eles.

Mas, afinal, o que se perde e o que se ganha com tudo isso? Ou, dito de outra maneira, o que é preciso suprimir para que o vegetal possa adquirir uma "voz"? Uma resposta nos é oferecida por Delaporte no estudo já referido:

> Se o mecanismo das plantas é apreendido apenas na medida em que reflete o que já se conhece do animal, [é preciso notar] que o mundo dos animais está para a fisiologia das plantas assim como o mundo tecnológico está para a fisiologia animal. Vale dizer que, em última instância, o mundo tecnológico estrutura, pelo viés da fisiologia animal, a visão dos fenômenos vegetais. Note-se, ainda, que a tentativa de explicar o inferior pelo superior é uma modalidade do mecanismo, e não o índice de sua rejeição.[13]

13 F. Delaporte, op. cit., p. 37.

Vale dizer que a assimilação do vegetal ao animal recobre uma analogia entre técnica humana e forma natural, *como se* os seres vivos fossem produtos de uma arte, máquinas concebidas, desenhadas ou fabricadas por uma inteligência. Portanto, em última instância, é uma perspectiva antropomórfica que orienta a assimilação da fisiologia vegetal à fisiologia animal, na medida em que esta é pensada sob a égide da fabricação como atividade humana. Esse arranjo hierárquico poderia ser tomado, sem mais, como uma ontologia da experiência, mas o que interessa a Delaporte é fazer sua genealogia, explicitar o interesse valorativo que orienta a sua constituição pela espécie humana. (Recupera assim, em um registro original, a tese enunciada por Georges Canguilhem em "Máquina e organismo".)[14] Portanto, quando os naturalistas dão voz, na aurora do século XIX, ao silêncio das coisas naturais, permitem com isso que os vestígios da vida possam ser tomados como pistas para a reconstituição de uma história e terminam por encontrar no vegetal o princípio de elucidação do animal. De caso pensado ou não, contribuem de maneira decisiva para pôr abaixo o edifício das causas finais e solapar o chão daquele que o erigiu: o homem, essa figura central de certas modulações do saber clássico. Para tanto, não foi preciso questionar a linguagem da história natural, bastou definir bem seus termos e alterar as relações entre eles para que um novo domínio da experiência se abrisse. E, se é verdade, como quer Nietzsche, que a metafísica surge e prospera no seio da gramática,[15] dar voz aos vegetais é também uma forma de renovar, a tal ponto de torná-la

14 Georges Canguilhem, *O conhecimento da vida* [1965], trad. Vera Lucia Avellar Ribeiro, rev. téc. Manoel Barros da Motta. Rio de Janeiro: Forense Universitária, 2012.

15 Friedrich Nietzsche, *Além do bem e do mal: Prelúdio a uma filosofia do futuro* [1886], trad. Paulo César de Souza. São Paulo: Companhia das Letras, 1992, p. 20.

quase irreconhecível, essa que Kant um dia chamou de "rainha de todas as ciências".[16] Operação inversa foi sugerida em 1802 por Destutt de Tracy, que declarou, nos *Elementos de ideologia*,[17] que "a ideologia, ou filosofia propriamente dita, é uma parte da zoologia", relegando o especificamente humano (a razão, a linguagem) a segundo plano e abrindo a perspectiva, nem sempre reconfortante, de uma superação, ainda que imperfeita ou parcial, do antropomorfismo. Entre as vozes vegetais e o silêncio dos animais, nossa humanidade vacila, e desenha-se a ideia de que a presença da espécie humana na natureza nunca passou de uma circunstância, tão importante ou tão insignificante como outra qualquer.

Podemos agora voltar à tese de Rancière que serviu como ponto de partida para esta curta exposição. Observa o filósofo que a ideia de história da natureza como história silenciosa testemunhada por vestígios de formas vivas marca profundamente o advento do grande romance francês do século XIX. Balzac viu em Cuvier o poeta de seu tempo,[18] e, como mostra Rancière, a experiência do herói de *A pele de onagro* é, em certo sentido, a da supressão da subjetividade individual na característica da espécie, tal como dada no espaço que ela ocupa e reconfigura à mercê de suas carências, necessidades e desejos: a cidade moderna, floresta em que se acumulam os detritos da atividade humana e se superpõem as camadas em que se leem os vestígios de uma história sem voz, a do homem europeu moderno. Nisso também a espécie humana não deixa de ser um vegetal ou de ter sua animalidade relativizada.

16 Immanuel Kant, *Crítica da razão pura*, trad. U. B. Moosburger e V. Rodehn. São Paulo: Abril, 1978. (Coleção Os Pensadores).

17 Destutt de Tracy, "Extrait raisonné d'Idéologie, servant de table analytique", em *Éléments d'idéologie: Oeuvres complètes*. Claude Jolly (ed.). Paris: Vrin, 2012, p. 265, v. 3.

18 Honoré de Balzac, *A pele de onagro*, trad. Paulo Neves. Porto Alegre: L&PM, 2008.

Lembremos aqui o opúsculo de Goethe dedicado à *Metamorfose das plantas* (1790),[19] em que é proposta, pela primeira vez, a ideia que, aplicada aos animais, vicejará depois na anatomia transcendental de Owen: toda parte da planta é folha, cada uma de suas partes e órgãos é o produto de um processo de reelaboração morfológica no qual a planta se espalha no espaço, apropria-se do meio circundante, relaciona-se com ele e o reconfigura. Goethe declara ter chegado a essa ideia observando as etapas de transformação da lagarta em mariposa; mas talvez tenha notado esse processo nas páginas de Buffon, que o descreveu minuciosamente e o denominou com a alcunha de metamorfose (*História dos animais*, capítulo V, 1749);[20] esse termo, que remete ao poema de Ovídio,[21] foi empregado por Diderot em *Da interpretação da natureza* (1754) para fazer referência às variedade dos seres naturais como variações de um mesmo esquema formal básico ou primordial.[22]

Poderíamos pensar que nada restaria da acepção poética da ideia de metamorfose em sua apropriação pelos filósofos e doutos da segunda metade do século XVIII. Não é o caso. Sem entrar aqui nos meandros do que o termo implica para Buffon, Diderot ou Goethe, retomemos uma observação de Fontenay em *Le Silence des bêtes*, que, num capítulo dedicado a Ovídio,[23] lembra que em seu poema as metamorfoses são transformações adventícias da forma de um indivíduo humano em forma animal, decorrentes da intervenção de algum poder divino, e que, em todas essas ocorrências, é conspícua a perda da capacidade de expri-

19 Johann Wolfgang von Goethe, *A metamorfose das plantas* [1790], trad. Fábio Mascarenhas Nolasco. São Paulo: Edipro, 2019.

20 Georges-Louis Leclerc, conde de Buffon, *História natural* [1749], trad. I. Fragelli, P. Pimenta e A. C. Soliva. São Paulo: Ed. Unesp, 2020.

21 Ovídio, *Metamorfoses*, trad. Domingos Dias. São Paulo: Editora 34, 2017.

22 Denis Diderot, *Da interpretação da natureza e outros escritos*, trad. Magnólia Costa Santos. São Paulo: Iluminuras, 1989.

23 E. de Fontenay, op. cit., pp. 63–82.

mir sentimentos e ideias em palavras, por meio da voz – sabe-se que os animais não humanos não falam. A passagem do humano ao não humano é marcada, portanto, pela supressão da voz, sem que com isso venhamos a saber se os animais ou os vegetais pensam e sentem como nós. O poema de Ovídio sugere que não: a metamorfose não é a naturalização de dado conteúdo em outra forma; é a transposição, abrupta e violenta, de certo conteúdo a uma forma estranha a ele, o que muitas vezes redunda, inclusive, na morte, por conta da inadequação entre o que se pensa e o que se sente, de um lado, e o que se é capaz de fazer, de outro. Portanto, quando Goethe propõe o estudo das plantas valendo-se da ideia de metamorfose, ele nos convida, entre outras coisas, a tentar compreender, no registro do discurso silencioso da história natural, uma ordem que não se exprime em termos humanos.

Se retomamos aqui, em registro de rapsódia, uma tradição literária e filosófica que, de certo modo, culmina em Cuvier, é com o intuito de recuperar a força com que esses e outros autores, contemporâneos a eles, questionaram a centralidade da espécie humana em uma natureza indiferente a ela, o que, inclusive, nos incita a estudá-la pondo de lado, por um instante que seja, o que quer que chamemos de nossa "humanidade". Como pensar como um outro, se este permanece opaco à nossa penetração? Ou como conceber uma alteridade, se tudo é signo e todo signo é inscrição da intencionalidade humana no domínio, de outro modo incontrolável, da sensação? Como nos transpor para a pele de um animal, para a folha de um vegetal, e fingir-nos à vontade em algo alheio e estranho ao nosso desejo? Eis aí, talvez, um limite considerável à humanização da natureza, e seria preciso lançar mão de uma arte muito especial – o xamanismo? – para figurar, em um registro muito próprio, a eventual possibilidade de sua superação. Outra questão é saber se também não seria possível entrever, em tudo isso, aberturas para a desnaturalização da própria espécie e para a instauração, no seio da "ra-

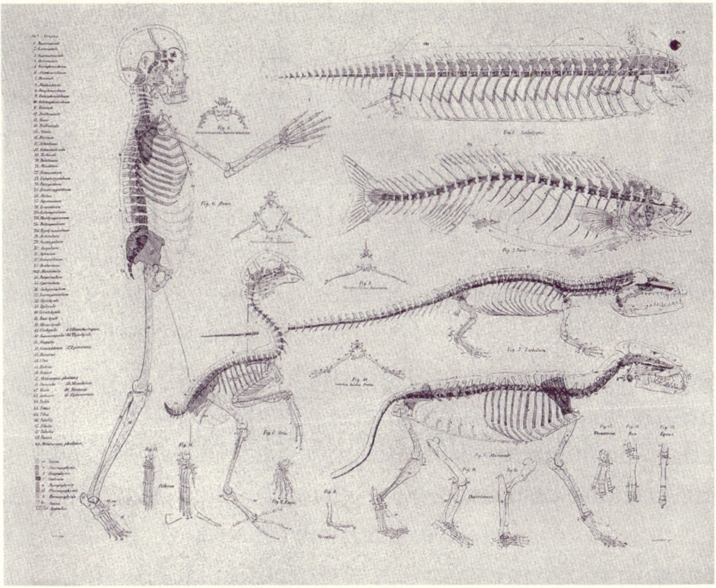

O esqueleto-arquétipo, no alto, à direita. Richard Owen, *Da natureza dos membros*, 1847.

zão", de um ponto de vista extrínseco a ela, o que exigiria a sua desnaturalização, ou o reconhecimento de que ela é um instinto específico, característico de alguns seres vivos, inadequados à sobrevivência de outros; seria o mais eficaz da nossa espécie?

Nas entrelinhas da exposição de Rancière, fica a sugestão de que uma reviravolta como essa se deu precisamente quando uma parcela de nossa espécie começou a se perder de si mesma naquela que pode ser considerada uma de suas realizações tecnológicas supremas: a cidade moderna. Pois foi na Paris da época das revoluções que se abriu, em virtude da ação humana, respaldada por uma instituição "republicana", uma brecha para que alguns de nós finalmente pudéssemos, no estudo da natureza, nos esquecer um pouco de nós mesmos enquanto espécie. Veio daí a passagem da história natural à biologia, dos derradeiros resquícios da rígida hierarquia da retórica clássica para uma ordem discursiva emancipada, capaz de delimitar todo um domínio da experiência – a que a palavra "vida" se refere de maneira vaga e imperfeita – que ainda não terminou de ser explorado e que inclui, para além de animais e vegetais, outros reinos, cujas fronteiras nem sempre são claras. As revoluções do globo terrestre de que fala Cuvier foram assimiladas por Balzac às da França moderna; as sedimentações geológicas, à sucessão das edificações na paisagem urbana; e poderíamos ver na lógica que preside à circulação de um vírus, por exemplo, uma imagem da facilidade com que os hominídeos vêm se disseminando pela face do globo pelo menos desde o Pleistoceno – período ao qual se remetem praticamente todas as identificações realizadas por Cuvier –, ameaçando e destruindo, nesse ínterim, muitas outras espécies. No coração da cidade, o naturalista visionário viu no fóssil do animal inscrito em carvão vegetal o signo de uma história que inclui o homem e vai além dele. Não importa o que se pense dessa ideia, ela é, convenhamos, um paradoxo e tanto – subjacente, quem sabe, ao belo título escolhido para este encontro.

2 O VOZERIO DA PÓS-VERDADE E SUAS AMEAÇAS CIVILIZACIONAIS

STELIO MARRAS

Não faltam pesquisas e evidências científicas, as mais consistentes e consolidadas, sobre toda sorte de riscos socioambientais diretamente relacionados à crescente erosão da biodiversidade nas mais diversas paisagens do planeta, bem como ao continuado desmatamento de florestas e sua danosa contribuição, entre tantas outras, ao aumento da temperatura média global e à acidificação dos oceanos. Também não falta conhecimento acumulado e de alta concordância quanto à erosão dos solos, degradação de mananciais e impactos altamente negativos na população de animais mundo afora, tudo isso imediatamente associado à perda das mais distintas coberturas vegetais da crosta terrestre. Sob a perspectiva vegetal, lembremos ainda as terríveis consequências ecossistêmicas de todo tipo (da saúde humana à ambiental) provocadas pelo uso indiscriminado, veloz e em escala de inúmeros pesticidas e herbicidas quimicamente sintetizados na agricultura industrial de diferentes portes. É também conhecimento já bem estabelecido que a concatenação entre o uso intensivo de fertilizantes nitrogenados, a destruição e a degradação de áreas florestais, a paisagem monocultora dos campos e o agravamento das mudanças climáticas é apontada como a principal causa do declínio das populações de insetos polinizadores em várias regiões do planeta. Os impactos desse declínio, tanto em relação à produção agrícola como aos vegetais silvestres, são mais que alarmantes e tornam ainda mais vulnerável a segurança alimentar dos povos.

Uma lição, talvez a primeira e tão urgente a aprender, com o planeta em derrocada e as catástrofes a um só tempo ambientais e sociais, com o planeta do Antropoceno devastado pela acumulação capitalista sem rédeas, desregulamentada e predadora, é a lição da profunda e sensível interdependência ecossistêmica de esferas tradicional e teoricamente divisadas como hidrosfera, atmosfera, geosfera e biosfera. Quando somos forçosamente conduzidos a pensar essas interdependências altamente complexas, a diferença e os fluxos entre local e global, até então mais ou menos estáveis, entram de pronto em causa – senão em colapso. Por assim dizer, não há muro ou fronteira qualquer que possa se erguer contra os efeitos das mudanças climáticas. O desmatamento continuado da Amazônia (que vem sendo promovido oficialmente pelo governo brasileiro) acarretará, inclusive para a agricultura monocultora e para o pasto, efeitos locais-globais dramáticos para muito além da Amazônia, e já há claros sinais disso, como os impactos sensíveis nos regimes de chuva no Brasil (e, portanto, na agricultura), já que o desmatamento altera os fluxos dos chamados "rios aéreos" e o deslocamento dessas massas de ar úmido da floresta para o continente.

A lista de problemas, ameaças e riscos que tanto nos assombram (ou que haveriam de nos assombrar) parece interminável.[1] São fartos e suficientemente robustos os indicativos que correlacionam os agravos do Novo Regime Climático (Latour 2015) a inundações, deslizamentos de terra, secas e incêndios florestais. É o que nos mostra o volumoso conhecimento produzido e em produção nas mais diversas, prestigiadas e autorizadas instâncias de pesquisa científica de toda parte do mundo a respeito dessa interdependência de esferas formando uma espécie de superorganismo altamente sensível e dinâmico, de evolução com-

1 Uma notável e sistemática coleção de dados e análises atualizados pode ser conhecida em Luiz Marques 2018.

plexa, não linear, plena de imprevistos. É o que a comunidade científica tem aprendido a nomear Sistema Terra, de cuja saúde (seria preciso dizer?) depende a nossa.

Partícipes dessas cadeias de interdependência sensivelmente entrerrespondentes, os vegetais dão testemunho das suscetibilidades do Sistema Terra e também apontam para saídas de mitigação. Fornecem dados tanto sobre degradação quanto sobre regeneração. E, contudo, parece que os ouvidos modernos permanecem majoritariamente moucos. Insiste-se em enquadrar essas enormes, perigosas e tão ramificadas ocorrências na categoria de crise, a chamada crise ecológica ou ambiental, sem que se dê conta (voluntariamente ou não) de que, como bem diz a filósofa da ciência Isabelle Stengers (2015: 41), essa crise, diferente de qualquer outra, "não é um momento ruim que vai passar".

Mas não se trata de bastar-se na denúncia. Fosse suficiente, diz ainda Stengers, a denúncia teria derrotado o capitalismo já na primeira hora.[2] Minha inquietação quase desesperada é por urgentemente compreender melhor, com mais justeza e realismo, e sem encarcerar o pensamento nos registros da denúncia ou do remorso, as motivações dessa surdez tão generalizada que impede ouvir as vozes ditas naturais. Por assim dizer, essas são vozes pós-naturais, já que ao bem estabelecido argumento

2 "Se a denúncia tivesse sido eficaz, o capitalismo estaria morto há muito tempo" (Stengers 2017). Ou, ainda, no mesmo sentido, Vinciane Despret (Despret & Stengers 2015): "Denunciar a mentira pode ser uma etapa necessária, mas parar aí é se recusar a pensar". Claro que o capitalismo não só não acabou, como se propagou pelos quatro cantos do mundo. E a tal ponto que parece fantasia imaginar o seu fim. Lembremos, tão a propósito, a já famosa sensação referida pelo filósofo esloveno Slavoj Žižek, durante o movimento Occupy Wall Street, no ano de 2011, em Manhattan, Nova York: "É fácil para nós imaginar o fim do mundo – vejam os numerosos filmes apocalípticos –, mas não o fim do capitalismo".

do pós-social haverá de corresponder o do pós-natural.[3] Ao pós-sociologismo, o pós-naturalismo. Isto é, as vozes do mundo nos falam a partir de toda sorte de recursos, mediações, dispositivos – das artes, das ciências, das técnicas, dos conhecimentos tradicionais etc. As ciências nunca se afirmam sem seus aparelhos de fonação e figuração. Não há voz natural sem a mediação do conhecimento – tal o das ciências entre os modernos. Por serem variados, esses aparelhos fornecem um espectro igualmente variado de vozes. Essa variação é a fonte de criação das ciências e, não por isso, terão ameaçada a sua objetividade. Ao contrário, alcançar consenso quanto à objetividade dos fatos, em meio a essa produção prodigiosamente diversa do conhecimento, sempre foi o verdadeiro trunfo e triunfo das ciências. Mas eis que essa sua grande vantagem tem se transformado, sobretudo nos dias de hoje, em arma letal contra as próprias ciências, contra a sociedade, contra a política, contra a natureza.

Os estudos de ciência e tecnologia, na esteira da chamada virada ontológica, permitem a compreensão da natureza como pós-natural, sem que isso signifique perda de realismo e objetividade. Ao contrário, ingressamos em um neorrealismo, uma neo-objetividade, um neonaturalismo. O ponto é que as concepções tanto do pós-social como do pós-natural – muitas das quais sob indução etnográfica – nada têm a ver com isso que se denomina hoje pós-verdade. Confundir uma coisa com outra, deliberadamente ou não, é o que faz a atual retomada ardilosa – por governos reacionários e tendentes à autocracia em consonância com certos setores ou afetos da população – dos *fronts* de modernização acelerada da sociedade e do mundo. Chamo de *reacionarimo modernista* a reação antipolítica e anticientífica

3 Pode-se conhecer em Latour (2005), por intermédio da Teoria-do-Ator-Rede, a perspectiva teórico-metodológica que se convencionou denominar "pós-social". Ver também entrevista de Márcio Goldman (2012).

mundo afora, em relação às pautas recentes tanto sociais (as denominadas *identitárias*, voltadas à promoção das minorias historicamente sujeitadas) como ambientais (isto é, ao mundo mesmo que passa a figurar como politicamente minoritário). A junção de ambas – as agendas socioambientais, diremos – parece apavorar ainda mais aqueles para quem o mundo moderno deve continuar como antes, isto é, operando com a diferença entre suas duas câmaras do real, a da natureza e a da sociedade,[4] de modo que todo o conjunto de não humanos permaneça oficialmente como recurso inanimado a serviço dessa espécie supostamente excepcional, o humano, este particular humano do Antropoceno – melhor, do Capitaloceno (Haraway 2016a).

A emergência dessas novas verdades (inconvenientes para os já antigos humanos modernos e sua escala e velocidade de produção de mundo) tem gerado a pós-verdade como reação. Fatos cedem a factoides; a produção de conhecimento à produção de obscurecimento; as controvérsias científicas são reduzidas ao sentido mais esvaziado e mesquinho de política. O que aconteceu? Entendo que esse problema tão desesperante pode ser resumido nisto que podemos identificar na história recente do pensamento: a passagem de uma politização positiva da natureza para uma negativa. A negativa é essa que, como vou sugerindo, encontra-se na base do que pretende hoje legitimar a pós-verdade. É o que permite a um Donald Trump declarar publicamente, sem nenhum pudor, que as mudanças climáticas não existem ou não dizem respeito aos Estados Unidos senão como ataque dos Democratas ao seu governo (ou, sabe-se lá, ataque dos Democratas em conluio diabólico com chineses, árabes, russos...). Não importam as evidências, as provas e as contraprovas,

4 Sobre a caracterização do moderno baseada na oposição oficial e dos trânsitos oficiosos entre natureza e sociedade, aí concebidos e praticados como domínios do real, cf. Latour 1991.

o escrutínio das ciências (naturais e sociais) na apuração dos fatos, na construção laboriosa, exaustiva e exigente de consensos entre os pares da comunidade científica que se revisam às cegas mundo afora. Ou não basta, para mencionar outro exemplo, que a Organização das Nações Unidas para Alimentação e Agricultura (FAO) oficialmente associe as "perdas de colheitas", conforme seu relatório já de 2003, a "um crescimento na taxa de uso de pesticidas" que se pôde verificar "ao longo dos últimos três ou quatro decênios".[5] Para o reacionarismo modernista, a ONU é doravante alcunhada como – pasmem! – "de esquerda", como se fosse uma reles presa da ideologia. Ou não basta, enfim, o estabelecimento do princípio de precaução em declarações (como a do Rio-92) em acordos internacionais (como o da Convenção sobre Diversidade Biológica – CDB) ou em protocolos (como o de Cartagena sobre biosseguranca, ou o de Quioto) que visem regular ou proibir práticas cuja amplitude dos riscos não é ou não pode ser suficientemente conhecida até que os estragos avancem em cadeia e se tornem mesmo irreversíveis – tal o risco de savanização da Amazônia.[6]

Nada disso importa para essa reação que hoje ataca as ciências por serem, dizem, "políticas", no pior sentido do termo, assim desonrando totalmente, e num só golpe, a política e as ciências. É como se ideologia e política fossem poluidoras do real. Esse é um verdadeiro tiro no pé porque não se atacam ideologia e política senão com ideologia e política – sendo sorrateiramente político e ideológico arrogar-se instalado em uma posição neutra, desinteressada, desvinculada de qualquer formação, interesse, posição, herança, situação, compromisso; uma posição,

5 Apud Luiz Marques 2018: 208.

6 Sobre esse e tantos outros riscos diretamente ligados às mudanças climáticas, cf., por exemplo, Jose A. Marengo Orsini, A. Nobre, Wagner R. Soares 2018.

dizem, "técnica". É claro que toda a questão reside não em ser ou não político e ideológico, e sim no que fazer com isso. Tais convicções serão postas à prova? Vencerão o contraditório? Vão se colocar abertas a surpresas e modulações? Serão processadas de acordo com os procedimentos e parâmetros científicos autorizados e oficiais? Para o referido reacionarismo, no entanto, trata-se sempre de reafirmar posições estanques e cristalizadas, independentemente do que indica a produção científica devidamente processada e tramitada em seus meios.

Nos termos de Stengers (2002: 27), eu diria que esse reacionarismo fere o "sentimento estabelecido" ("restrição leibniziana") que orienta, entre nós, a produção dos fatos com base em protocolos validados em consensos, modos próprios de apuração. Essa reação, com esse seu continuado e inconsequente *front* de modernização, mostra-se tão mais aguerrida e violenta quanto mais obstruções ou chamados por precaução se interponham a ela. É assim agora para os consensos científicos, e não seria muito menos diferente para as controvérsias. O cultivo de atenção às incertezas científicas (plataforma central dos renovados Estudos de Ciência, Tecnologia e Sociedade) toma agora, no registro da pós-verdade, um sentido particularmente perverso: ali, onde há incertezas, deve haver interesses políticos escusos, suspeitos. Ou ainda: se há diferentes versões científicas (como sobre a forçante antrópica nas mudanças climáticas), então basta aderir à versão (por mais desacreditada que seja entre os especialistas) que convenha aos interesses em jogo, uma vez que o caráter político das ciências é aí tomado como puro interesse mesquinho desse ou daquele grupo econômico ou ideológico. Resultado: uma versão desacreditada dos fatos é apresentada contra a versão mais crível (porque largamente citada e autorizada pelos mais diversos cientistas que de maneira laboriosa seguem submetendo-a a provações e resistências). É como se uma e outra versão pudessem ser igualmente levadas em conta e apreciadas. Mas essa aparente simetria pretende esconder a profunda assimetria entre as versões: uma delas não atende aos protocolos e parâmetros que lhe permitiriam aparecer como uma versão do real. Colocar ambas as versões lado a lado é, para dizer o mínimo, uma desonestidade que deturpa e desfigura a produção científica de conhecimento. Só é possível esperar as piores consequências civilizacionais de tal movimento.

As controvérsias sociotécnicas dos Science Studies,[7] por exemplo, mostravam como a política e a subjetividade sempre participavam da produção do científico e do objetivo. Mas participavam não como poluição a ser purificada ou entrave a ser removido em nome de um ideal de objetividade científica não corporificada, não situada, senão em todos os lugares, ideal da onisciência, do olhar de Deus, fonte do saber absoluto e infinito. Valer-se desse ideal para tentar desqualificar as perspectivas assumidamente situadas (as feministas, para mencionar outro exemplo) é incorrer no que Donna Haraway denomina "truque de Deus". O ponto, então, é que um conhecimento será tão menos racional e objetivo quanto mais pretender-se transcendente, desimplicado, "livre da interpretação".[8]

Haverá alguma produção de conhecimento que se ponha em marcha sem partir de uma situação, um corpo, uma implicação, um interesse, uma posição? Mas indicar uma posição de partida não significa nela se enraizar de modo fixo. Em todo caso, não está nas mãos de um autor o destino de sua produção em ciên-

7 Cf., por exemplo, o site Mapping Controversies (mappingcontroversies.net). Ver também Latour 2000 e 2005 e Venturini 2010.

8 "Acima de tudo, o conhecimento racional não tem a pretensão do descompromisso: de pertencer a todos os lugares e, portanto, a nenhum, de estar livre da interpretação, da representação, de ser inteiramente autocontido ou inteiramente formalizável. O conhecimento racional é um processo de interpretação crítica contínuo entre 'campos' de intérpretes decodificadores" (Haraway 1995: 32–33).

cias. O sucesso desse destino depende de outros, a começar pelos outros que são seus pares e que oferecerão contraprovas, novas evidências, outras interpretações. Para se firmar, ganhar credibilidade e se difundir, um produto de conhecimento (uma técnica, uma ideia ou o que for) terá que vencer contínuas resistências e tornar-se reprodutível (para mencionar apenas duas exigências da produção científica). Sim, contudo a terrível novidade que vamos conhecendo é que o político, o subjetivo, o interesse e a posição são agora tomados como isolados e suficientes para se afirmar e propagar um fato. É como se não fosse mais preciso alcançar concordância entre colegas cientistas e as mais diversas redes de instituições acadêmicas pelo mundo. Para grupos importantes instalados em vários focos de poder (não só do Estado), não basta que, digamos, as alarmantes variações das mudanças climáticas grandemente relacionadas a forçantes antrópicas tenham alcançado consenso e consistência, e que tenham assim se estabilizado junto à maioria absoluta de cientistas, ou que tenham ainda se tornado a versão oficial da ONU e de tantos e tantos países.

Ocorre então que, lá onde se vinha conferindo representação política à natureza, reconhecendo e fundando direitos de não humanos, ali mesmo, o atual modernismo reacionário só consegue enxergar ideologia de esquerda. Difícil imaginar uma triagem mais pobre, perversa e inconsequente do real quando os tomadores de decisão eleitos fazem da passagem das ciências para a política uma simples questão de escolha: é tirar da frente os resultados científicos majoritários e estabelecidos nos mais diversos âmbitos, como os que apontam para a urgência urgentíssima de desacelerar a marcha modernista, e optar por versões mesmo que desautorizadas pelos consensos científicos, como a negação da ação humana modernista no aumento da temperatura do globo terrestre. São versões tomadas como estáveis sem que tenham sido estabilizadas pelos meios e processos autênticos da produção científica. É o bastante para seguir promovendo, sob enganoso véu científico, a aceleração da produção modernista: desenvolvimento, crescimento, progresso.

Como a versão dos Science Studies, parte importante do pensamento contemporâneo (importante porque inteligente, rigorosa, influente) pretendeu, com toda razão e toda paixão, tornar produtivas, mais realistas e civilizadas as relações entre natureza, ciências e política dos modernos. Mas agora os modernistas empedernidos, vociferando contra as evidências do Antropoceno, fazem de tudo para tornar improdutivas aquelas pretensões, mascarando e falseando o difícil, exigente e delicado trabalho de produção do real haurido pelas ciências. Portanto, que esperar da pós-verdade senão o solapamento de nossa base civilizatória? É abalo no que dá fundamento ao nosso real, isto é, a passagem civilizada entre natureza, conhecimento e democracia. Daí que descrenças na política apareçam como simétricas a descrenças em relação às ciências.

É preciso admitir, era muito promissor o caminho que nossos passos iam abrindo (e acho que em boa medida falo por parte expressiva de minha geração): desestabilizar o fundamentalismo naturalista nas ciências (mas a favor das ciências), avançar pautas socialmente minoritárias e trazer a natureza para a política (mas em favor da política, da sociedade e da natureza), atribuir uma representação política melhor e mais acurada, assim como direitos, a não humanos (mas a favor da democracia e do realismo dos próprios direitos humanos) e reconhecer um estatuto de conhecimento às crenças (mas a favor do conhecimento e das crenças). E agora vamos vendo esse movimento fraudulento da pós-verdade converter conhecimento em crença, no mais ignóbil sentido de crença. Vamos sendo premidos a ter que defender uma agenda que, julgávamos, não seria mais preciso defender, senão apenas manter, como os direitos humanos, direitos que seriam inalienáveis. Claro que não há transcendência, tal a dos direitos humanos, que se sustente sem o permanente trabalho na imanência. Claro que a história não é linear, e sim feita de avanços e recuos em uma espiral não evolutiva (é dialética, move-se por contradições, como tantos pensadores logo apontariam). Sim, no entanto essa constatação não elimina a angústia de ter agora que frear a agenda, nada simples, que pensava modos de equacionar direitos humanos e direitos de não humanos, por exemplo, direitos sociais e direitos ambientais, sociedade e natureza no Antropoceno. Ou equacionar floresta e história, já que "sem floresta não tem história", como alerta o líder yanomami Davi Kopenawa (2019).

Tais passos vêm sendo atropelados atualmente pelo front reacionário modernista nas suas várias facetas espalhadas pelo mundo, fazendo com que a agenda daqueles que se opõem a esse front regrida para, digamos, meados do século XX (se consideramos apenas a Declaração Universal dos Direitos Humanos, de 1948), mas num momento, este do primeiro quartel do século XXI, em que o céu ameaça desabar sobre nossas cabeças – para novamente lembrar Davi Kopenawa (2015).[9] É como se aqueles que agora se veem empurrados a reagir contra esse bizarro reacionarismo conservador-liberal (como o do Brasil atual, porém claro que não só esse) tivessem que, por força das urgências e das estratégias de resistência, fracionar a pauta e novamente sair em defesa dos direitos humanos quando era preciso pensar o verdadeiro paradoxo de estendê-los e promovê-los entre os povos em um planeta que não consegue sustentar esses direitos para todos senão sob a condição de alterar sensivelmente os modos hegemônicos de produção, consumo e distribuição de bens e serviços. Tal coisa implicaria afrontar muito mais energicamente o modo capitalista de configurar mundo.

9 Ou, para lembrar o já anunciado por Michel Serres (1990: 80) ainda no final do século XX: "Que diligentes ombros sustentarão, agora, esse céu imenso e fissurado que [pode] desabar sobre as nossas cabeças?".

Grande parte do que essa retomada reacionarista do modernismo incivilizado busca evitar encarar é o afrontamento do capitalismo pela natureza (digamos, Gaia contra a modernização), mas de uma maneira que nem o comunismo poderia fazer, já que capitalismo e comunismo (ao menos o comunismo ou o socialismo hegemônico tal como se realizou historicamente), ambos, sempre foram modernizadores, ambos sempre figuraram o planeta como recurso ao dispor da modernização veloz e em escala. A irrupção da natureza na política, para falar tanto com Stengers como com Latour (e apenas para mencionar esses dois grandes autores), essa irrupção ou intrusão, pela magnitude de sua novidade, não faz restaurar antigas utopias, como as que nos levariam de volta ao ideário do comunismo, entretanto leva a novos modos de pensar e praticar o comum – um comum não mais restrito ao desiderato do social humano, mas necessariamente se abrindo para o cosmos, forçosamente compondo com o cosmos. Eu diria que, para bem considerar Gaia ou Sistema Terra, o horizonte pertinente não será mais o do capitalismo ou o do comunismo, e sim, com a licença do neologismo, o do *cosmonismo*. Ou seja, encarar não o destino humano ou o destino do planeta, mas um só destino que os enlaça, e das mais diversas maneiras. Nada de destino das pessoas, promissor ou terrível, sem o destino, promissor ou terrível, das coisas. Trata-se de deslocar a atenção para os *entres*, antes que para os *entes* (Marras 2018).

Devo reiterar o centro da questão aqui. Se nós, ocidentais modernos, nos apoiamos tanto nas ciências (as ciências como nossas tradutoras da natureza, da sociedade, do real), então por que o majoritário de nossas forças políticas e sociais parece hoje não aderir aos consensos científicos ou não saber triar as controvérsias? Não era isso o que se deveria esperar da nossa civilidade? Não era assim que nos organizávamos oficialmente? Isto é, as ciências, como as naturais, traduzem fenômenos da natureza, debatem segundo procedimentos de objeção por pares da comunidade científica, nada se estabelecendo (por provisório e frágil que seja) senão por provas e contraprovas, por reprodutibilidade e verificações, para no final, como esperado, se produzirem consensos sobre a realidade e a natureza. Esses consensos científicos são os que, desse âmbito, poderão orientar decisões políticas, públicas, na democracia. É a ligação entre a *phisis* da natureza, o *logos* científico e a *polis* política. Ora, essas nossas garantias civilizatórias encontram-se altamente ameaçadas, agora que vamos ingressando na era da pós-verdade, na era da proliferação dos factoides e das *fake news* que se acompanha da veloz e volumosa comunicação entre as pessoas no mundo digital e *on-line* por via das chamadas redes sociais, dos dispositivos portáteis, tudo à mão, rápido e compartilhável sociedade afora num simples clique. É quando, então, aquele passo vagaroso das ciências passa a ser atropelado pela rapidez epidêmica das notícias falsas, das mentiras com feição de verdade que se propagam mais rapidamente do que a efetividade de desmenti-las. A produção complicada e lenta dos fatos é preterida pela produção simplificada e rápida dos factoides.[10]

O vozerio da pós-verdade e dos factoides destina-se a fazer política por baixo dos panos, a tornar clandestina a própria política. Esta, então, é a terrível novidade agora: tudo se passa como se qualquer coisa – as ciências, inclusive – se reduzisse à mais pobre imagem do político, do subjetivo, do interesse desse ou daquele grupo, dessa ou daquela corporação, tudo e todos,

10 Essa era da pós-verdade, vale sublinhar, faz das versões científicas sobre a realidade, tanto da natureza quanto da sociedade (para ainda nos referirmos a essa divisão, mas apenas por economia argumentativa), meras versões disponíveis à sua escolha, como dispostas em gôndolas num supermercado de ideias (sem haver, porém, garantia de qualidade dos produtos!). Faça um post, compartilhe! Escolha a versão que lhe convenha, a que mais lhe apraz, e pronto. Daí em diante, com a reprodução incansável pelas redes sociais *on-line*, a deturpação dos fatos candidata-se fortemente a se converter em verdade – isto é, em pós-verdade.

desde então, debaixo de uma aura conspiratória. Mas se as ciências são acusadas de serem não mais do que ideológicas (ideologia aí tomada como categoria de acusação), então não pode haver debate republicano sobre assunto algum. Perde-se o solo que permite a civilidade dos debates. Perde-se o caminho seguro que traduz esses debates em tomadas de decisão na vida pública. Perde-se o rumo ao mesmo tempo que se perde o mundo.

É preciso pensar sobre as motivações que dão azo a esse vozerio barulhento da era da pós-verdade que hoje vivemos. E aí, claro, considerar a atuação perversa das novas mídias, muitíssimo mais irradiadoras, velozes, acessíveis, rizomáticas e eficazes que as antigas. Como se sabe, elas serviram para propagar falsificações valendo-se do formato tradicional geral das notícias, destinado a publicar fatos, mas aqui de modo particular: muito mais ágil, menos letrado, mais apaixonado, colorido, dinâmico – e, assim, de rápida absorção, já que são "notícias" não submetidas a resistências e checagens, aos protocolos de civilidade que fazem a passagem exigente entre poder das ciências e poder da política. Pode-se também, e creio que com boa dose de razão, logo apontar o distanciamento entre conhecimento e sociedade, não raramente marcado por posturas arrogantes de tantos cientistas instalados em suas torres de marfim, que então se apresentam como aqueles que tudo sabem perante os outros, que tudo desconhecem, estes que então são unificados na categoria de "população", os não cientistas ou não iniciados em ciências, tomados como espécie de tábula rasa, ignorantes, seres da falta, desprovidos da experiência que conta, objeto de educação e conscientização. Ou objeto da assim chamada divulgação científica, isso que tem o dom de homogeneizar esses outros na categoria de "vulgo", palavra que participa da etimologia de "divulgação".[11]

11 Como lembram as filósofas e historiadoras das ciências Stengers & Bensaude-Vincent (2003: 403), no verbete "Vulgarização", o vulgo é tomado

É daí que, a cada vez, eu me veja forçado a interpor certa desconfiança à tão recorrente e propalada ideia da conscientização. Entendo que as cruzadas pela divulgação e conscientização se assentam, com frequência, em semelhantes pressupostos. Mas como tocar corações e mentes sem fazer deles um vazio a ser ocupado por conteúdos científicos ou políticos tornados transcendentes sem mais? Como não começar esse jogo comunicativo com o disparate entre os que saberiam e os que seriam definidos pela falta? Como conquistar por sedução, em vez de acusação e produção de ignorância, de terror e fundamentalismo? Como chegar aos outros sem deles fazer – alienados, não conscientes – essa espécie de recipiente vazio a se preencher de verdades? Como livrar a divulgação, como a científica, da ideia de vulgo? Como, enfim, não reduzir pessoas e grupos à categoria de *população*?[12]

Mas, voltando ao fenômeno atual da proliferação e eficácia dos factoides, consideremos aí as contribuições, por bem-intencionadas que tenham sido, dos autores chamados pós-modernos para o estabelecimento dessa atmosfera da pós-verdade. Não raro sob o signo da resignação, eles pretenderam reduzir o real a simulacros. O mérito deles em bem diagnosticar isso que, a meu ver, culmina hoje na era da pós-verdade e da produção dos factoides, tal mérito cai por terra quando o grosso da corrente pós-mo-

como "a multidão indistinta, anônima, antes que povo soberano que vota" (traduções minhas). Conforme observei em outro lugar (Marras: 2016), o vulgo é referido então como uma população não cultivada, em oposição aos cientistas, eruditos, esclarecidos e sábios. O vulgo define-se pela falta, e é por isso objeto dos investimentos consorciados entre as ciências e o Estado (senão o mercado, aí incluído) destinados a traduzir as ciências para essa população inculta.

12 Ademais, a categoria *população* – como bem mostraram Michel Foucault e Gilles Deleuze, ao longo de suas obras – tem já desde a origem seus compromissos com o gerenciamento e o controle do Estado nos territórios. Precisamente, são os lugares convertidos em territórios.

dernista parece ter tentado se livrar do ceticismo e da resignação positivando o real como arremedo de si mesmo, o real reduzido a narrativas arbitrárias. No final das contas, ou sobretudo considerando as consequências, parece que o desserviço da corrente intelectual pós-moderna supera os bons serviços prestados. Foi desserviço decretar o fim da objetividade, como se tudo não passasse de ficção no sentido negativo desse termo – isto é, ficção como oposto ao fato, separado dele. Se os pós-modernos assim fizeram em relação às ciências humanas, parece que bastou um pequeno passo adiante para que se abalasse, como vemos hoje, a legitimidade da produção dos fatos também nas ciências naturais e exatas. É assim que eu entendo, salvo engano, a passagem do fim da objetividade nas ditas ciências moles, decretada e alimentada por parte importante da voga pós-moderna, para o fim da objetividade também junto às ditas ciências duras, tal como o reacionarismo obscurantista tenta estabelecer hoje.

Por fim, pode-se igualmente, como é comum ouvir, responsabilizar a grande maquinação capitalista, os poucos e poderosos donos do capital mundial, pelo estresse ambiental e ecológico de todo tipo que já vivemos e viveremos ainda mais intensamente no futuro próximo e distante (ou até onde houver futuro, tal como o enunciávamos *antigamente*). Ainda que justa, essa acusação é insuficiente e, em todo caso, acarreta o efeito de nos tornar impotentes em face do que aparece como tão poderoso e grande demais para nós – nós, então, tornados tão desapoderados e pequenos diante do chamado sistema capitalista. É a impotência que se arrisca perigosamente a nos conduzir a uma epidemia de melancólica paralisia, convertendo a angústia em renúncia a resistir, a pensar, a imaginar alternativas coletivamente. E parece ainda pior quando tomamos a coragem de considerar que o capitalismo, que tanto acusamos, é entranhado no mais fundo e superficial de nossas vidas. Não consigo me esquivar dessa evidência. Eu me indago diariamente: como fazer a crítica ao capitalismo nos reconhecendo constituídos nele? Como fazer isso sem o pejo da culpa e da simples denúncia? No mais das vezes, a denúnica tem como efeito localizar e fixar a responsabilidade em outrem, de modo, por assim dizer, a *nos incluir fora dessa*.

Aprendo com Stengers que não é responsável transferir a responsabilidade aos "nossos responsáveis". Se somos todos partícipes da engenharia capitalista de mundo, a tarefa de trazer a responsabilidade para nós (a responsabilidade, não a culpa nem os dispositivos de acusação) não pode se traduzir na simples e fácil aplicação da denúncia (coisa em todo caso irrealista, pouco eficaz e não raro cruel). A acusação ou a denúncia frequentemente acarreta o péssimo efeito de excluir o acusador ou o denunciador que aponta o dedo. Então emerge o dilema: ou nos resignamos e nos paralisamos (não há coisa alguma a fazer) ou apontamos o dedo para os supostos culpados (aqueles que devem se incumbir da responsabilidade de fazer alguma coisa). Ora, num e noutro caso, a mesma percepção de acuamento: essa de que somos pequenos, isolados, muito fracos diante da grande e hegemônica máquina capitalista, quer nos percebamos como vítimas passivas dela, tão enredados que é impossível desenredar, quer ainda nos percebamos como exteriores a ela, como se o capitalismo, ou o que nele é possível modificar estruturalmente, dissesse respeito apenas ao grande capital. Eis aí uma ótima receita para nos determos ali onde era preciso avançar; anestesia e sonambulismo ali onde era preciso atividade e mente desperta. E tudo isso enquanto o mundo desaba a olhos vistos. Como sair dessa? Com que força tentar frear ou domesticar a natureza predatória do capitalismo? Diante de tanta vulnerabilidade, como não naufragar na prostração? Como agir?

A máquina capitalista não está lá fora nem lá longe, nem é engrenada por esses ou aqueles grupos: somos todos, ao mesmo tempo, ainda que de maneiras diferentes (e é preciso considerar o peso dessas diferenças) engenheiros e engenhocas dessa engrenagem. Mas penso que tampouco se trata de disparar uma guerra, uma disputa entre nós para "purificar" entre os menos ou mais sustentáveis – uma guerra exatamente ali onde deveríamos instaurar redes de coaprendizagem, de cocriação de alternativas e resistências. Se a conscientização ecológica é importante, ela não pode, contudo, se transformar numa cruzada (inglória, injusta e afinal impossível) que vise separar os puros dos malditos. Nossa resistência, criatividade e florescimento coletivos podem ser muito mais interessantes, belos e eficazes do que a caça às bruxas, a denúncia, o ressentimento, o ódio. Redes de colaboração fundadas na alegria da resistência, e não redes de acusação fratricidas – eis o que pode alimentar as melhores conexões entre nossas diferenças, isto é, os diferentes modos de se opor ao capitalismo, de se compor com Gaia, de responder ao Antropoceno (conjugando, pois, responsabilidade a responsividade), e sempre a partir de cada ecologia social situada (como as de raça, gênero e classe, para citar as que de imediato pedem passagem).

É essa, então, uma equação a formular e desenvolver: como se opor ao capitalismo de dentro dele? Como se situar dessa maneira sem se conformar com isso? É verdade que, frequentemente, logo somos tomados pela desolação ao constatar a massiva presença mediadora do capital em quase todas as dimensões de nossas vidas: mobilidade, vestuário, tecnologia, alimentação, trabalho, lazer etc. Mesmo nossa liberdade prende-se ao funcionamento desse sistema que nos enlaça intimamente e no mais comezinho do cotidiano. Parece impossível sair dessa. E por isso mesmo podemos aí reconhecer as reações – das mais brandas às mais violentas – a imaginar e praticar outras possibilidades de viver. Não é menos indigesto – ou logo apontado como algo contra os interesses econômicos ou da nação – esse chamado urgente por desacelerar o ritmo de produção e consumo das sociedades da mercadoria. Não há mundo suficiente para a continuada proliferação desse tipo de sociedade. Mas, como as respostas, dignas do nome e responsáveis como tal, que se orientem a mitigar as consequências ambientais e ecológicas desastrosas dessa sociedade implicam mudanças sensíveis nos nossos modos de vida, mudanças quase inimagináveis, então cai muito bem tentar contornar o imperativo delas adotando, quase ao bel-prazer, a versão da realidade que convém à continuidade do atual estado de coisas.[13] É que confrontar todo um modo de viver baseado na produção e no consumo de bens em escala e velocidade exigiria desacelerações, moderações, cultivo de tabus e pudores – nada disso se parece com a modernização e o capitalismo.

No entanto, é muito difícil enfrentar o capitalismo quando nós o figuramos como tão transcendente, total e hermeticamente sistemático. Reitero que essa figuração nos produz, por contraste, como agentes apequenados, meramente locais, e por isso de mãos atadas. Pura impotência. Sim, mas se abordamos o sistema recusando sua fatalidade sistemática, se atuamos por suas frestas em vez de tomá-lo em bloco, se atacamos as conexões situadas em vez de toda a cadeia, se agimos no registro do "a cada vez" em vez do "de uma vez por todas", então podemos passar da imaginação desolada para aquela que vislumbra alternativas e outras possibilidades. Ao abrirmos enfim a política para a natureza, então nossos ouvidos ganham chance de ouvir a voz da atmosfera e do solo, das águas e das pedras, dos vegetais e dos animais, do céu e da terra. É quando podemos nos

13 Apenas como um exemplo entre muitos, na data em que finalizo este texto – 30 de julho de 2019 –, a imprensa noticia que o "Governo brasileiro participa de reunião com negacionistas do clima", sendo esta a "primeira participação do Brasil em reunião com críticos ao aquecimento global". Ver www1.folha.uol.com.br/ambiente/2019/07/governo-brasileiro-participa-de-reuniao-com-negacionistas-do-clima.shtml

aliar a esses agentes que, a rigor, nunca deixaram de ser políticos, mas foram sempre mal representados por nós, modernos (Latour 1999). Recusar representá-los politicamente (por via das ciências) aos poucos deixa de ser uma opção. Seus constrangimentos assomam mais e mais no horizonte.

Esses constrangimentos ontológicos tornam-se epistemológicos e políticos. Encarar Gaia e seus constrangimentos é passo indispensável para se livrar da feitiçaria das "alternativas infernais" (Stengers & Pignarre 2005) – tal aquela, tão propagada, da morte ou progresso –, permitindo assim a emergência de mil alternativas (tantas quantas correspondam aos mil nomes de Gaia),[14] de modo que a prostração ceda ao gosto por outros florescimentos coletivos. Sem alinhamentos locais, o global perde consistência, a cadeia se fragiliza e outros horizontes de vida e mundo se insinuam. É quando o local, que não se resume aos contornos de um território, passa a se mostrar como nunca deixou de ser: realidade intrinsicamente conectada a outras realidades. Não consigo imaginar outro modo mais eficaz de enfrentar o global do capitalismo e sua contraface, o global da Natureza. Para tanto, as ciências do espírito e as ciências da matéria são chamadas a compor colaborações. Urgentemente.

14 Cf. Os Mil Nomes de Gaia, disponível em osmilnomesdegaia.eco.br.

3 DISSONÂNCIAS VEGETAIS

ENTRE ROÇAS E TRATADOS

LAURE EMPERAIRE

Desde 1983, ano do Compromisso Internacional sobre Recursos Fitogenéticos, multiplicaram-se compromissos, declarações, acordos e tratados para reposicionar no cenário do direito um dos mais importantes artefatos no planeta: a diversidade das plantas cultivadas. Esse evento foi um marco na história da humanidade. De modo concomitante, os avanços das biotecnologias aplicadas às plantas cultivadas redelinearam os contornos dos direitos de propriedade intelectual, tornando essas plantas cada vez mais apropriáveis e, assim, não apenas fragilizando o acesso à diversidade agrícola e aos saberes associados, como também contribuindo de maneira drástica para sua erosão. No campo da agrobiodiversidade como no da biodiversidade, saberes e práticas das populações locais beneficiam direta ou indiretamente a população mundial (IPBES, 2019). Cerca de 5 mil povos indígenas e inúmeras comunidades locais, inseridos em múltiplos contextos socioambientais, continuam produzindo e conservando um material fitogenético de interesse local e mundial. As terras manejadas, ocupadas, vividas pelos povos indígenas (28,1% da superfície terrestre emergida, ou seja, 38 milhões de quilômetros quadrados) estão globalmente em melhor estado de conservação do que as terras adjacentes, propiciando assim serviços ambientais para a humanidade (Garnett et al. 2018). A relevância ecológica e sociocultural das agriculturas locais apenas começa a ser enxergada como um dos possíveis elementos de resposta ante os desafios das mudanças climáticas pelas suas formas de manejo da terra e pela rica agrobiodiversidade associada (Graeub et al. 2016; Coomes et al. 2015; Vasconcelos et al. 2013). Elas enfrentam, pelo contrário, tratados e leis que fecham o cerco sobre os recursos fitogenéticos de interesse mundial e também restringem os direitos das próprias populações sobre essa biodiversidade.

A conservação dos recursos fitogenéticos (RFG) opera desde meados do século XX em duas frentes: uma de reforço à conservação *ex situ*, outra com a multiplicação de instrumentos jurídicos com vista a facilitar e regulamentar o acesso aos RFG. A distância entre formas locais de pensar, manejar, compartilhar a agrobiodiversidade e o aparelho jurídico-econômico foi se ampliando, apoiada em relações assimétricas de poder entre os saberes locais e os tecnocientíficos. O uso dos recursos fitogenéticos com finalidades científicas e/ou econômicas ficou pautado por uma série de instrumentos de direito e práticas (acesso aos recursos, comercialização, propriedade intelectual e industrial), enquanto, nesse processo, as populações locais na origem dessa diversidade agrobiológica permaneciam marginalizadas (Frison 2018).

O Compromisso Internacional sobre Recursos Fitogenéticos (FAO 1983) já deixava claro seus objetivos no seu artigo primeiro: "assegurar que os recursos fitogenéticos de valor econômico e/ou social principalmente para a agricultura sejam explorados, preservados, avaliados e estejam disponíveis para o melhoramento vegetal e para fins científicos". No entanto, o compromisso, não vinculante, continha também o que seria o artigo 9º do Tratado Internacional sobre os Recursos Fitogenéticos para a Alimentação e a Agricultura (TIRPAA), em vigor desde 2004 (FAO 2003), instrumento vinculante, com o "reconhecimento" das contribuições dos agricultores à diversidade das plantas cultivadas, fórmula *a priori* pouco vinculante, mas que estabelece anterioridades.

É a dissonância entre duas vozes vegetais que tentamos explorar aqui, uma que constitui um eco das vozes das *donas de roças*, mestres em agrobiodiversidade nas roças do rio Negro,[1] e outra, oriunda dos instrumentos legais internacionais. Ambas constroem sua diversidade vegetal agrícola mobilizando conceitos e práticas, recursos materiais e imateriais. Quais são os ideotipos, compartilhados ou incomensuráveis, propostos pelas duas partes? Há uma urgência política em dar espaço às expressões dos saberes, práticas, normas e valores ligados à agrobiodiversidade que possam liberá-los de uma incorporação forçada em sistemas de valores e práticas exógenos, alheios às suas próprias lógicas. Há uma urgência operacional em manter, inventar ou reinventar formas de agricultura em que a diversidade das plantas não seja apenas sinônimo de recursos fitogenéticos, em que sua circulação não se

1 Projeto Populações, Agrobiodiversidade e Conhecimento Tradicional Associado (Pacta) realizado no âmbito do convênio bilateral CNPq-Unicamp/IRD n. 492 693/2004-8 e 490 826/2008-3, coordenado por M. Almeida (Unicamp) e L. Emperaire (IRD); autorização do CGEN n. 139 (DOU 4 abr. 2006 e 26 mar. 2014, financiado pelo CNPq, o IRD, o Programa Interdisciplinar de Pesquisa Cidade e Meio Ambiente do CNRS e a Fundação Hermès.

Agradecemos pela participação na pesquisa Aracy Carvalho Aguiar, Cleomar Dias Costa, Conceição Carvalho, Debania Dias, Eduarda Murilo e famílias em Tapereira; Edilene Serafim Lúcio, Adalberto Isidoro Coelho, Isabel Silva, Jorgina da Silva, Juventina de Oliveira Januário, Deoclécio Maximiano Avelino, Maria Angélica Reis, Elídio Coelho, Maria das Dores Oliveira, Neuza da Silva Lúcio, Neuza Resende Lúcio, Nilza L. Resende, Gentil B. Serafim, Guilherme de Braga, Zulmira Oliveira e famílias em Espírito Santo; Anastácia dos Santos Borba, Angelina da Silva, Moisés Gervásio, Conceição da Silva Reis, Conceição Dias, Vicente Moreno Garcia, Daniel Pinheiro, Eduarda de Jesus Barbosa Fidelis, Hilda Teixeira Nery, Inês Aires Fernandes, Jurema Carvalho, Lucrécia Maximiano Avelino, Luzía Nery Lemos, Ernesto Lemos, Maria de Jesus Garcia, Maria de Nazaré e Antônio, Maria Eliza Lima dos Santos, Edna dos Santos, Maria Fernandes, Oscarina B. Aguiar, Filisberto G. Aguiar Neto, Regina Pedrina Aragão, Rita Garcia Sampaio, Silvana V. de Melo, Jorge de Melo, Xavier Sousa Dias e famílias em Santa Isabel do Rio Negro (AM) e os colegas do Pacta pelos sempre positivos intercâmbios de ideias.

reduza a acessar um recurso e que possa escapar do controle hegemônico, *managerial*, do mundo, hoje proposto, ainda mais no contexto de desastre ambiental e das imprescindíveis mudanças nas nossas relações com o "*vivant*" (Maris 2018; Descola 2020).

COLEÇÕES, CIRCULAÇÕES E INOVAÇÕES NO RIO NEGRO: ROÇAS EM MOVIMENTO

CUIDAR DA DIVERSIDADE

Ser *dona de roça*, em tukano, é ser tanto *wehseri pahko* (mãe da roça) como *wehseri weogó* (responsável da roça). Cuidar das plantas, decidir o que será plantado, prover a alimentação da família, dar substância e identidade à sua descendência fazem parte das suas atribuições. Seu saber abarca dezenas de espécies ou variedades, e as manivas,[2] com sua centena de variedades, são o foco da diversidade biológica agrícola. O homem cuidará da escolha da localização da roça nova, da derrubada da mata, da sua queima e de seu benzimento. A existência da nova roça, conectada à casa de forno, epicentro da vida familiar e nexo entre roças novas, maduras e velhas, resulta de uma série de transferências materiais e imateriais: da floresta em pé à matéria orgânica disponibilizada pela queima que permitirá o plantio; dos *benzimentos* que afastarão os perigos e farão da nova roça um espaço seguro; das plantas da roça velha (feixes de hastes de mandioca ou manivas, filhos de bananeiras, de cana, sementes, mudas de palmeiras, de frutíferas e outras plantas), que são anualmente *repassadas* para a roça recém-aberta.

2 No rio Negro, o termo *maniva* designa a parte visível da planta, que é a parte reprodutiva, já que a mandioca (l.s.) é multiplicada por estacas. A designação *mandioca* se refere exclusivamente ao tubérculo, seja a parte consumida ou produtiva.

As plantas, principalmente as manivas, são criadas, não podem ser queimadas ou abandonadas. Seus espaços de vida devem ser limpos, conversa-se e canta-se com elas. Seu bem-estar é uma preocupação constante. Na perspectiva indígena do rio Negro, as mandiocas, com suas diversas qualidades, têm vida própria: elas se reúnem, organizam festas com seus instrumentos de música (o tambor, um opuntia), cuidam de si mesmas com remédios próprios, têm suas andanças fugindo de uma roça onde são maltratadas para ir a outra mais acolhedora, têm plantas aliadas (tajás ou cajus que suprem a sede), têm sociabilidades. São sujeitos de um coletivo que poderia ser pensado, por meio de suas variedades, como o da diversidade cultural das manivas, espelhando assim a diversidade dos humanos.

Dois conceitos impulsionam a existência de uma roça, além dos imperativos produtivos: o de completude para o bem-estar da família ("na minha roça tem de tudo") e o de coleção, principalmente no que se refere às manivas. A coleção não tem um conteúdo fixo, determinado, uma vez que agrega de modo dinâmico variedades de manivas, algumas onipresentes e outras de presença mais efêmera, incorporadas por certo tempo ou dispensadas segundo a avaliação da dona de roça. A diversidade tem valor operacional, pois a produção de derivados da mandioca requer equilíbrio entre as propriedades das variedades, produtividade, cor e teor em fécula, cuja combinação leva a um produto final incorporando as qualidades desejadas e necessárias, mas não só.

Coleções na roça (*in situ*) ou nos bancos de germoplasma (*ex situ*) compartilham traços que autorizariam uma articulação mais efetiva entre os dois sistemas de conservação. São ambas de responsabilidade individual, porém respondem a interesses coletivos. Nos dois casos, sua função, além da produtiva, é de reserva de variabilidade genética; as espécies ou variedades são *mises-en-scène* em espaços dedicados, roças ou laboratórios; são indissociáveis de saberes expertos (Santonieri & Bustamante

2016). No entanto, as vozes das donas de roça do rio Negro, ou de agricultores de outros locais, ainda permanecem pouco audíveis no campo institucional da conservação *ex situ*, enquanto os recursos fitogenéticos por elas gerados captam interesse.

O QUE SE VÊ E O QUE SE PRODUZ

Mas de qual noção de diversidade se faz uso? Aquela com a qual a botânica e a agronomia operam no modelo ocidental e que tem como unidade de referência básica uma unidade taxonômica. Ela se aplica a boa parte das plantas cultivadas em geral, mas não às mandiocas catalogadas sob o rótulo *Manihot esculenta* Crantz. Há as macaxeiras e as manivas, duas categorias. As macaxeiras, pouco representadas, são mandiocas mansas; com os carás, batatas-doces e outras plantas de tubérculos, integram a categoria das *frutas*. As manivas são bravas, com teor mais elevado de ácido cianídrico, e são o foco da diversidade. Formam uma categoria à parte, com um sistema de denominação, fundamentado em referências a outros elementos da biodiversidade (peixes, palmeiras, frutas...), que expressa não apenas discontinuidades biológicas como também modos de viver na roça diferentes pelas suas exigências ecológicas, calendário de produção e aparência. O reconhecimento das qualidades de manivas se baseia principalmente no modelo arquitetural da planta, a parte visível dos indivíduos-mandioca, e não sua totalidade (Emperaire et al. 2003). São dois os níveis de diversidade das manivas: o da parte epígea, a *maniva*, e o da parte hipógea, a *mandioca*. A maniva é o suporte visual de uma diversidade, a de dezenas de tipos diferentes[3] que serão multiplicados ao idêntico por estacas (de cada estaca se desenvolverá um pé idêntico ao indivíduo-pai). O tubérculo, a

3 Foram levantados, junto a 28 agricultoras da cidade de Santa Isabel do Rio Negro (AM) e de duas comunidades a jusante, 110 tipos de manivas e 329 outras espécies ou variedades (trabalhos Pacta).

"Mandioca". Jaider Esbell, desenho em nanquim.

mandioca, de polpa branca, amarela ou creme, responde a considerações de uso. Maniva e mandioca, *káini* e *keníkhee* em baniwa, *dikî* e *kii* em tukano, *maniaka* e *maniwa* em nheengatu, têm funcionalidades diferentes; uma é marcador de uma diversidade estética que enfeita as roças, outra, de uma soberania alimentar.

A DIVERSIDADE EM MOVIMENTO

As manivas, e, de modo mais geral, as plantas cultivadas, são vetores de relações sociais, pois circulam ativamente entre parentes e conhecidos. A diversidade na roça materializa outrossim o saber experto da dona de roça, motivo de orgulho e reconhecimento por seus pares. Se a prática da agricultura remete globalmente a uma identidade coletiva indígena rio-negrense (porém com diferenças entre os povos), as roças expressam pelo seu conteúdo biológico identidades individuais. O leque de plantas manejadas por uma dona de roça é singular, sobretudo no que se refere à coleção de manivas, o que, a nosso ver, cria o diferencial que ativa redes, igualmente singulares, de circulação das plantas.

No contexto indígena do rio Negro, o modelo teórico de casamento segue regras de virilocalidade e de descendência patrilinear. A primeira roça trabalhada por uma mulher recém-casada será alimentada de início pelas manivas da sogra. Outro contingente de plantas virá posteriormente da roça da mãe. A seguir, o acervo de plantas cultivadas será ampliado com plantas obtidas de parentes ou conhecidos à medida que a própria rede de sociabilidade da agricultora se constrói. Em Santa Isabel do Rio Negro, uma dona de roça já avó manejava um acervo de mais de 150 espécies ou variedades oriundas de uma rede de uns quarenta provedores em uma extensão geográfica de oitocentos quilômetros, de Manaus até a fronteira colombiana. Qualquer deslocamento é uma oportunidade de enriquecer, renovar e transmitir plantas e saberes associados, por isso o nome é um atributo essencial da identidade da planta. As espécies ou variedades circulam livremente, contudo não de modo indiferenciado: se manivas e outras plantas alimentares circulam entre mulheres, de mãe para filha, de sogra para nora, as frutíferas circulam geralmente entre homens, enquanto as plantas de outras categorias têm circulação mais indiferenciada. As plantas cultivadas circulam não apenas como objetos produtivos, mas com seus nomes e suas histórias em um circuito que atravessa gerações: o que poderia aparecer como "hiperdiversidade" é apenas a diversidade "normal" das roças e das relações sociais do rio Negro. As plantas são "um artefato qualquer [...] encerrado em uma complexa rede de propósitos, de práticas, [que] evoca sempre alguma coisa que está além de sua função e de seu aspecto formal" (Van Velthem 2012).

ALARGAR E RENOVAR A DIVERSIDADE

A diversidade biológica manejada amplia-se constantemente por meio de inovações. Trata-se de incorporações voluntárias de plantas oriundas da floresta, como cacaus-silvestres plantados no quintal, ou plantas mais oportunistas, como pés de açaí-do-mato oriundos de sementes jogadas perto de casa, ou plantas nascidas sozinhas, como uma chicória atrás de casa ou um tucumã na roça. Outras inovações provêm da "captura" de novos morfotipos resultantes de fenômenos aleatórios, hibridações ou mutações. Novas variedades de mandioca aparecem assim na roça: embora seja multiplicada por estacas, a mandioca não perdeu a capacidade de produzir sementes viáveis, as quais, após um período de dormência, germinam na ocasião da queima de uma nova roça. Aparecem *manivas sem pai*, sem marca de filiação, bem conhecidas das donas de roça como fonte de diversidade que poderá ser aproveitada ou não (Elias et al. 2001; Pujol et al. 2007). Outras plantas, como abacaxis ou carás, podem produzir novos morfotipos oriundos de mutações, que serão ou não "capturados", multiplicados e integrados nas redes de circulação das plantas.

Em resumo, plantas cultivadas são de manejo individual sem direito de propriedade, porém com obrigações de responsabilidade, e formam um bem coletivo e inalienável. Cada pessoa é não proprietária, mas depositária de uma parte da agrobiodiversidade regional. Os saberes associados constituem um bem compartilhado, sem apropriação individual (a não ser para certas plantas medicinais e xamânicas), e conformam uma "ciência aberta", como ressalta Foyer (2015) a respeito dos milhos tradicionais do México. A conservação do bem constituído pela agrobiodiversidade é assumida coletiva e solidariamente, e opera de modo dinâmico por intermédio de um sistema reticulado, policêntrico, em espaços biológico e geograficamente abertos, que incorporam fontes externas de diversidade. A circulação das plantas desenha uma rede não mercantil, aberta a todos, sem direitos de exclusão (quase nunca de restrição), constantemente ativada e fundamentada sobretudo, mas não exclusivamente, no parentesco. As variedades circulam livremente entre unidades domésticas, na escala local ou regional, seguindo, no entanto, regras sociais e éticas. Desenha-se, então, um regime específico de produção e apropriação das plantas cultivadas, pautado em normas locais, que pode ser colocado em perspectiva com os regimes nacionais ou internacionais de direitos. O tema da diversidade dos regimes locais de apropriação da agrobiodiversidade se abre às possíveis, ou impossíveis, articulações com os instrumentos internacionais (Timmermann & Robaey 2016).

A DEMATERIALIZAÇÃO DO VEGETAL

DA ROÇA AO *CLOUD*

Uma breve história do melhoramento das plantas nos últimos 150 anos mostra um deslocamento progressivo do foco de atuação, de um conteúdo biológico para um conteúdo informacional. Cinco grandes etapas marcam, com as respectivas redes de atores, uma história que se acelera ao longo do tempo. São configurações evolutivas, às vezes concomitantes, que articulam lógicas tecnoeconômicas e jogos de poder em torno da diversidade biológica cultivada.

Até os anos 1950, os sistemas tradicionais e os sistemas modernos de seleção mantêm certa capacidade de diálogo, apesar de tecnicidades bem diferentes. Agricultores, povos indígenas e outras comunidades cujos nomes ficam somente na memória dos parentes selecionavam e selecionam novas variedades na base de um conhecimento empírico, de experiências e inovações, mantendo a variabilidade genética, fonte de adaptação a novas condições, na contramão da homogeneização promovida pelas agriculturas convencionais atreladas ao mercado. Desses saberes e práticas resulta o imenso acervo de variedades de plantas, reservatório de recursos genéticos para o melhoramento vegetal. Entre as plantas de origem americana, estima-se que haja em torno de 30 mil variedades de feijão, 15 mil de amendoim e 15 mil de milho (Delêtre 2012). A diversidade das mandiocas é avaliada em 7 mil variedades e, apenas nos Andes peruanos, a de papas, em 2 mil (FAO 1997).

Trabalhos de melhoristas vão marcando um novo campo profissional a partir da segunda metade do século XIX. Observações e experiências sistematizadas levam à obtenção de novas variedades que, no final do século, incorporam os avanços da incipiente genética. As novas práticas científicas não se distanciam muito das formas de seleção fundamentadas no registro do sensível (Galais 2018). Diversas técnicas de seleção, hibridação controlada, clonagem, avaliação e multiplicação dos indivíduos que apresentam as características desejáveis com descendências estáveis e homogêneas, permitem obter após um longo processo, linhagens ou híbridos a serem distribuídos e/ou comercializados. Muitas espécies amazônicas estão hoje em processo de seleção por meio dessas técnicas (Borém et al. 2012). Mas a obtenção de mutantes é um processo aleatório, e a seleção, demorada. Houve uma aceleração do processo nos anos 1960 com a indução da mutagênese por meios físicos ou químicos, que multiplicou o número de mutantes obtidos por um fator superior a 50 mil. A literatura da Agência Internacional de Energia Atômica (AIEA) fornece um interessante repertório dessas técnicas.

Uma terceira via se abre nos anos 1980–90 com o desenvolvimento da engenharia genética e da biologia molecular, que induzem rupturas conceituais fortes. O melhoramento se apoia na identificação e na localização de genes funcionais de interesse produtivo (ou seja, que promovam resistência, produtividade, adaptação, qualidade nutricional etc.). Determinados fragmentos de DNA são inseridos em uma estrutura gênica que é multiplicada e introduzida no genoma da planta-alvo (colza, milho, soja, algodão e eucalipto, principalmente). São os organismos geneticamente modificados (OGM), oriundos dessa transgênese dita aleatória, pois em sua base são necessários milhares de ensaios e uma boa dose de empirismo para atingir o alvo (Foyer 2015).

A penúltima virada no controle dos organismos vivos é a da transgênese dirigida, que se desenvolve nos anos 2010 com novos avanços da engenharia genômica. Duas unidades, os CRISPR (*clustered regularly interspaced short palindromic repeats* – repetições palindrômicas curtas agrupadas e regularmente interespaçadas) e o Cas9 (uma enzima associada aos CRISPR), são acopladas, o que permite introduzir uma sequência genética em um local determinado do material genético. A edição genômica contém também uma parte de aleatoriedade, mas é de baixo custo, altamente seletiva em relação aos OGM e apresenta a potencialidade de transmitir um gene modificado em um indivíduo, animal ou vegetal, a uma população inteira (Johnson 2019). "Embora a forçagem genética CRISPR-Cas9 seja fabricada em laboratório, o *driver* [do GDO, *gene drive organisms*] é projetado para modificar geneticamente organismos [que vivem] no meio ambiente. De fato, a forçagem genética implica passar da liberação de um produto acabado [OGM] e testado à liberação de uma ferramenta de modificação genética ajustável, liberada nos ecossistemas" (Simon et al. 2018).[4] Os OGM asseguram a proteção de um cultivo diante de pragas, e dos mercados; os GDO permitem atuar diretamente sobre a praga e disseminar o gene na população. Porém, por enquanto não dispomos de uma compreensão global do impacto dessa transgênese sobre as estruturas genéticas das espécies-alvo com suas conexões ecossistêmicas (Simon et al. 2018).

Com os DSI (*digital sequence information*), último avatar da engenharia biotecnológica e dos *Big Data*, o que era planta ou

4 A frase é acompanhada de uma nota que faz referência à patente de Kevin M. Esvelt, biólogo dos Estados Unidos que desenvolveu o método. Cf. Esvelt, K. M. & Smidler, A. L. 2015. RNA-guided gene drives: Google Patents.

recurso fitogenético acaba dematerializado em uma série de aminoácidos, codificáveis por sua vez em séries numéricas colocadas em banco de dados, muitas vezes de acesso livre e na base de produtos patenteáveis. O caminho é de uma "autonomização dos dados de sequenciamento em relação ao recurso genético" (FRB 2019: 10), ele mesmo desprovido de sua aparência vegetal. A imaterialidade dos DSI deixa para trás não apenas os provedores locais ou os países soberanos na origem dessas plantas,[5] como também o arcabouço jurídico elaborado ao longo dos últimos trinta anos. Duas narrativas correm de forma paralela, a da manipulação da diversidade vegetal mediante instrumentos cada vez de mais alta tecnologia (associados a direitos de propriedade intelectual e monopólios econômicos) e a dos instrumentos jurídicos. A primeira corre na frente.

FORMALIZAÇÃO DE DIREITOS

Até o século XVIII, a proteção jurídica das obtenções vegetais (as novas variedades) não se enquadrava em direitos de propriedade intelectual via patentes, privilégios, monopólios ou outras modalidades[6] já aplicadas aos outros domínios das produções técnicas e intelectuais (Feyt 2001). Mas, nesse período, o melhoramento vegetal, oriundo dos saberes empíricos locais e de novas técnicas de seleção, hibridação e propagação vegetativa,

5 Os DSI permanecem sem relação jurídica consistente com o território ou o país soberano na sua origem e, por consequência, as modalidades de repartição dos benefícios oriundos de sua utilização estão em discussão (IDDRI, 2018).

6 O primeiro instrumento de propriedade intelectual registrado é provavelmente um texto do século VI a.C. escrito em Síbaris, colônia grega do sul de Itália. Por meio dele, terceiros foram proibidos de utilizar receitas elaboradas por cozinheiros por um ano, garantindo assim que esses mestres obtivessem ganhos e, por lá, incentivando outras inovações (Feyt 2001).

afirmou-se como um campo especializado e dele resultou um amplo repertório de variedades de frutíferas, verduras e plantas ornamentais (Feyt 2001). O primeiro instrumento aplicado aos produtos da engenhosidade humana no que se refere às plantas foi um édito de 1833, publicado sob o pontificado de Gregório XVI. Tratava-se de "garantir também a propriedade das obras relativas ao progresso da agricultura e de suas técnicas por um método mais seguro e rápido do que a prática até hoje em dia em vigor em termos de concessão de privilégios privativos particulares; [...] prazos de validade da proteção, obrigações das partes e [...] taxas eram estipulados" (Stato Pontificio 1833). No entanto, a vida do édito foi curta: promulgado em setembro, ele foi suspenso em novembro do mesmo ano.

No final do século XIX, com o desenvolvimento dos mercados agrícolas e dos transportes e com a industrialização, as questões de concorrência e de propriedade sobre o material vegetal em circulação foram levantadas em termos técnicos e de defesa de interesses socioprofissionais (Kevles 2018). Nos anos 1980, são interesses econômicos e geoestratégicos de acesso que desenham os contornos do arcabouço jurídico internacional e das legislações nacionais.

NORMAS LEGAIS, NORMAS LOCAIS

As siglas Ompi, Upov, TIRPAA, CDB, PN, ONU e Unesco[7] balizam hoje o caminho da proteção e valorização dos recursos fitogené-

7 Essas siglas correspondem, respectivamente, à Organização Internacional da Propriedade Intelectual (Ompi); Tratado Internacional sobre os Recursos Fitogenéticos para a Alimentação e a Agricultura (TIRPAA); União para a Proteção das Obtenções Vegetais (Upov); Convenção sobre a Diversidade Biológica (CDB); Protocolo de Nagoya (PN); Organização das Nações Unidas (ONU); Organização das Nações Unidas para a Educação, a Ciência e a Cultura (Unesco).

ticos. Uma rede complexa de instrumentos normativos, cada um com marca de fábrica e objetivos próprios, funciona na base de alto custo de transação.[8] Todos reconhecem a soberania dos países sobre seus recursos; a questão não é mais posta em termos de patrimônio da humanidade, mas sim de preocupação comum. Colocaremos em perspectiva três instrumentos, o da Upov, cujo objetivo é proteger inovações vegetais, o do TIRPAA, que visa facilitar o acesso aos RFG mediante mecanismos complexos, e a recente declaração da ONU sobre os direitos do mundo rural.

A convenção da Upov (Upov 1991) implementou um sistema de certificação *sui generis* para novas variedades. Os países signatários definem periodicamente uma lista de espécies cujas variedades passarão a ser protegidas durante certo tempo mediante dispositivos nacionais derivados da convenção. A lista do Brasil, acessível no site da Upov, é composta de 154 espécies, entre as quais 69 alimentares. As variedades dessas espécies podem ser inscritas no catálogo das variedades protegidas após responderem a uma série de requisitos no Sistema Nacional de Proteção de Cultivares (SNPC 2020).

Os obtentores são identificados como os que criaram ou descobriram e desenvolveram uma nova variedade. Entendida como o táxon de mais baixo nível, para ser passível de proteção, a variedade deve ser uma novidade e responder a critérios de distinguibilidade, homogeneidade e estabilidade, os DHE, além de receber um nome. Em suma, ela deve se enquadrar em critérios de ordenamento de objetos biológicos, uma exigência intelectual compartilhada.[9] Qualquer variedade oriunda de um

8 Para uma perspectiva completa sobre o tema, cf. Santilli (2009).

9 "Conforme os atores, a noção de variedade pode ter vários sentidos e cobrir diferentes níveis de homogeneidade biológica. No caso dos agricultores locais, uma variedade é um conjunto de indivíduos considerado suficientemente homogêneo e suficientemente diferente de outros

sistema agrícola como o do rio Negro responde a esses critérios. Porém, os atores, agricultores locais ou técnicos encarregados de homologar variedades terão percepção diferente conforme a amplitude do intervalo de variação admissível. A partir de quais e de quantas diferenças, uma planta é reconhecida como idêntica ou diferente às outras?

Qualquer variedade de sistemas agrícolas tradicionais como os do rio Negro responde a esses critérios, mas diferenças entre atores residem no que define "o mesmo e o diferente" nos intervalos de variação admissíveis. Divergências surgirão no reconhecimento do que é uma variedade com uma identidade apenas taxonômica ou que se expande para valores socioculturais. Os nomes atribuídos a duas das oito variedades de guaraná inscritas no repertório do SNPC nos anos 2011–2012 para uma duração de quinze anos ilustram isso. Duas variedades receberam a apelação Onhiamuaçabê e Noçoquém. Ora, essas duas apelações são marcadores culturais centrais da identidade Sateré-Mawé, povo que domesticou o guaraná. *Oniamoasapi* é a "mãe geradora do guaraná" e cuidadora das plantas do jardim Nusoken que, do olho do seu filho morto, fez nascer o *waraná sese*, o legítimo guaraná (Figueroa 2016). A denominação dada a uma variedade produzida fora da área que os Sateré-Mawé consideram o "santuário ecológico do waraná", a sua terra indígena, não configuraria uma expropriação cultural? (Nusoken 2020; Figueroa, com. pess.). A domesticação do guaraná pelos Sateré-Mawé e a importância econômica local de sua venda não outorgariam ao coletivo um papel

grupos de indivíduos para receber um nome específico e ser objeto de um conjunto de práticas e conhecimentos, ao longo de seu ciclo, ou em uma etapa particular deste, que lhe serão específicos. Trata-se da unidade mínima de percepção e manejo da diversidade agrícola, o que pode ser traduzido em língua vernácula como qualidade ou tipo de uma dada planta" (Emperaire 2005).

de melhorista? Não haveria, mediante respeitosa negociação, a possibilidade de articular saberes locais e saberes científicos?

O objetivo geral do TIRPAA é facilitar a circulação dos RFG entre países signatários visando ao interesse geral. O tratado criou um regime multilateral de circulação no qual se enquadram 164 espécies (entre as quais, apenas 35 alimentares) com a finalidade de facilitar o acesso a esses RFG, desde que estejam em domínio público, e de promover uma repartição justa dos benefícios oriundos de seu uso. O artigo 9º apenas reconhece "a enorme contribuição, passada e futura, das comunidades locais e autóctones e dos agricultores de todas as regiões do mundo, especialmente os dos centros de origem e diversidade dos cultivos, para a conservação e a valorização dos recursos fitogenéticos que constituem a base da produção alimentar e agrícola do mundo inteiro" e ressalta, sob reserva da legislação nacional, a necessária "proteção dos conhecimentos tradicionais de interesse para [esses] recursos" e "o direito de participar equitativamente no compartilhamento dos benefícios resultantes da utilização [dos recursos]" (FAO 2003: artigos 9.1 e 9.2 *a* e *b*). No entanto, a noção de reconhecimento não é bem definida, cabendo a responsabilidade da implementação desse artigo aos Estados, que apenas são encorajados a fazê-lo. De modo também surpreendente, uma vez que o instrumento é o mais visível do sistema internacional no que tange aos RFG, o artigo 9º, apesar de ter constituído um avanço, é pouco operativo.

A proteção da inovação via certificados ou patentes não esgota os sistemas jurídicos que incidem sobre os recursos genéticos. Instrumentos internacionais de reconhecimento cultural (Unesco, FAO com o Sistema Engenhoso do Patrimônio Agrícola Mundial – Sipam) estão cada vez mais presentes nesses debates e vão ao encontro da noção de planta cultivada como produção cultural. A recente Declaração das Nações Unidas nº 73/165 sobre os Direitos dos Camponeses e Outras Pessoas que Trabalham em

Áreas Rurais (Undrop) abre novas perspectivas. Não vinculante, defende uma pluralidade de identidades camponesas com seus saberes, práticas e recursos. É um passo decisivo, porém ainda de natureza declaratória. O artigo 19 reconhece a titularidade do direito às sementes campesinas, o direito à proteção dos saberes tradicionais relativos aos RFG, o direito de participar equitativamente da repartição de benefícios resultantes do uso dos recursos, o direito de participar da tomada de decisão sobre a conservação e o uso sustentável dos RFG e o direito de guardar, usar, trocar e vender sementes ou material de propagação. O artigo 26, que põe a questão do saber tradicional sobre os recursos numa perspectiva ampla, cultural e de direitos humanos, estipula:

> 1. Camponeses e outras pessoas que trabalham em áreas rurais têm o direito de desfrutar de sua própria cultura e de trabalhar livremente para seu desenvolvimento cultural, sem interferência ou discriminação de qualquer tipo. Também têm o direito de perpetuar, tornar conhecido, controlar, proteger e desenvolver seus conhecimentos tradicionais e locais, tais como modos de vida, métodos ou técnicas de produção, costumes e tradições. Ninguém pode invocar direitos culturais para atingir ou limitar o alcance dos direitos humanos garantidos pelo direito internacional.
> 2. Camponeses e outras pessoas que trabalham em áreas rurais, individualmente e / ou coletivamente, em associação com outros ou dentro de uma comunidade, têm o direito de usar seus costumes locais, idioma, cultura, religião, literatura e artes de acordo com os padrões internacionais de direitos humanos.
> 3. Os Estados devem respeitar os direitos dos camponeses e demais pessoas que trabalham em área rural em relação aos seus conhecimentos tradicionais e tomar medidas para reconhecê-los e protegê-los e para acabar com a discriminação dos conhecimentos, práticas e técnicas tradicionais dos camponeses e demais pessoas que trabalham em áreas rurais (ONU 2018).

No contexto do rio Negro como no de outras regiões, a noção de recurso não dá conta dos múltiplos significados da agrobiodiversidade (Emperaire 2020). Da mesma forma, a série de paradigmas mobilizados pelos instrumentos legais responde apenas parcialmente a uma realidade complexa: as contribuições individuais se encaixam em um coletivo, as inovações são bem presentes, os saberes não se restringem às funcionalidades, mas são de cunho enciclopédico, sustentados pelo orgulho de conhecer, nomear a diversidade circundante (Carneiro da Cunha & Almeida 2002). A planta cultivada é um objeto técnico, cultural e relacional que conecta e está conectado pela sociedade, pelos indivíduos, por espaços e temporalidades. Como instrumentos de direito, tais como CDB, PN ou TIRPAA, podem espelhar essa complexidade?

Se há avanços, os direitos dos povos indígenas e das comunidades locais sobre sua agrobiodiversidade tradicional permanecem, no entanto, confinados aos interstícios dos direitos de propriedade intelectual e dos instrumentos de valorização econômica dominados por modelos fixistas apoiados em direitos individuais com crescente apropriação do vegetal. A mercantilização dos componentes materiais e imateriais da agrobiodiversidade aumenta, formas de uso das plantas cultivadas se homogeneízam por meio de modelos alimentares globalizados, a pressão fundiária fragiliza os sistemas tradicionais de produção. A multiplicação dos instrumentos técnicos e jurídicos reforça monopólios e leva à atomização do que é elaborado e pensado no âmbito das agriculturas indígenas e locais como totalidades biológicas e culturais inseridas em cenários complexos de paisagens e de relações entre humanos e não humanos. A agroecologia, como forma de produzir, se enquadra hoje nessa perspectiva holística. Ambas, agriculturas tradicionais e agroecológicas, integram a diversidade dos processos naturais como aliadas, e não como obstáculo.

Inovações devem vir também do lado do direito. Como Thomas (2015) salienta, manter uma posição apenas "nostálgica" é irrealista e colocaria em perigo saberes locais, objetos, formas de fazer e de classificar. O quadro jurídico atualmente em vigor não abre espaço para o reconhecimento dos direitos das populações sobre o material por elas elaborado. Direitos coletivos, (*commons*), hoje ausentes do cenário jurídico da agrobiodiversidade, mas em discussão, podem ser ativados da mesma forma que os novos direitos da natureza têm recentemente se constituído. Produzir direitos sobre as plantas cultivadas requer, porém, conhecer os regimes de saberes e os regimes jurídicos dos quais suas existências dependem. Para Pestre (2003: 34), os regimes de saberes resultam de "um amplo conjunto de relações que colocam em jogo produções de diversos tipos", entre os quais se identificam e se articulam práticas, valores, normas, instituições, inserções políticas e sociabilidades, realidades econômicas e jurídicas – e, acrescentamos, cosmovisões. A recente declaração da Plataforma Intergovernamental sobre Biodiversidade e Serviços Ecossistêmicos (IPBES, 2019) sobre os aportes dos saberes tradicionais para desenhar um futuro viável reforça a legitimação desses saberes ainda pouco audíveis nos cenários brasileiro e internacional. Dar uma força jurídica aos sistemas locais de manejo da agrobiodiversidade é a trilha aberta pelos trabalhos de Juliana Santilli (2016). Necessitamos entender, entretanto, as condições do sucesso ecológico e social de sistemas de produção que atravessaram milênios.

4 AGRICULTURA CONTRA O ESTADO

JOANA CABRAL DE OLIVEIRA

BROTAR CONTRA O ESTADO

O Acampamento Terra Livre (ATL), manifestação articulada por distintas organizações indígenas que ocorre anualmente na Esplanada dos Ministérios desde 2004, tem como intuito pressionar a política nacional pelas demandas indígenas. Em uma ação que vem crescendo em número de participantes e de diversidade de povos, o ATL impressiona pelo vigor e estética com que as diferentes etnias se apresentam e lutam por seus direitos – boa parte deles, embora garantidos pela Constituição de 1988, vem sendo tratados de forma displicente por sucessivos governos e sofrendo atualmente ameaças diretas. O cenário marcado pela amplitude, brancura, curvas e traços retos da arquitetura de Oscar Niemeyer é tomado de assalto: corpos pintados com padrões compostos com o vermelho-urucum e o preto-jenipapo; mãos empunhando maracás marcam o compasso de cantos, danças e conversas com espíritos e ancestrais; adornos de penas, sementes e fibras vegetais são usados como formas múltiplas de enfeite; o tabaco fumado em cachimbos ou cigarros convoca auxiliares não humanos para a batalha contra o "povo da mercadoria" (Kopenawa & Albert 2015). Os povos ameríndios insistem há tempos em um fazer político para o qual a dimensão oficial da modernidade, materializada no Planalto Central, insiste em manter surdez. Nossa política, definida por Davi Kopenawa como "falas emaranhadas", "palavras retorcidas" (Ibid.: 390), apresenta-se como uma retórica esvaziada de potência e, sobretudo, despovoada.

Numa tentativa de ouvir as lições indígenas e pensar com elas, vou explorar aqui a possibilidade de descrever como uma guerra cosmopolítica tem sido travada por meio de alianças vegetais.

Para entender as ações políticas operadas pelos ameríndios com as plantas, é preciso ter em mente que os Modernos, encarnados neste argumento por determinados setores políticos e econômicos, também agem com não humanos na expropriação de terras e no ataque aos direitos indígenas. Ao contrário do que supõe uma visão corrente – que já cheira a naftalina na antropologia, é verdade –, a política não é um domínio autônomo da vida social nem mesmo está apartada da natureza. Caminhando por outros solos etnográficos, tenho como ponto de partida a já consolidada crítica de Latour (1991, 1999) sobre a pretensão moderna. Nesse trajeto, a noção de cosmopolítica é estratégica. Seguindo Stengers (2018), a proposição cosmopolítica busca, por meio da inserção do cosmos na política, iluminar ações dos praticantes, fugindo das soluções generalistas próprias às teorias transcendentes. Convido-os a uma reflexão que suspende as certezas, e a primeira delas é a de que a política é pertinente exclusivamente aos humanos e que se faz de modo majoritário por meio da retórica, um ato inerente à ação simbólica (supostamente)[1] entendida como marca diacrítica da humanidade. É preciso tornar a reflexão lenta, levar a sério a crítica de Davi Kopenawa e tentar compreender como as disputas ocorrem para além das palavras retorcidas do povo da mercadoria.

1 Note que Eduardo Kohn (2013) desenvolve e propõe, com base na semiologia de Charles Pierce, uma semiótica não humana, obra que se alinha e marca o que vem sendo designado como uma "antropologia para além do humano".

ESTADO HERBICIDA

Já faz algum tempo que um dos maiores inimigos dos direitos indígenas é conhecido pela alcunha de "ruralistas". No Congresso, ruralistas[2] são a representação de latifundiários, praticantes de uma agricultura industrial de monocultivo, que têm como aliados os organismos geneticamente modificados (OGM) e os insumos e defensivos sintéticos produzidos por multinacionais.

Desde a descoberta da estrutura do DNA, na década de 1950, biólogos sabem que bactérias são capazes de trocar genes de forma horizontal. Foi em 1970 que pesquisadores de Stanford conseguiram isolar e cortar genes através de enzimas, os quais foram transferidos a outro organismo por bactérias (Stone 2002, 2010). Os OGM saíam, assim, do projeto para o mundo, em uma obra de engenharia genética característica do engenheiro lévi-straussiano (1970), que parte de um plano previamente traçado e busca, em uma sucessão de tentativas, realizá-lo a contento e a todo custo.

Rapidamente o mercado se aliou ao conhecimento científico, e na década de 1980 biólogos da multinacional Monsanto dão vida às primeiras plantas modificadas geneticamente, visando à produção agrícola em larga escala. Desde então, os principais OGM se dividem em dois grupos: os que utilizam genes da bactéria *Bacillus thuringiensis* (por isso conhecido como "plantações Bt"), que sintetiza uma substância de ação inseticida; e os que utilizam um gene de imunidade ao glifosato, substância desenvolvida como herbicida na década de 1970 por um químico

2 Pompeia (2020) traça como a ideia de agronegócio é elaborada e manejada como tecnologia política para conseguir pleitos para setores específicos da sociedade, os quais se arrogam a representação de uma totalidade dos produtores agropecuários por meio de uma estratégia de sinédoque.

também da Monsanto, e cujo potencial cancerígeno tem sido motivo de disputas e controvérsias. O Brasil há tempos ocupa o segundo lugar na lista mundial de países que plantam OGM, entre os quais a soja tolerante a herbicida e o milho Bt são os dois cultivares mais proeminentes (James 2009; e isaaa.org).

Como o próprio nome anuncia, herbicidas são substâncias que matam ervas. O glifosato é absorvido pelas folhas e caules e, com uma ação sistêmica, inicia a morte pelo "sistema radicular e de estruturas reprodutivas de plantas perenes, como rizomas, bulbos e tubérculos" (Kruse et al. 2000: 140). Mata-se a planta por dessecamento, o que chamaríamos, numa linguagem animal, de sede. O glifosato não escolhe espécie para atuar; ainda que seja mais letal em vegetais herbáceos (sem caule lenhoso), ele aniquila qualquer planta, inclusive as culturas. O desenvolvimento de OGM resistentes a ele é estratégico. Para ser insistentemente explícita, a soja resistente ao glifosato permite que a plantação seja pulverizada com grandes quantidades de agrotóxico sem prejuízo produtivo. Não por acaso, o crescimento do uso e do comércio do glifosato, produzido pela Monsanto, ocorre justamente quando são introduzidas no mercado variedades vegetais resistentes a ele, desenvolvidos e comercializados pela mesma Monsanto, agora Bayer.

Outra alteração genética importante é a de plantas cujos descendentes não são férteis, chamadas no mercado de sementes *terminator* (terminais), que implicam a necessidade de o agricultor comprar sementes a cada período de plantio. Vale retomar, ainda que brevemente, o histórico do desenvolvimento dessa biotecnologia, que nega a evolução, ou melhor, inclui no processo evolutivo o Capital.[3] Afinal, como nos ensina Donna Haraway (2016b), é preciso narrar histórias de maneira incan-

3 Opto por grafar com maiúscula, entendendo o Capital como uma entidade autônoma, que assume a posição de sujeito em sua ação.

sável. O primeiro cultivo em que essa tecnologia genética foi levada a cabo com sucesso foi o do algodão, numa junção entre o Departamento Agrícola dos Estados Unidos e a companhia Delta Pine & Land do estado do Mississipi – comprada, na década de 1990, pela Monsanto, por sua vez comprada em 2016 pela Bayer, multinacional conhecida por sua atuação na indústria farmacêutica. Não vou desfiar aqui as possíveis amarrações das histórias de produção de sementes resistentes a herbicidas, produção de agrotóxico, câncer e o comércio de medicamentos. Outra narrativa que poderia ser tecida é sobre as conexões entre o estado do Mississipi, as *plantations* de algodão e a escravidão. Deixarei esses fios soltos por ora.

Glenn Davis Stone (2002), antropólogo que tem se dedicado aos OGM, traça um panorama das disputas retóricas nessa seara e aponta uma dualidade que o debate assume e que ele caracteriza como simplista: de um lado, aqueles que criticam qualquer uso de OGM, personificados na figura de Vandana Shiva, indiana doutora em física quântica e um dos nomes do ativismo internacional nas questões de segurança alimentar e que, segundo Stone, pinta um quadro idílico de sistemas agrícolas tradicionais ecologicamente sustentáveis; de outro, os defensores dos OGM, que apontam sua implementação agrícola como um segundo momento da revolução verde, uma tecnologia destinada a aplacar a fome do mundo.

Como sugere o autor, o medo da fome é sustentado pelo argumento malthusiano arraigado em nós: a ideia de que a população humana cresce em progressão geométrica enquanto os meios de subsistência se desenvolvem em progressão aritmética. Conclui-se, assim, que onde há superpopulação, há fome. Contudo, essa equação é negada por dados empíricos. Na década de 1990, o fantasma da fome na Índia levou a uma aliança entre o governo e corporações americanas; alinharam-se venda de sementes transgênicas e uso de herbicidas e fertilizantes, o que permitiu um aumento exponencial da produção de arroz e trigo no país, resultando em uma superprodução que acabou por gerar uma crise comercial e econômica devido ao excedente de grãos sem vazão. A Índia colocou em dúvida a certeza malthusiana (Stone 2002 e 2010).

Para esse autor, ainda, se os OGM não são de fato uma solução para a fome, também não são completamente nefastos. Seu argumento é de que é preciso olhar esse universo em sua complexidade, pois há casos em que modificações genéticas seriam bem aplicadas. O exemplo de positividade dos OGM fica a cargo da mandioca (*Manihot esculenta*).

A mandioca, de acordo com Stone, é um importante cultivo de subsistência justamente em países tropicais em desenvolvimento e vem ganhando espaço comercial pela produção de amido. Trata-se de uma cultura que vai bem em solos pobres, que se adapta a regimes de chuva variáveis e cuja produção é constante ao longo do ano. A despeito dessas vantagens, a mandioca apresentaria, segundo Stone, alguns problemas: a sua propagação por estaca (clone) resulta no acúmulo de pestes e doenças que devastam as plantações. Em anos recentes, na África e na Índia, plantações de mandioca foram arrasadas por vírus, bactérias e insetos, pois a homogeneidade da plantação a torna mais suscetível a pragas e a estragos em grande escala, a exemplo do que ocorreu na Irlanda com a batata.

Esforços para combater esse problema buscam produzir plantas híbridas como resultado do cruzamento entre algumas poucas variedades de mandioca que possuem características de interesse alimentar e comercial. Mas tais esforços foram frustrados por conta do que Stone caracteriza como uma "floração tímida e sem sincronia" (2010: 617). Isso o levou a concluir que a forma "tradicional" de produção e seleção de variedades de mandioca, isto é, por meio da reprodução sexuada e de sementes, é falha. Por isso, no caso de uma espécie central à alimentação que se propaga por estaca, a engenharia genética seria bem-vinda. Pesquisadores do Centro Internacional de Agricultura Tropical, ligado à Fundação Rockefeller, têm se dedicado a diversificar e incrementar a mandioca por meio da introdução de genes resistentes a pragas e que aumentam o valor proteico e vitamínico do tubérculo. Em uma alfinetada direta a Vandana Shiva, Stone lembra que, nesse contexto, a autonomia dos pequenos agricultores não estaria ameaçada, uma vez que a propagação por estacas permite a eles manter sob seu controle a reprodução de suas plantações.

ENTRE RAMAS E SEMENTES

A mandioca, cultivo desenvolvido por povos amazônicos pré-colombianos, tem sido o centro de sistemas agrícolas de algumas populações indígenas atuais, que manejam de forma intencional e consciente um regime de reprodução vegetativa e sexuada (Rival et al. 2008; Cabral de Oliveira 2019). Em minha pesquisa entre os Wajãpi, grupo falante de uma língua tupi que habita o estado do Amapá, fui apresentada às mandiocas chamadas *mani'o potyrerã*, que podem ser traduzidas como "mandiocas de flor" (Cabral de Oliveira 2006). Conforme me contaram, elas nascem quando se faz um roçado em área de capoeira, ou seja, em um local que foi roça em tempos pretéritos. As roças são feitas em sistema de coivara, em que, após as primeiras chuvas no início do inverno, época anunciada pelo coaxar dos sapos, o solo queimado esfria e as águas celestes, em conjunção com a luminosidade, permitem que sementes de mandioca dormentes no solo brotem.

Num roçado, as mandiocas são polinizadas por abelhas e pequenas vespas que, atraídas pelo cheiro das flores, vão coletar néctar para, segundo os Wajãpi, fazerem bebida fermentada e festejarem em suas aldeias, à semelhança de como eles mesmo fazem na vida cotidiana. As sementes que resultam de polinização cruzada caem e são enterradas pelas formigas *temitorõ*, nome que remete ao comportamento do inseto, que, além de sementes de mandioca, "planta" as de mamão. São essas sementes que brotam nas roças de capoeira e geram plantas reconhecidas por fornecerem uma única raiz pivotante. Se alguma mandioca de semente seduzir por sua beleza ou qualidade singular, ela será então clonada e incorporada ao acervo agrícola da família.

Esse manejo e esse conhecimento, advindos de uma relação íntima com os pés de mandioca, somam-se à propagação por estacas, método que permite uma manutenção mais estável das variedades. A propagação por clonagem fortalece e mesmo exige uma prática muito recorrente entre as famílias wajãpi, que é a troca de variedades dentro de uma malha de relações de parentesco com diferentes níveis de alteridade, que inclui outros povos indígenas, assentados às margens da rodovia Perimetral Norte, e gente das cidades (Cabral de Oliveira 2008). Assim, as agricultoras wajãpi – e falo no feminino pois são as mulheres as principais responsáveis por cuidar das mandiocas em todo o seu ciclo de vida até o processamento culinário – mantêm um conjunto varietal extenso, que, em um levantamento entre os anos de 2004 e 2006, contava com pouco mais de cem tipos reconhecidos e nomeados.

Como demonstram pesquisas entre grupos do rio Negro (Emperaire 2005, 2008 e 2014; Emperaire et al. 2014), entre os Makushi (Daly 2016; Rival & Doyle 2008) e os Machiguenga (Shepard 1999), os povos ameríndios conseguem manter e incrementar a diversidade de mandiocas operando com um sistema reprodutivo misto (vegetativo e sexuado), não incorrendo no problema vivenciado pelas plantações comerciais de mandioca, como retratado por Stone. A solução advogada por esse autor serve apenas para o problema criado pelo próprio sistema de agricultura industrial e seu anseio de homogeneidade.

Sugiro que esse contraste se deve justamente ao fato de os povos amazônicos possuírem saberes refinados sobre a ecologia da mandioca, conhecimentos que são produto de longa e íntima convivência entre humanos e mandiocas, mas não só, uma vez que não se trata de mera relação diádica, e sim de um emaranhado que envolve polinizadores, formigas e regimes de territorialidade ligados às práticas agrícolas de corte e queima itinerante, que incidem sobre a disposição de luz e nutrientes no solo da floresta amazônica. Tudo aponta para intrincados processos de coevolução que coconstituem essa miríade de entes, algo que só pode ser pensado em uma longa duração, própria ao tempo evolutivo, que forma e transforma os seres vivos em seus devires ininterruptos. A manutenção da capacidade de produção de sementes com a reprodução vegetativa é precisamente o jogo que mandiocas e povos ameríndios têm jogado há cerca de 9 mil anos, data sugerida por estudos genéticos e de arqueobotânica para a domesticação da mandioca na região do Alto Rio Madeira (Alves-Pereira et al. 2018).

A diversidade temporal dos ciclos de vida e maturação dos diferentes organismos, tanto quanto o próprio tempo, aparece na agricultura industrial como um entrave, um fator a ser reduzido e homogeneizado. Os esforços pela modificação genética são alternativas vangloriadas diante da floração considerada "tímida e sem sincronia" das manivas, cujo tempo fértil é considerado disruptivo para a urgência e o anseio de homogeneidade do Capital. Seguindo Tsing (2015b), as *plantations* são marcadas por uma temporalidade monótona; "a agricultura comercial objetiva isolar um único cultivo e trabalhar através de um amadurecimento simultâneo para uma colheita coordenada" (Tsing 2015b: 24). É apenas dessa perspectiva que a floração dos pés de mandioca pode ser negativada ("tímida e sem sincronia"). A agricultura wajãpi, por sua vez, aponta para uma composição temporal que responde aos ritmos das diferentes espécies e indivíduos; os roçados são, por isso, uma verdadeira "assembleia polifônica", marcada pela "reunião de ritmos, resultantes de projetos de criação de mundo, humanos e não humanos" (Tsing 2015b: 24).

O mercado não pode esperar que as modificações ocorram lenta e gradualmente ao longo da sucessão geracional – não se compõe com o tempo evolutivo, menos ainda com a multiplicidade dos tempos orgânicos. Poderíamos imaginar essa relação de engenharia genética e ter como prognóstico hipotético que essas mandiocas acabarão perdendo por completo sua capacidade de reprodução sexuada, uma vez que esse aspecto deixa de ser selecionado pela indústria. Podemos pensar então como o Capital age como pressão seletiva, atuando nos processos de coevolução.

A reprodução sexuada nas mandiocas leva também a outra questão, a saber: a possibilidade de pensar filosoficamente sobre o conceito de domesticação. Nesse processo constante de coevolução com populações pré-colombianas até tempos e pessoas atuais, o resultado não foi uma completa dependência reprodutiva das mandiocas em relação à ação humana, critério que define uma das acepções de "domesticação" (Clement 1999).[4] A produção de sementes férteis manteve certa autonomia da mandioca, que, contudo, não aponta para um ente ensimesmado, capaz de se autocriar, e sim para a possibilidade de traçar relações de forma contra-hierárquica, ou seja, fora de uma relação de dominação típica de determinada humanidade situada no tempo e no espaço. Essa autonomia é análoga àquela defendida

4 Seguindo Clement (1999), a domesticação de plantas pode ser pensada em graus, cujo ápice é definido por dois critérios centrais: 1. a existência de modificação humana sobre uma população, que gera maior grau de alteração fenotípica do traço selecionado do que a taxa presente na população em estado selvagem; 2. uma redução da adaptabilidade ecológica, a ponto de a ausência de interferência humana ameaçar a sobrevivência da população.

por Vandana Shiva (2003), ao denunciar o aprisionamento de agricultores indianos a uma rede comercial de sementes transgênicas que produzem descendentes inférteis. Autonomia que também remete ao autocontrole dos corpos femininos, que foi e é bandeira de algumas vertentes feministas, como a de Donna Haraway (2003 e 2016b), que fez a crítica feminista desembocar em um manifesto de exaltação das relações entre distintas espécies. Conforme Haraway clama: "Façamos parentes ao invés de filhos", afirmação que aponta tanto para a tomada de decisão e ação das mulheres sobre o próprio corpo como para a necessidade de criar um parentesco para além da humanidade, lidando eticamente com outros seres que nos coformam.

Voltando às mandiocas na Amazônia, não é possível reduzir essas histórias complexas a uma linearidade causal e afirmar que as populações pré-colombianas seguiram intencionalmente por um caminho de não domesticação completa do tubérculo. Mas talvez seja possível, com base em tantos trabalhos etnográficos sobre povos indígenas atuais, asseverar que o controle unilateral e as relações de subordinação não são desejados por tais povos em nenhum espectro. Pierre Clastres ([1974] 2017) nos mostra uma série de mecanismos desenvolvidos por povos indígenas para se livrarem da servidão e da emergência do Estado: um chefe sem poder de mando; uma filosofia que negativiza a figura do Um e da identidade; a autonomia produtiva do núcleo familiar e a possibilidade de fissão de grupos diante de conflitos. Em um movimento que se caracteriza como uma revolução copernicana na antropologia, Clastres deixa de compreender essas socialidades por uma ausência em relação a nós, isto é, a falta de Estado, para argumentar por uma positividade: são formas sociais deliberadamente contra o Estado – "o poder é exatamente o que as sociedades quiseram que ele fosse" (Clastres [1974] 2017: 53), um poder não coercitivo. O ponto é que a relação entre mandiocas e povos amazônicos apresenta muitos sentidos, e não se constitui como uma relação de controle da planta pela humanidade; no mais, nela figuram tantos outros entes – as formigas *temitorõ*, as abelhas caxirizeiras, a luz de uma clareira, as águas celestes...

As mandiocas agem igualmente sobre as famílias wajãpi. Elas seduzem as mulheres (Cabral de Oliveira 2019) para que elas continuem plantando e aumentando sua diversidade, sedução que se dá por meio da estética, do sabor e da embriaguez provocada pela bebida fermentada que aproveita a grande quantidade de carboidratos, uma característica especial, para a produção de álcool. Além disso, segundo os Wajãpi, as mandiocas possuem um dono-mestre em outra dimensão, *mani'ojarã*, que exige cuidados na lida diária das mulheres com suas manivas. Os donos-mestres habitam o universo wajãpi e se espalham por distintos domínios cosmográficos; eles tocam suas vidas junto à sua gente, cuidando e gerindo suas criações e lugares, o que inclui espécies animais, vegetais, porções do território associadas ao relevo, entre outros elementos (Gallois 1988 e 2012; Professores Wajãpi 2007; Cabral de Oliveira 2012). Esse povoamento de donos-mestres implica a negociação e atenção constantes na constituição da vida familiar wajãpi ao transitar pelo território, caçar, plantar, pescar, pintar os corpos etc. As mandiocas, assim como outras espécies, não são objetificadas, não podem ser tratadas como recurso (Pesquisadores Wajãpi 2017; Krenak 2016);[5] são, antes, sujeitos que, no imperativo da relação, exigem uma ação cosmopolítica, a qual passa pelo uso de encantações no plantio e resguardos na colheita.

5 Conforme Ailton Krenak (2016: 159): "Essa mentalidade estúpida, desse capitalismo que não dá nem para chamar de selvagem, só pensa na exaustão dos recursos da natureza – que eles muito apropriadamente chamam de 'recursos naturais' e, cinicamente, matam rios, montanhas, florestas com a justificativa de que estão fazendo o desenvolvimento".

Orgulhosas de seus roçados, uma extensão de si, que permite falar das habilidades reprodutivas de um casal, as mulheres wajãpi possuem uma relação de cuidado com as mandiocas e as demais culturas. Sabem a procedência de cada variedade, e cada uma delas suscita lembranças e permite a narração de histórias. Nesse contexto, a variedade é formada não só por qualidades fenotípicas, reconhecidas e apreciadas em detalhes, como também pela história que carrega. O que nós dividimos como material biológico e como cultural se amalgama.

Quando eu perguntava sobre a enorme diversidade que encontrava nas roças wajãpi, a resposta que ouvia era sempre a mesma: porque "a gente gosta", porque "é bonito". A diversidade e a diferença são valores em si. Algo que remete à célebre e perspicaz formulação de Lévi-Strauss (1991) de que grupos Tupi seriam movidos por uma "abertura ao outro". Aqui a diferença é o motor da socialidade, a relação com o outro é interna e não externa, como costumamos pensar.

De forma antagônica, na agricultura industrial capitalista a homogeneidade da plantação é o valor. Contudo, isso não parece ser um valor em si, mas constituído pela diferença entre custo produtivo e valor comercial, por permitir um barateamento da produção mediante a padronização e a mecanização da colheita e do plantio, bem como da maior previsibilidade do sistema produtivo. Além disso, podemos dizer que, de modo geral, a estética moderna prefere a homogeneidade à diferença (ao menos nas gôndolas dos mercados). Poderíamos aqui ecoar Pierre Clastres em seu pensamento baseado no de filósofos guaranis e dizer que essa agricultura industrial pautada no monocultivo e na homogeneidade se fundamenta na figura do Um, enquanto a agricultura dos Wajãpi e de outros povos indígenas alicerça suas práticas no múltiplo, a ser entendido como uma versão do dois, a unidade mínima da relação (Lévi-Strauss [1949] 1982; Clastres [1974] 2017) – ou melhor, uma versão do entre dois, que compreende o movimento, o "perpétuo desequilíbrio" de Lévi-Strauss (1991) que, segundo Lima (2011), deixa entrever um triadismo.

AGRICULTURAS FLORESTAIS

O sistema agrícola wajãpi está em diálogo direto com a floresta (Cabral de Oliveira 2018 e 2016). Além da rica agrobiodiversidade mantida pelas mulheres, a relação com a floresta é mais um vetor que aponta para a figura do múltiplo, em uma versão do dois em desequilíbrio (um constante oscilar entre roça e floresta).

Todo ano, cada família nuclear abre uma nova roça. Cada família possui, assim, um conjunto de roçados em diferentes etapas de maturação. Esse padrão de elaboração anual de roças conduz a deslizamentos sobre o território. À medida que as roças se distanciam das casas, a aldeia se muda para dentro de um roçado, instituindo uma nova morada. A aldeia nasce sempre dentro da área cultivada, um espaço previamente amansado. A agricultura é o primeiro passo de afastamento dos donos-mestres que habitam a floresta (*ka'ajarã*), os quais podem ser agressivos com as famílias wajãpi. São os donos-mestres que, em uma densa rede xamânica, tanto promovem doenças e morte quanto curam (Gallois 1996). Ao derrubar e queimar uma porção de floresta, não só os animais se vão: os donos da floresta (*ka'ajarã*) também se afastam. Uma das primeiras ações na clareira deve ser o plantio de pimenta no meio do roçado, pois a ardência de seus frutos espanta o dono da terra (*yvyjarã*), prevenindo possíveis retaliações dele em face do incômodo que humanos exercem cavando sua morada.

Uma roça é idealmente aberta em uma área de floresta, isto é, segundo os Wajãpi, em um local onde as grandes árvores (como os angelins, pequiazeiros, acapus, copaíbas, andirobas etc.) têm plena existência. Isso pode incluir locais previamente derrubados por parentes e ancestrais e que foram abandonados por tempo suficiente para que a sucessão ocorresse e a floresta voltasse pelos bicos das aves, pelas fezes de animais e pelos ventos que carregam as sementes aladas. Os animais, assim como os ventos e os cursos d'água, dispersam sementes de outras porções de mata, fazendo com que as espécies vegetais andem; permitem, desse modo, que a floresta volte a crescer em sua diversidade, algo que os Wajãpi descrevem com riqueza de detalhes, remetendo a longas cadeias tróficas de relações ecológicas, conforme esse breve relato de Marãte Wajãpi deixa entrever:

> Os tucanos se juntam pela floresta, chegam e ficam onde há frutos para comer. Eles comem açaí, bacaba [...] *ãjõ'y siri*, as árvores que cheiram; figueira, murei e pés de mingau de ave... Tucano as come e as leva, assim eles as fazem brotar deixando cair as sementes [...] Os micos também, eles engolem as frutas e deixam [os caroços] de ingá [...] Sementes de abiu selvagem, eles engolem e levam, fazendo-as brotar pela suas fezes... O mutum, quando come *pajauwaru'y*, leva e faz brotar através de suas fezes. Jacu e jacamim igualmente [...]. Longe eles levam e fazem brotar as sementes das frutas [...] por isso elas são plantações de tucano, de jacu...

Se algumas árvores dependem dos animais para caminhar e se proliferarem mundo afora, os animais necessitam dos frutos para se alimentarem e das copas e troncos para se abrigarem. Assim emerge a floresta, como um grande cultivo de tantos bichos que fazem dela sua morada. Como conclui Marãte: "por isso [as árvores] são plantações de tucano, de jacu...".

As famílias wajãpi co-ocupam esse delicado espaço-tempo e constituem sua vida comunitária por meio de uma agricultura que depende diretamente da qualidade da floresta e vice-versa. O reconhecimento desse entrelaçamento de agricultura e dinâmicas florestais tem sido veementemente iluminado por estudos de ecologia histórica e arqueologia, que demonstram que a biodiversidade amazônica é resultado de ações de povos pré-colombianos e do presente (Balée 1993; Junqueira et al. 2010; Levis et al. 2012 e 2018), o que nos conduz à conclusão de que a perda de biodiversidade não é intrínseca à ação humana *per se*, mas apenas a certa humanidade, aquela aliada ao Capital. Segundo critérios wajãpi, um belo roçado é repleto de variedades de mandioca, milhos coloridos, batatas de muitas doçuras **[FIGS. 13 e 15]**, carás de infinitas formas, abacaxis de tantos perfumes, entre muitos outros cultivos, que devem conservar um estado designado de *ory katu*, que pode ser traduzido como "alegria". Uma bela roça é hiperdiversa e alegre. Para alcançar uma roça assim, fazem-se necessários, além dos cuidados despendidos pelas agricultoras, um bom solo, a ausência de saúvas, a presença de abelhas e insetos que, como dizem os Wajãpi, *ojimory* ("alegram" e / ou "brincam com") as plantas. Tais condições só podem ser pensadas se apoiadas em um bom suporte (*-y*), de uma floresta madura e altamente diversa; um espaço atravessado por aves, macacos, cutias etc., que permitem a dispersão de árvores que produzem um acúmulo de matéria orgânica nos solos e promovem a atração e a manutenção da fauna. Enfim, um enredamento de entes e ações múltiplas, em que roça e floresta se coconstituem em uma verdadeira agricultura florestal em que tudo é plantado e cuidado por alguém, seja um humano wajãpi, seja um animal, seja um dono-mestre...

ERVAS DANINHAS *VERSUS* PLANTAS DE OUTREM

Voltando ao que foi trabalhado antes, um dos grupos de OGM desenvolvidos pela indústria científica são cultivos resistentes a herbicidas; estes têm como objetivo exterminar plantas consideradas daninhas. Segundo o botânico Lorenzi, planta daninha é "qualquer vegetal que cresce onde não é desejado" (2000: 3). Em culturas agrícolas, trata-se de qualquer espécie que brota sem ser plantada e que compete com o cultivo, afetando quantitativamente sua produção. No guia *Plantas daninhas do Brasil*, de Lorenzi, encontramos sobretudo espécies de gramíneas, entre outras plantas herbáceas, que provavelmente seriam consideradas pelos Wajãpi *-jai*, categoria de tradução difícil, que se refere às plantas herbáceas, em sua maioria, que crescem nas beiradas das aldeias e em roças abandonadas. Consideradas esteticamente feias, são capinadas quando aparecem nos espaços domésticos, mas são deixadas em áreas abandonadas. Tais espécies incomodam os Wajãpi, pois são os primeiros sinais de uma floresta que rasteja sorrateiramente para dentro de um espaço humano, construído por meio da agricultura e do afastamento dos habitantes da floresta.

Esses conjuntos vegetais, entendidos como categorias nativas de ervas daninhas, de um lado, e *-jai*, de outro, são as primeiras espécies de um processo de retomada do que chamamos de sucessão florestal, isto é, do crescimento de uma vegetação que vai dar condições para uma floresta ou um Cerrado emergirem em potência plena. Se, de um lado, há um esforço em extirpá-las por completo por meio de herbicidas, em um monocultivo criado para resistir ao veneno, de outro, elas incomodam apenas quando crescem em locais habitados e frequentados pelas pessoas. Nesse caso, pode-se mesmo falar em uma verdadeira disputa territorial cósmica, mas que opera por oscilação e alternância: o crescimento da floresta é bem-vindo, desejado e incentivado por meio do abandono das áreas ocupadas, que passam gradualmente ao domínio de outros habitantes, e o primeiro momento desse processo é o crescimento de plantas que podemos chamar também de pioneiras. Oscilação e movimento são precisamente a regra do jogo da forma contra o Estado, seguindo os desdobramentos de uma leitura lévi-straussiana que Perrone--Moisés e Sztutman (2010) fazem da obra de Clastres.

A intuição aqui desenvolvida em argumento foi concomitantemente notada por Furquim na análise de sítios arqueológicos do Holoceno Médio no sudoeste da Amazônia. Ela aponta que as

> flutuações nos momentos em que as plantas cultivadas (e o cultivo em si) parecem ser mais ou menos importantes não correspondem a momentos de mudanças climáticas e às decorrentes adaptações ao ambinte, mas sim a processos de construção da diferença cultural (i.e. identidade) e a períodos históricos de maior ou menor mobilidade, maior ou menor coalescência política, de acordo com o tecer e desfazer das redes ameríndias (2018: 329).

O rompimento desse padrão de oscilação entre intensificação e arrefecimento das práticas de cultivo ocorre apenas após a chegada dos europeus ao continente. Furquim vai propor, igualmente inspirada em Clastres, que essas sociedades seriam "contra-agricultura", tomando como agricultura aquilo que a sociedade industrial e de Estado realiza. Não enfrentarei aqui o debate sobre o conceito de agricultura, acertadamente circunscrito por Furquim no contexto de sua pesquisa ao debate da arqueologia, cuja referência é o Neolítico europeu, delineando a agricultura como "monocultura intensiva, com controle das forças e meios de produção, manipulação / modificação do solo e do ambiente e uso de plantas domesticadas" (2018). Ainda assim, defendo o uso do termo "agricultura" para caracterizar as práticas wajãpi devido à centralidade dessa atividade e de seus produtos na vida social e sobretudo à complexidade e riqueza dos conhecimentos e técnicas desse povo relativos ao cultivo, que em nada ficam aquém daqueles da ciência agronômica.

De um lado da trincheira, temos os monocultivos, monótonos e homogêneos, a figura do Um, do Estado; do outro lado, há as roças hiperdiversas, inseridas em um sistema agroflorestal que preza por uma rede ecocosmológica extensa.

A forma-Estado,[6] marcada pela figura do Um e o princípio da identidade em seu modo de cultivar a terra, pode ser definida como o sistema de *plantations* – para fazer Anna Tsing (2015b) conversar com Pierre Clastres. Ao utilizar o conceito de *plantation*, Tsing rememora a história dessa forma agrícola, remetendo à plantação de cana-de-açúcar no Brasil Colônia, que, além de se caracterizar pelo monocultivo de uma espécie exótica, apoiava-se na mão de obra escrava trazida do continente africano. Ambos, cana-de-açúcar e escravizados, eram arrancados de suas redes e alocados em um espaço distinto, marcado pela ausência de espécies companheiras (humanas e não humanas). O isolamento produzido pela empresa colonial seria, segundo Tsing (2015b: 39), uma estratégia de controle, modo de relação que interessa à forma-Estado, mas não aos ameríndios. No trabalho dessa autora, a floresta de onde se coletam os cogumelos *matsutake*, caracterizada como uma assembleia polifônica em que árvores, solos, animais, fungos e humanos se emaranham, é compreendida como "*antiplantation*", ideia que pode ser potencializada pelo pensamento clastriano-ameríndio como uma floresta "contra*plantation*" ou mesmo uma "agricultura contra o Estado", uma vez que as florestas japonesas *satoyama* (por ela abordadas) emergem numa relação íntima com a agricultura familiar.

A *plantation* aponta para um fim sem retorno da floresta. As matas são derrubadas de vez, deitadas ao chão e cobertas pelos mares de soja ou milho, constantemente pulverizados com herbicidas e pesticidas para extirpar as ervas daninhas e os animais tidos como pragas. As plantas pioneiras são a maior resistência

6 Sigo aqui intuição e grafia de Lima (2011), com base em sua leitura de Pierre Clastres.

da floresta, que insiste em retomar o que lhe foi tirado. Nas grandes fazendas de soja ou milho, a guerra é constante, herbicidas são jogados ao primeiro sinal do brotar de *plantas daninhas*, entendidas como plantas fora do lugar pela botânica e que são antes espécies desapropriadas de suas terras. Herbicidas matam tudo o que é vegetação, à exceção dos transgênicos resistentes ao veneno; espécies que coevoluíram com o Capital.

A política vai assim se fazendo entre plantas diversas, insetos, solos e tantos outros seres que a nossa constituição moderna, com sua filosofia da excepcionalidade humana (Tsing 2015b), insiste em qualificar como seres mudos e apolíticos por serem não humanos, mas que são os grandes aliados dos povos indígenas em sua luta pela existência, da mesma maneira que herbicidas e OGM se alinhavam numa política de Estado. Não por acaso, Davi Kopenawa insiste em seu livro em que sua luta é em defesa da terra-floresta, e não exatamente do povo Yanomami. Kopenawa e outras lideranças indígenas têm ao seu lado sumaúmas, angelins, mandiocas, milhos, muricis e tantas outras vozes vegetais em potência plena, a potência de variação que marca a vida.

5 AGROECOLOGIA E A LUTA PELA TERRA

MARIA RODRIGUES DOS SANTOS

Sou Maria, agricultora, que depois de anos e com muita luta consegui me formar em agronomia, com ênfase em agroecologia. Ingressei aos 49 anos no curso, pela necessidade de entender um pouco da questão da agroecologia na prática e da biodinâmica, entender um pouco e aprender os procedimentos científicos para ver se a gente resolvia algumas demandas nossas, ou pelo menos para contribuir com a nossa comunidade. Como agricultora, ofereço um olhar com base em um contexto, é isso que eu gostaria de partilhar um pouco aqui. Eu olho a história do Brasil como uma história de quando veio a implantação da agricultura europeia para cá, mas já existiam nações, já existiam povos nativos aqui, que eram intrinsecamente ligados com a natureza e seus vegetais, e, como os que me antecederam aqui colocaram, a gente vem com um outro ritmo de fazer agricultura. Eu sou um ser dessa sociedade, assim, vamos dizer, desagregada e segregada também. Faço uma luta no meu dia a dia pra ver como eu fico mais integrada a esses saberes, a esses legados outros.

Então, eu venho desse bom dilema, e também um pouco dessa caminhada. Entendendo que, quando se implementa a agricultura que é a *plantation*, se introduz a monocultura da cana-de-açúcar, voltada à exportação, e não à ligação entre os seres e a natureza, que respeite nosso bioma, nossas florestas, o meio natural que temos aqui. Nessa contradição, os povos que tinha aqui não estavam só relacionados de outra forma aos vegetais, mas também viviam em um território livre. Depois, quando eles perdem isso, por essa trajetória histórica trágica, tem também a minha origem africana, que vem pra cá como um complemento para viabilizar as *plantations*. Quando a gente caminha para a libertação dos escravos, a terra é aprisionada pela Lei de Terras, vira propriedade privada. E aí, juntamente com outros que vêm da Europa pra cá, os desagregados da Europa também, forma-se uma grande multidão, e a gente chama isso de sem-terra: é parte dos indígenas que luta pela terra; é parte dos africanos que luta pra ter um lugar, trabalho e terra; é parte também desses europeus que estão na luta por uma vida digna. Eu faço parte desse contingente. Estou feliz por podermos estar em uma situação que eu considero de muita luta no Brasil, por poder falar disso, e a ciência, bastante preocupada com essas questões das nossas ligações com a terra, com as plantas, porque não dá pra eu falar sobre a minha ligação com o meu vegetal se eu não posso nem ter o meu vegetal, essa é uma situação muito complicada.

Após essas lutas, lutas pela terra, eu conquisto um pedaço de terra no assentamento Bela Vista e lá eu começo a fazer um pouco daquilo que minha mãe falava, que meu pai falava e do sonho que eu tinha. Porque eu venho de uma formação na qual a terra é mãe, e se é mãe eu preciso cuidar dela, pois a mãe tem todo cuidado comigo; ao cuidar dela, ela fica mais feliz e com muito mais saúde e, assim, ela pode também ter muito mais benefícios para mim e para meus filhos. Por isso, meu sítio se chama Mãe Terra, nome dado pela minha própria mãe. A gente, então, começa a construir essa comunidade no assentamento com mais famílias na busca de uma produção sem veneno, na busca da agroecologia, juntando também outros fatores da natureza, do clima, dos astros, como faz a biodinâmica. O que é que a gente podia fazer ali? Naquele pedaço, em torno disso? De 1999 pra cá, a gente trabalha nessa situação muito interessante, porque a partir da lei dos orgânicos a gente já conseguiu se habilitar com um grupo de mulheres agricultoras e assentadas, com a juventude também, e participar de um organismo de controle social, que é o OCS, respaldado pela lei. Aí a gente então é credenciada no mapa e pode vender orgânico. Logo depois, começa a ter menos programas públicos, merenda escolar, e vemos a necessidade de fazer um sistema participativo de garantia, onde a gente possa ter o selo para fazer também mercados diretos. Porque na feira a gente ficava um dia preparando o alimento, outro dia fazendo a feira, um dia desmontando a feira. No campo, produzindo através da agroecologia, é preciso estar no dia que a natureza precisa, eu sou uma colaboradora da natureza, às vezes é domingo, vai chover, eu preciso fazer algo diante disso. Ou, hoje é dia de plantar, é uma raiz... A natureza tem as suas regras próprias, então cabe a mim aprender essas regras e concordar ou não, mas pra eu ser uma boa agricultora é bom que eu concorde e possa até fazer melhor. Quando eu não concordo, a própria natureza tem seu curso e segue, quem se lasca sou eu quando eu não concordo, não é?!

Isso é muito interessante. A gente começa a fazer longos períodos de feira, de venda direta, a compreender também como é que a sociedade entenderia o que era importante nessa produção e que essa sociedade constrói junto com a gente a necessidade de um alimento pra gerar saúde, pra gerar vida plena, e não pra gerar doença. Tudo isso fortalece muito em mim, na minha família e na comunidade, a necessidade e a importância de fazermos essa alimentação com os laços agroecológicos, que não pensa só na técnica e na diminuição de veneno, mas também em como trabalhar isso com a sociedade.

No município em que estou tem só 30 mil habitantes, tem 180 assentados, se todo mundo for produzir agroecológico, a cidade toda não consome a produção. Mas eu estou próxima à cidade de Sorocaba, 700 mil habitantes, como é que a gente transporta isso pra lá? Tem uma universidade também que discute isso, tem os núcleos de agroecologia e os estudantes interessados, e como que esse público, que seria o mais interessado, que poderia ter um alimento saudável, e os que estão a fim também se aproximam dessa experiência podem fazer? A gente começa a construir a partir da agroecologia outras relações, multidisciplinares e transdisciplinares, para pensar como avançamos, como conectamos. Nisso então a gente constrói uma relação de parceria com o Núcleo de Agroecologia Apete Caapuã (Naac), também do instituto federal, ali de Boituva, também de São Paulo, tem várias universidades e também, na região, o Instituto Terra Viva. Ele se compõe nessa parceria conosco de fazer a logística da comercialização para São Paulo, para o Instituto Chão, para o Instituto Feira Livre, o Armazém do Campo e outras iniciativas que têm uma comercialização direta que só banca a logística. Não são atravessadores. E a gente sempre pensando que a produção que temos aqui era interessante que fosse escoada só num circuito curto, porque Sorocaba absorveria tudo, mas a sociedade de Sorocaba não está nesse passo de sensibilização, de que é importante ter um produto dali e consumir tudo isso dali. E a gente está fazendo essa luta, tentando organizar essa sociedade. Formamos então uma rede de agroecologia sorocabana da região e com outras parcerias da agroecologia, da APA (área de proteção ambiental) Estado de São Paulo e da ANA (Articulação Nacional de Agroecologia) pra potencializar isso.

Tanto na prática quanto do ponto de vista técnico, lá no campo, os estudantes se interessam por essa temática porque têm uma ligação direta com a vida e com o futuro da nossa civilização ou da nossa sociedade. Porque uma sociedade que não cuida bem de seus alimentos tende a entrar em decadência por vários motivos, e na biodinâmica a gente aprende que, se um alimento é produzido com energias vitais de amor, de luz, é isso que eu consumo, ou seja, eu me alimento desse alimento com essa vitalidade, então em mim está a grande possibilidade de eu também praticar essa energia de luz e de amor. Quando eu me alimento com um alimento que é produzido com a energia de morte, que mata a fauna, que mata o meio ambiente, que mata as pessoas, é uma energia de morte. Eu vou me alimentar de uma energia de morte? Então ela, em síntese, produz em mim um sentimento de raiva, de ódio, de vingança, que é a energia que vem acumulada nesses processos. O companheiro indígena que me antecedeu (Izaque João Kaiowá) falou muito bem disso. É muito interessante a ligação dessa visão, que tem esses amplos olhares aí.

Aqui começamos a trazer para o meu lote. Eu considero que o meu lote era um dos lotes mais inóspitos para a agricultura, quando eu tenho a demanda de fazer agroecologia porque o lote que eu peguei era face sul, bem à beira da várzea – em um dia que enche de água, como que eu lido com a natureza? Dentro da agroecologia e da biodinâmica, a gente acha mecanismos de ir experimentando e podendo experimentar e conhecer essa natureza. É muito interessante que nesses cultivos, mesmo com a demanda quanto à mão de obra e não tendo ainda tecnologia de agroecologia que garanta produtividade do trabalho, somos entretanto seres sensíveis às transformações que se dão na relação com as plantas, ou seja, a gente começa a perceber que tem várias plantas que gostam de outras plantas para crescer bem, mesmo sendo de espécies diferentes.

Já nós, que somos seres humanos, de uma espécie só, não nos damos tão bem assim, mas vamos lá... Uma espécie pode ajudar a outra, podemos fazer uma horta onde tem vários estágios de tempo, de tamanho e de cultivos ali, essa horta também pode fazer uma relação direta com a microfauna e com a macrofauna. Ela pode fazer uma relação direta com as abelhas, as abelhas – que estão em extinção no mundo, por conta dos venenos da agricultura convencional –, lá, estas podem pegar o pólen livremente e se alimentar e aumentar a sua população, e ainda trazer mais frutificação na minha horta. É a natureza em favor da gente, do ser humano! E nesses pedaços de horta pode ter pedaços de flores ali, plantar cosmos e outras flores, que as borboletas, ao invés de irem na couve pra se proliferarem, elas ficam ali, entretidas naquelas flores, dançando o dia inteiro e contemplando um pouco dessa astralidade aqui no solo. Isso é realmente interessante, quando a gente vê esses outros olhares e que o nosso solo, ele pode ter, com cultivo mínimo e coberto de vegetação, minhoca, pode ter o tatuzinho, que farão a transformação dessa matéria orgânica em alimento para as plantas em uma decomposição saudável e não em uma putrefação lá no solo.

Então esses elementos, tanto da biodinâmica como da agroecologia, nos colocam em uma situação: pode ser que meu fruto não tenha aquele tamanho, mas o meu pé de alface, ele não só tem forma de alface, como tem as propriedades das próprias alfaces que eu plantei; eu não fiz nenhuma transmutação, não fiz nenhuma modificação nem uma manipulação com outro tipo de insumo que pudesse fazer isso. Então, quem se alimenta dessa alface de fato está se alimentando da alface e não de uma síntese de agrotóxicos naquela forma de alface. Então essa é a diferença desse experimentar que a gente está fazendo. Com essa experiência, a gente pôde, juntos, construir uma comunidade que se sustenta de agricultura e que tem 62 famílias, esta semana, que vão buscar produtos lá do sítio Mãe Terra, do sítio Malomar, do sítio São Benedito, ali do assentamento e uma outra comunidade que sustenta a agricultura, CSA Coração, que também vai buscar os produtos e que tem cestas construídas com essa produção. Esse sistema participativo de garantia é feito com dez famílias: do assentamento Bela Vista, do assentamento Ipanema, de Araçoiaba, de Itapetininga, de Tatuí e de Cerquilho. Quando é feita a lei do sistema participativo, e que a gente não vê esse lado importante que vem de uma luta já de vanguarda da ecovida, parece uma burocracia chata, mas, para nós, a gente faz do limão a limonada, por quê? Porque quando a lei fala que tem que ter visita de pares, isso para nós é uma visita de intercâmbio de saberes entre o agricultor que está lá e a gente que vai lá visitar. Nesse intercâmbio de saberes, o que nós podemos fazer em relação à adequação ou à orientação sobre a legislação?! Então ela fica rica nisso, quando eu vou lá no lote da dona Nilda, eu aprendo com a dona Nilda, o que ela fez, e assim por diante. No nosso lote é a mesma coisa, o que é que a gente está disposto a socializar, o que é que a gente fez, o que a gente chama de acerto, o que a gente chama de erro nesses manejos agroecológicos que a gente vai construindo.

Diante disso, a partir do momento que a gente faz o caderno, o plano de manejo orgânico, a questão é como nós traduzimos certas linguagens para os agricultores que nunca tiveram essa linguagem. Tivemos uma companheira que falou: "Ó, Maria, não vai esconder esses 'nomão' de mim, não! Eu também quero aprender o que é que é isso" e era bem na página que a gente ia discutir a biodiversidade. "Eu tô vendo que aqui está escrito 'biodiversidade'. Eu quero entender o que é biodiversidade, é 'nomão', mas eu também quero conversar com os estudantes, com os professores...". Era uma senhorinha, ela me deu um chacoalhão muito bonito! Fomos conversando sobre essa relação, fomos trabalhando com ela, fizemos um coquetel de adubação verde de verão e aquilo encheu de abelha, de borboleta e de minhoca. Aí um dia vão os estudantes lá: "Ó, dona Maria, a senhora vai conversar com os estudantes hoje", ela respondeu: "É, mas eu vou falar dos nomes" [risos]. Aí ela pegou e falou de todas essas relações, as plantas dela, de como que era importante ela ter as abelhas, a joaninha que ajudava as ninfas, os filhotes, "os filhotes da joaninha vêm aqui comer o pulgão..." e foi falando de tudo isso. E falou: "Né, é porque esse é o nome de biodiversidade para vocês, né?!". [risos]. Maravilhosa lição, né?!

Então isso é muito interessante, porque com esse amor que foi adquirido foi possível fazermos vários projetos de sistemas agroflorestais, porque, como as propriedades, os lotes lá são tão pequenos, ninguém quer plantar árvore, porque acha que empata, porque mato é uma coisa ruim, é assim que a agricultura convencional ensina. O tempo tá chovendo, tá gostoso, mas se fala que o tempo tá feio, tá mal, tá mal tempo... Inventa todas as coisas... Então essas famílias foram tendo interesse de entrar para participar da implantação de sistemas agroflorestais, que são os SAFs. Nós conseguimos fazer o projeto com o Banco Mundial, Microbacias II, na nossa associação para 42 famílias e nas outras associações fizeram para vinte, trinta famílias. E, quando a gente ia discutir o desenho do SAF, precisávamos resgatar o nome das árvores e tal. Compramos aquele livro, *Árvores brasileiras*, e falamos: um negócio desse não queremos mais no cantinho do lote, queremos mudar para o nosso quintal. Ninguém põe a coisa que não gosta perto do seu quintal, e antes estava lá no cantinho do lote. A gente sofreu um problema lascado, porque eu estava ajudando a fazer o projeto com o pessoal do PDRS (Projeto de Desenvolvimento Rural Sustentável) e eu tinha que mudar o local no projeto, não estava mais lá no cantinho do lote, teve que mudar para perto da casa. Isso atrasou o projeto uns quatro meses, por causa dessa burocracia. Mas foi interessante isso de que as famílias pegaram pertença: "Não, eu quero ser o jacarandá-mimoso...". Porque daí foi estudar todas as características das árvores e o que era esse sistema agroflorestal desse ano e daqui a dez anos, de se entrelaçar por dentro dessa mata imaginária, dessa floresta imaginária. Olha o quanto que isso é belo! Ensina a gente a voltar a entender que os seres vegetais formam a gente! Isso dá uma outra qualidade para a gente, e eu fiquei muito feliz com essa dinâmica e com esse envolvimento dessas famílias nesses projetos dos sistemas agroflorestais. Já temos três tipos de projetos agroflorestais com essas famílias, e com outras famílias novas que estão se interessando.

Uma pena que, do ponto de vista técnico, ainda os projetos computadorizados não correspondem à natureza. Se você fala assim: "Tem que plantar tal coisa em setembro, não choveu, mas tem que plantar, senão o recurso volta e você não tem mais", olha só, gente, onde era para ser a síntese da sabedoria, da flexibilidade porque é tudo virtual, então tem muito mais facilidade de você mudar para lá e para cá, é, de fato, onde a coisa barra. Aí, não choveu, tem que plantar. Mas a planta morre. É lógico! Planta morre. Não vai para a frente! Esses processos decepcionam a gente que está ligado à agricultura, ligado à natureza e entendendo que a natureza é a agricultura. Elas se comunicam com a gente: "Ó, é assim". E aí a gente quer fazer diferente e isso não dá conta, mas, no mais, nos avanços desses processos, o que tem de juventude bastante interessada em compreender e em participar...

A partir daí vimos também que tem outras coisas que mostram o nosso bioma e que precisavam ser conhecidas. As plantas alimentícias não convencionais (Pancs) que surgem a partir desses cultivos e que têm propriedades importantes para a nossa alimentação. E aí a gente descobre que, em cada bioma, tem tudo completo o que a gente precisa. Tem vegetal até com ômega-3. Como é que pode? E a gente tão preocupado em fazer plantas caríssimas, plantios caríssimos, para fazer alta produtividade, e tanto recurso fora. Também mecaniza tanto no cuidado com o solo, que leva o solo embora, faz lixiviação, desmata, mas é a própria natureza que nos presenteia com isso. A gente começou, então, a fazer algumas oficinas com ora-pro-nóbis que, em um sistema agroflorestal, tem até 30% de proteína e que, desses, 80% dessa proteína é assimilado diretamente pelo organismo humano porque é vegetal. A gente não precisa de outro trabalho porque não é animal, entende? E a gente pode comer a carne lá, por gosto, numa festinha e tal, mas isso não precisa ser todo dia com desculpa que é para eu repor a proteína minha, eu tenho outras fontes. Eu estou falando de uma, mas existem outras. E entender também que os nossos animais, eles podem se alimentar do amendoim forrageiro, da gliricídia, do guandu. A gliricídia e o guandu, eles produzem nitrogênio, produzem proteína. As plantas que produzem nitrogênio, elas têm uma comunicação muito estreita com os astros, não é, não? Muito importante porque traz essa translocação e ajuda outras plantas, então, além de ela ajudar os animais, o reino animal, elas também contribuem com o próprio reino vegetal, que eu posso fazer os meus biofertilizantes compostos contando com o nitrogênio dessas plantas lá na minha própria localidade, para que eu consiga fazer um cultivo com mais equilíbrio, mais sustentabilidade, dentro do meu próprio lote.

PARTE 2

RAÍZES DA DIVERSIDADE

SABERES DOS POVOS DO PASSADO E DO PRESENTE, HISTÓRIAS DE VIDA E LUGARES DE MEMÓRIA

Procuro no vento
a consciência das plantas.
Noto que o que se eleva
tem raiz. Recuo mil anos
para afirmar: mil anos!
E conquistar
o silêncio? Adiante.
Se está em algum lugar
a experiência dos deuses
mora nas frutas.

— Júlia de Carvalho Hansen, *Seiva veneno ou fruto*

6 CASTANHA, PINHÃO E PEQUI OU A ALMA ANTIGA DOS BOSQUES DO BRASIL

EDUARDO GÓES NEVES

Na abertura de um artigo publicado no *Handbook of South American Indians*, Claude Lévi-Strauss escreveu: "Nem sempre é fácil distinguir entre plantas selvagens e cultivadas na América do Sul, e existem muitos estágios intermediários entre a utilização de plantas em estado selvagem e seu verdadeiro cultivo" (1950: 465). De fato, é notável como uma série de plantas cultivadas na América tropical, principalmente árvores e tubérculos, ocupa uma posição intermediária entre a domesticação e sua condição selvagem. Muitas dessas plantas são cultivadas por populações tradicionais – como os povos indígenas, quilombolas, ribeirinhos, sertanejos ou caiçaras –, mas outras, como o açaí e a seringueira, envolvem cadeias produtivas internacionais de alto valor econômico (Neves & Heckenberger 2019). Algumas delas são conhecidas e consumidas há milhares de anos (Watling et al. 2018; Shock & Moraes 2019).

A distinção entre plantas selvagens e domesticadas expressa sobretudo categorias classificatórias estabelecidas por arqueólogos ou agrônomos, em detrimento das classificações dos povos tradicionais. Trata-se de uma distinção de fundo mais político que científico e, no caso da arqueologia, serve de base para definir a transição para estágios evolutivos como o Neolítico, em uma espécie de marcha inexorável do *Homo sapiens* em direção à sociedade industrial (Fausto & Neves 2018). No entanto, como lidar com casos, cada vez mais documentados, em que economias produtivas são baseadas no cultivo combinado de plantas selvagens e domesticadas? Seria essa a manifestação de uma espécie de etapa intermediária por coletivos que jamais alcançaram o pleno domínio da agricultura, ou então outro exemplo do "princípio da incompletude" característico das civilizações tropicais (Neves 2014)?

Este texto baseia-se na observação de Lévi-Strauss para desenvolver algumas ideias sobre a história milenar da interação entre povos indígenas e as plantas nas florestas tropicais da América do Sul. Tentarei demonstrar que os "estágios intermediários" aos quais se refere Lévi-Strauss são de fato permanentes e indicam relações dinâmicas e estáveis entre povos tradicionais e plantas nos Neotrópicos, já que na Amazônia algumas plantas consumidas há quase 9 mil anos nunca foram domesticadas (Neves 2013), mesmo que a região seja aceita hoje como um dos centros independentes de domesticação de plantas no mundo (Watling et al. 2018). Em particular, o sudoeste da Amazônia foi um importante centro primário e secundário de domesticação de plantas.[1] Como centro primário, os dados genéticos mostram que a pupunha (*Bactris gasipaes*) e a mandioca (*Manihot esculenta*), bem como algumas variedades de amendoim (*Arachis hypogaea*), pimenta-cumari (*Capsicum baccatum*), taioba (*Xanthosoma* spp.) e urucum (*Bixa orellana L.*), foram inicialmente ali cultivadas (Clement et al. 2016). Evidências arqueológicas diretas mostram o cultivo de arroz (*Oriza glumaepatula*) por volta de 2200 AEC (Hilbert et al. 2017), bem como de ariá ou leren (*Calathea* spp.), castanha-do-brasil (*Bertollethia excelsa*) e goiaba (*Psidium guajava*) no Holoceno inicial (Watling et al. 2018). O papel do centro secundário é atestado por dados genéticos que mostram que determinadas variedades de

1 Centros primários são regiões onde processos de domesticação e seleção ocorreram inicialmente. Centros secundários são regiões onde importantes processos de seleção e modificação genética ocorreram em espécies já domesticadas ou previamente selecionadas.

milho foram ali selecionadas depois de introduzidas vindas da Mesoamérica há pelo menos 6 mil anos (Kistler et al. 2018).

Como conciliar então tais evidências aparentemente contraditórias de domesticação precoce, em alguns casos, com ausência de domesticação, em outros? A melhor maneira de responder a essa pergunta é mostrar que se trata de um falso dilema e que o uso de conceitos como "domesticação" ou "agricultura", embora úteis para outros contextos do planeta, pode ser limitado para ajudar a entender como as práticas de manejo e cultivo se desdobraram ao longo dos milênios nos Neotrópicos (Harris 2002; Piperno 2011). Do efeito cumulativo dessas práticas resultou a construção de paisagens cheias de história, a ponto de ser difícil separar os padrões ecológicos e geográficos atuais de distribuição de espécies arbóreas das práticas milenares de manejo e cultivo indígenas (Levis et al. 2017). Se corretas essas hipóteses, talvez seja necessário considerar que as florestas tropicais não são apenas detentoras de uma biodiversidade inestimável, que precisa ser protegida por todos os meios, mas são também manifestações materiais de repertórios sofisticados de conhecimentos e práticas (Balée 1989a).

Para demonstrar essas ideias, trabalharei com três espécies diferentes de árvores tropicais de grande importância econômica e simbólica, mas que, tecnicamente falando, são consideradas "selvagens": a castanha-do-pará ou castanha-da-amazônia (*Bertholletia excelsa*), a araucária (*Araucaria angustifolia*) e o pequi (*Caryocar brasiliense*). A escolha das três espécies responde a suas características metonímicas. Elas são encontradas em três biomas distintos dos Neotrópicos brasileiros: a castanha-do-pará, nas florestas tropicais da Amazônia, a araucária, na Mata Atlântica do Planalto Meridional, e o pequi, nas savanas do Planalto Central. Outras espécies de árvores poderiam também ser usadas como exemplos e serão mencionadas ao longo do texto. Apresento brevemente aqui alguns conceitos fundamentais para a discussão que empreenderei a seguir.

AGRICULTURA, CULTIVO, DOMESTICAÇÃO, FAMILIARIZAÇÃO

"Agricultura" é entendida como o conjunto de atividades produtivas com dependência quase total ou total de plantas ou animais domesticados (Winterhalder & Kennett 2006: 3). "Cultivo", por sua vez, é uma categoria mais ampla (Harlan 1975), que inclui tanto o plantio, em roças e quintais, de plantas domesticadas ou não, como o manejo de espécies não domesticadas mediante atividades como o transporte de mudas, a proteção das plantas por meio da limpeza das áreas de entorno e do uso do fogo para encorajar o crescimento seletivo de diferentes indivíduos (Fausto & Neves 2018). Cultivo, portanto, parece ser um conceito mais útil do que agricultura, e "cultivadores", um termo melhor que "agricultores", para explicar a relação entre plantas e populações tradicionais nos Neotrópicos (Neves & Heckenberger 2019).

"Domesticação" é um conceito mais ambíguo, que pode ser definido de várias maneiras. Uma definição mais estrita a entende como um processo que leva à "diferenciação morfológica e genética de ancestrais selvagens através da seleção artificial" (Meyer et al. 2012). De maneira mais vaga, e portanto mais interessante, pode ser também as "mudanças fenotípicas nos cultivares que os tornam diferentes das populações selvagens não manejadas" (Fuller et al. 2014) ou, ainda melhor, "um processo coevolutivo pelo qual a seleção humana dos fenótipos de plantas individuais promovidas, gerenciadas ou cultivadas resulta em alterações nos fenótipos e genótipos da população descendente que a torna mais útil para os seres humanos e mais bem-adaptada ao manejo humano da paisagem" (Clement et al. 2010).

A primeira definição, baseada em critérios genéticos e morfológicos, não funciona bem para explicar a grande variedade de relações encontradas na Amazônia e provavelmente também em outros ambientes tropicais. As outras duas definições, embora mais flexíveis e abertas, e, portanto, mais adequadas para entender os contextos tropicais, não dão conta dos casos em que o cultivo ocorre com indivíduos sem modificações fenotípicas notáveis. Assim, apesar de útil e importante, o conceito de domesticação tampouco parece fazer justiça às diferentes formas de engajamento estabelecidas entre plantas e indígenas ao longo dos milênios nos Neotrópicos.

Para resolver esse impasse, propusemos o uso do conceito de "familiarização" como uma categoria mais inclusiva que o de domesticação (Fausto & Neves 2018), baseados na premissa de que, na Amazônia, o cultivo de plantas domesticadas e não domesticadas envolve relações com agentes humanos e não humanos, com ênfase na produção da diversidade de cultivares, seguindo as mesmas linhas em que os laços de parentesco são construídos para incorporar entes de fora do domínio social (Fausto & Neves 2018). Os estudos de caso apresentados a seguir poderão ilustrar a utilidade desses conceitos.

A CASTANHA-DO-PARÁ

Amplamente conhecida como uma espécie de petisco fora da Amazônia, a castanha-do-pará é uma importante fonte de alimento para as sociedades tradicionais da região, sejam elas indígenas, quilombolas ou ribeirinhas. Ricas em calorias, vitaminas e nutrientes, essas sementes comestíveis, pesando até cinco gramas cada uma, são extraídas de frutos arredondados de casca grossa, conhecidos como ouriços, que podem pesar mais de dois quilos. Uma árvore madura pode produzir até trezentos frutos durante a estação e cada fruto, por sua vez, pode ter até 25 sementes. Apesar de seu alto potencial produtivo, pode levar até quinze anos para uma árvore começar a produzir frutos. No entanto, castanheiras podem atingir mais de cinquenta metros de altura e viver mais de quinhentos anos (Caetano-Andrade et al.

2019). Nas florestas tropicais, é comum que árvores de espécies semelhantes sejam espaçadas entre si, mas castanheiras ocorrem normalmente agrupadas em castanhais com concentrações de dezenas de indivíduos. Em razão do tamanho e da beleza das árvores, com seus troncos altos e retos e copas coroadas, castanhais são formações majestosas que podem ser vistos de longe quando se viaja pelos rios e lagos da Amazônia.

Castanhais são amplamente distribuídos em toda a bacia amazônica, ainda que de maneira desigual, já que não ocorrem, por exemplo, na bacia do Alto Juruá, no Brasil e no Peru (Mori & Prance 1990: 137). O extrativismo da castanha é uma atividade econômica importante que movimenta milhões de dólares por ano no Brasil e na Bolívia, o maior produtor mundial. A despeito de sua importância econômica, atualmente existem poucas novas plantações de castanha, e tampouco há grandes plantações comerciais. Castanhais explorados no presente têm muitas décadas ou mesmo séculos de idade. Quando plantadas, mudas de castanha necessitam de luz solar para se desenvolver nos primeiros anos (Scoles & Gribel 2011). Isso significa que, se ocorrerem hoje em áreas cobertas por florestas com copas altas, esses mesmos lugares já foram abertos o suficiente para permitir o crescimento das mudas. É também comum que os castanhais ocorram sobre ou perto de sítios arqueológicos (Caetano-Andrade et al. 2019; Shepard & Ramirez 2011; Thomas 2014). No presente, são poucos os animais capazes de quebrar ouriços de castanha e dispersar suas sementes. Dentre eles estão a cutia (*Dasyprocta leporine*) e o *Homo sapiens*. Estudos genéticos preliminares mostram igualmente que existe uma pequena diversidade genética entre as castanheiras encontradas em áreas distantes da Amazônia (Sujii et al. 2015). Por essas razões, segundo um consenso emergente, padrões atuais de distribuição de castanhais podem refletir antigas atividades indígenas de manejo (Shepard & Ramirez 2011).

Tais atividades de manejo devem ser compreendidas à luz de um ciclo mais complexo, que inclui os animais. Como um exemplo, a abertura de roçados facilita também o desenvolvimento de sementes de castanha, provavelmente carregadas e enterradas por um de seus dispersores, as cutias, atraídas para as áreas de cultivo pela disponibilidade de alimentos. O conhecimento desses ciclos de sucessão entre roças, capoeiras e castanhais é difundido entre diversos grupos contemporâneos, como os Wajãpi (AP), que reconhecem os castanhais como os roçados das cutias (Cabral de Oliveira 2016) e realizam atividades periódicas de manejo e limpeza dessas áreas. Registros de consumo da castanha pelos povos indígenas remontam a milhares de anos. Na caverna da Pedra Pintada, próxima a Monte Alegre, no Baixo Amazonas, foram encontrados fragmentos de ouriços (Roosevelt et al. 1996) datados de mais de 11 mil anos. No sítio Teotônio, próximo a Porto Velho, no Alto Rio Madeira, grãos de amido de castanha foram datados com cerca de 9 mil anos (Watling et al. 2018).

O caso da castanha pode ser expandido para outras espécies de árvores da Amazônia cujos padrões atuais de distribuição podem estar relacionados ao manejo humano no passado: uma compilação de dados obtidos em 1170 parcelas de inventários botânicos revelou que a Amazônia abriga aproximadamente 16 mil espécies de árvores, mas que apenas 227 delas (1,4% do total) representam metade das árvores de todo o bioma (Ter Steege et al. 2013). Entre essas espécies, denominadas "hiperdominantes", há um número desproporcional de indivíduos das famílias Arecaceae (palmeiras) e Lecythidaceae, às quais o gênero *Bertholettia* pertence. Seis das dez espécies de árvores mais abundantes da Amazônia são palmeiras, incluindo (1) *Euterpe precatoria* (açaí-do-mato), (5) *Iriartea deltoidea* (paxiubão), (6) *Euterpe oleracea* (açaí-do-pará), (7) *Oenocarpus bataua* (patauá), (9) *Socratea exhorrhiza* (paxiúba) e (10) *Astrocaryum murumuru* (murumuru). Para os autores do estudo, um dos fatores que poderiam explicar essa hiperdominância seria o amplo cultivo pelos povos indígenas antes do início da colonização europeia. De fato, todas essas seis espécies são de grande importância econômica e simbólica para populações indígenas e outras populações locais da Amazônia, fornecendo importantes fontes de alimento e matéria-prima para a construção de casas e ferramentas. Uma delas, *Euterpe oleracea*, ou açaí-do-pará, ou simplesmente açaí, tornou-se uma cultura comercial (Brondízio 2008). Em 2014, as exportações de açaí do Brasil, principalmente para os Estados Unidos e Japão, geraram receita de 22,523 milhões de dólares, com um volume de quase 5 milhões de toneladas (Tavares & Homma 2015).

Assim como a castanha-do-pará, hoje em dia também uma cultura comercial, nenhuma dessas plantas foi tecnicamente domesticada. Como a castanha, seu manejo e consumo remontam ao início da ocupação humana da Amazônia. Uma extensa revisão de restos de palmeiras em sítios arqueológicos nas Américas mostra sua presença generalizada há cerca de 9 mil anos, particularmente espécies dos gêneros *Acrocomia*, *Attalea*, *Astrocaryum*, *Bactris*, *Syagrus*, *Elaeis* e *Oenocarpus* (Morcote-Ríos & Bernal 2001), o que fortalece a hipótese de que as sociedades indígenas antigas foram parcialmente responsáveis pela dispersão das espécies de palmeiras através dos Neotrópicos.

Dentre as 227 espécies hiperdominantes, há outras árvores de grande importância econômica ou simbólica (Levis et al. 2017). O cacau (*Theobroma cacao*), por exemplo, de enorme relevância na Mesoamérica, mas que é uma planta amazônica (Motamayor et al. 2002) já cultivada no sopé oriental dos Andes equatorianos há mais de 5 mil anos (Zarrillo et al. 2018). Nas matas amazônicas, é comum encontrar árvores de cacau e de outras espécies do gênero *Theobroma* em áreas distantes das aldeias ou comunidades. De fato, as características biológicas do cacau em populações selvagens e a ocorrência agregada de indivíduos em áreas de bosque tornam plausível o importante papel de povos indígenas e outras populações tradicionais em sua dispersão dentro e fora da Amazônia desde o início do Holoceno (Thomas et al. 2012). O exemplo do cacau é interessante porque, fenotipicamente, diferenças entre variedades selvagens e domesticadas aparentam ser mínimas (Motamayor et al. 2008). Ao que parece, o critério para classificar um espécime como selvagem, nesse caso, é muito mais a presença de indivíduos em locais distantes do atual cultivo, provavelmente áreas de pousios antigos, do que o fato de não serem domesticados. A própria menção de variedades "selvagens" em locais como Gana, na África, obviamente distantes dos centros de ocorrência natural do gênero *Theobroma*, na Amazônia, indica uma confusão entre as categorias "selvagem" e "feral" (Motamayor et al. 2008: 2). Do ponto de vista da taxonomia, parece que, no caso do cacau, algumas variedades "selvagens" e "domésticas" pertencem à mesma espécie: *Theobroma cacao*.

Os casos da castanha, de espécies de palmeiras e do cacau mostram que há uma linha tênue, indefinida e quase invisível que separa as dimensões selvagens e domésticas em algumas das espécies de árvores hiperdominantes na Amazônia. Se, por um lado, a castanha é consumida pelos indígenas há milênios, a ponto de os padrões atuais de distribuição da espécie resultarem parcialmente da intervenção humana, não há evidências de que esse registro de longo prazo do manejo humano tenha resultado no desenvolvimento de uma nova espécie. O mesmo vale para várias espécies de palmeiras, algumas das quais hiperdominantes e cujo consumo remonta ao início do Holoceno. Por outro lado, amplamente cultivado fora da Amazônia, o cacau parece ser uma planta que se torna feral com facilidade, a ponto de algumas dessas variedades serem classificadas como selvagens.

Os outros dois exemplos mostram que as mesmas linhas tênues também são vistas em outros contextos fora da Amazônia.

ARAUCÁRIA

A araucária (*Araucaria angustifolia*) é uma árvore majestosa que atinge até cinquenta metros de altura e é encontrada na Mata Atlântica do Planalto Meridional do Brasil, em altitudes nas serras da Mantiqueira e do Mar e em áreas adjacentes no Paraguai e na Argentina. Assim como a castanha-do-pará, é comum que araucárias sejam encontradas em grupos. Suas partes comestíveis são também as sementes, ricas em nutrientes e amido, que chegam a mais de cem indivíduos em cada um dos pinhões, suas frutas. As sementes, que podem ser transformadas em farinha, assadas ao fogo ou cozidas, compõem a tradição culinária das populações indígenas Kaingang e Xokleng-Laklãnõ do Planalto Meridional, bem como dos colonos que ali se estabeleceram. *Araucaria angustifolia* é atualmente uma espécie ameaçada pela exploração madeireira e pela agricultura, que têm devastado seus *habitats* desde meados do século XX. Atualmente, a araucária é dispersa por pequenos roedores e aves, como a gralha-azul, *Cyanocorax caeruleus*, típica da região.

O Planalto Meridional é ocupado pelo menos desde o início do Holoceno. Segundo Silvia Copé (2015: 150), sua história pode ser dividida em cinco períodos: 1) ocupações indígenas de grupos caçadores-coletores a partir do início do Holoceno; 2) populações indígenas que construíram e ocuparam casas subterrâneas entre 800 e 1000 EC;[2] 3) populações indígenas que ocuparam grandes aldeias sedentárias e construíram estruturas funerárias desde 1200 EC até o início do período colonial; 4) grupos indígenas Kaingang, Xokleng e Guarani registrados histórica e etnograficamente; e 5) habitantes contemporâneos indígenas e não indígenas da região. O trabalho de campo de Silvia Copé no

2 A opção por Era Comum (EC) e Antes da Era Comum (AEC) busca evitar a referência religiosa do calendário cristão. [N.E.]

final dos anos 1990 e início dos anos 2000 trouxe dados importantes sobre os períodos 2 e 3, que serão brevemente discutidos aqui. Um dos sítios estudados, RS-AN-03, é composto de um conjunto de casas subterrâneas cujas dimensões variam de oito metros de largura e três metros de profundidade a dezoito metros de largura e três de profundidade. Dentro das casas, as escavações revelaram a presença de elementos como paredes, bancos, buracos de postes e fogueiras (Copé 2015: 151). Onze datas de radiocarbono mostram que a construção das casas subterrâneas nesse sítio se iniciou no século X EC, com ocupações posteriores no século XVI EC. A pesquisa de Copé (2015: 155) também evidencia um padrão consistente de assentamento associado às casas subterrâneas, que eram normalmente escavadas em grupos na face de colinas ou em topo de platôs, com acesso a bacias hidrográficas e áreas de nascentes e o controle delas.

Um extenso levantamento recente e uma compilação de datas sobre aterros no Planalto Meridional mostram um padrão de ocupação contínua na região a partir dos séculos X EC a XVII EC (De Souza et al. 2016: 207). Durante esse período, as estruturas funerárias tinham diferentes formas e tamanhos e hoje são normalmente encontradas no topo de colinas e também nas proximidades de grupos de casas subterrâneas (Iriarte et al. 2013). Análises de microvestígios de plantas escavados no sítio Bonin, ocupado nos séculos XII e XIII EC, produziram evidências de uma economia mista baseada no consumo de plantas cultivadas, como mandioca, feijão (*Phaseolus* sp.), possivelmente inhame (*Dioscorea* sp.), milho (*Zea mays*) e abóbora (*Cucurbita* sp.) (Corteletti et al. 2015). Essas práticas, em conjunção com o manejo das sementes nutritivas das araucárias, disponíveis durante o inverno, proporcionaram uma base econômica estável ao longo do ciclo anual. Dados históricos e etnográficos (De Souza et al. 2016: 198) mostram que antigos chefes Kaingang eram enterrados em cerimônias funerárias que culminavam com a criação de montículos semelhantes aos presentes no registro arqueológico da região, o que permite estabelecer uma conexão entre a ocupação indígena contemporânea e a história milenar revelada pela arqueologia.

Em resumo, a ocupação humana do Planalto Meridional a partir do final do primeiro milênio da Era Comum criou paisagens altamente estruturadas, repletas de covas, aterros e montículos, resultantes da construção de casas subterrâneas e estruturas funerárias pelos ancestrais das atuais populações indígenas falantes de línguas Jê da região. Esses grupos possuíam uma economia produtiva baseada no cultivo de plantas domesticadas e no consumo de sementes de pinhão extraídas das abundantes araucárias, disponíveis durante os meses de inverno rigoroso.

Duas revisões independentes de dados paleoecológicos demonstraram forte correlação positiva entre o aumento de indicadores da presença de *Araucaria angustifolia*, por um lado, e os padrões arqueológicos do Holoceno tardio, por outro (Bittencourt & Krauspenhar 2006; Iriarte & Behling 2007). Ambos os estudos comprovam que houve expansão de matas de araucária de 500 EC a 1100 EC, ocorrida paralelamente ao aumento das atividades de construção de casas subterrâneas e de montículos funerários.

Como no caso da castanha-do-pará para a Amazônia, a expansão da araucária no Planalto Meridional parece ter sido fortemente ligada à ocupação indígena no passado. A questão, neste caso, não é assumir uma correlação causal absoluta, que seria difícil de estabelecer com precisão, mas apenas mostrar mais uma vez como esses processos ecológicos e sociais não podem ser desembaraçados um do outro.

O PEQUI E OS FRUTOS DE MEGAFAUNA

O pequi é um fruto típico do Cerrado, bioma que ocupa cerca de 1,8 milhão de quilômetros quadrados no Planalto Central do

Brasil, ou quase 20% do território brasileiro. Desde o fim do século XX, o Cerrado vem sendo destruído pela expansão do agronegócio industrial, levando a um desmatamento considerável. O fruto do pequizeiro é muito importante para as populações indígenas do Brasil central, como os Kuikuro do Alto Xingu (Smith & Fausto 2016), além de fazer parte da tradição culinária e da identidade das populações rurais e urbanas da região. Como a castanha-do-pará e a araucária, o pequi é formalmente uma planta não domesticada, cuja coleta e consumo têm hoje forte impacto econômico.

O Planalto Central do Brasil é uma formação geológica antiga que abriga as cabeceiras de importantes afluentes do rio Amazonas, que flui para o norte, e do rio Paraná, que flui para o sul. É caracterizada por uma topografia ondulada interrompida por falésias de arenito. A vegetação típica inclui uma mistura de gramíneas, plantas lenhosas, árvores retorcidas resistentes ao fogo, folhas escleróﬁlas e flores vibrantes. A vegetação varia de campos abertos a um dossel quase fechado.

Entre as espécies arbóreas do Cerrado, há um grupo marcado pela presença de grandes frutos carnudos e sementes cujo tamanho dificulta sua dispersão pelo vento ou pela fauna, já que poucos dos atuais animais apresentam porte suficiente para atuar como dispersores. Tal fenômeno é denominado "anacronismo de dispersão de sementes"; conhecido como "síndrome da megafauna", é explicado pela hipótese segundo a qual a seleção para frutos grandes e carnudos ocorreu no passado graças à interação, ao longo dos milênios, entre essas espécies arbóreas e grandes mamíferos, também conhecidos como megafauna, que se extinguiram na transição do Pleistoceno para o Holoceno, cerca de 12 mil anos atrás (Janzen & Martin 1982: 20; Guimarães et al. 2008).

Em linhas gerais, mamíferos de megafauna são aquelas espécies que atingem mais de mil quilos de massa corporal na vida adulta (Guimarães et al. 2008). Embora ainda sejam abundantes em continentes como a África, a América do Sul é o lugar do planeta onde foi mais intenso o processo de sua extinção e há atualmente poucas espécies nativas sobreviventes. Frutos de megafauna foram originalmente definidos em relação a espécies das florestas tropicais da Costa Rica; mais tarde, o conceito foi ampliado para incluir indivíduos com tamanho variando de quatro a dez centímetros de diâmetro, contendo até cinco sementes grandes, ou com frutos carnudos com mais de dez centímetros de diâmetro e mais de cem sementes pequenas (Guimarães et al. 2008). Hoje em dia, tais frutos são dispersos por animais recentemente introduzidos nos Neotrópicos, alguns deles com características de megafauna, tais como cavalos, gado e porcos (Guimarães et al. 2008; Jenzen & Martin 1982: 22–23).

Pelas suas características, o pequi pode ser classificado como um fruto de megafauna. Outras plantas que também compõem essa categoria são o cupuaçu (*Theobroma grandiflorum*), o caju (*Anacardium occidentale*), o urucuri (*Attalea phalerata*), o abacaxi (*Ananas comosus*), o jenipapo (*Genipa americana*), o araticum (*Annona crassiflora*) e o abiu (*Pouteria caimito*) (Guimarães et al. 2008).

Com as extinções ocorridas na transição do Pleistoceno para o Holoceno, é provável que os povos indígenas tenham desempenhado o papel de dispersores de frutos de megafauna ao longo dos últimos 10 mil anos. A ação prévia exercida pela megafauna pode explicar também a ausência de sinais claros de domesticação entre diversas árvores tropicais, já que, por exemplo, a seleção para frutos grandes ocorreu antes mesmo do início da ocupação humana das Américas.

Evidências arqueológicas de consumo de frutos de megafauna no Cerrado foram encontradas em Santana do Riacho, ao norte de Belo Horizonte, com restos de *Caryocar brasiliense* associados a um estrato datado de 2500 AEC a 800 EC (Resende &

Prous 1991). No vale do rio Peruaçu, no norte de Minas Gerais, foram encontrados restos de *Caryocar* em abrigos sob rochas e cavernas em ocupações datadas do Holoceno Médio (Shock 2010). Na área da Cidade de Pedra, no sul do Mato Grosso, Bachelet (2014) encontrou evidências de outros frutos de megafauna dos gêneros *Anacardiaceae*, *Annonaceae*, *Arecaceae*, *Fabaceae* e *Lecythidaceae*.

As práticas de cultivo de pequi entre os Kuikuro do Alto Xingu mostram que as árvores são plantadas em áreas de roça de mandioca, formando pomares com pelo menos trinta indivíduos, normalmente plantados ao mesmo tempo em um único evento, nos arredores de aldeias contemporâneas (Smith & Fausto 2016: 90). Pomares de pequi ocupam um lugar importante no sistema agroflorestal kuikuro. As mudas precisam de exposição à luz solar e, portanto, são em geral plantadas no último ano da vida produtiva de uma roça. As áreas plantadas devem ser mantidas limpas nos primeiros anos de vida, a fim de evitar a concorrência de outras plantas e a propagação do fogo das parcelas vizinhas. Pequenas estacas são colocadas ao lado das mudas, protegendo-as, para que não sejam pisoteadas (Smith & Fausto 2016: 99). O manejo e o consumo de pequi são altamente ritualizados, e as sementes circulam através de uma rede de parentesco e casamento. Tais práticas sofisticadas fornecem pelo menos dezessete variedades diferentes de frutos de pequi para os Kuikuro (Smith & Fausto 2016: 101). Em virtude de sua longa vida útil, de muitas décadas, não se faz necessário plantar anualmente novos pomares de pequi. Anciãos kuikuro reconhecem e traçam a ancestralidade dos antigos pomares plantados no final do século XIX (Smith & Fausto 2016: 105).

O manejo de pequi entre os Kuikuro envolve a formação de pomares que duram mais que a vida das pessoas e a ocupação das aldeias onde foram plantados. Muito depois do abandono das roças e da transformação de capoeiras em florestas, pequizeiros permanecem como uma memória permanente de um sistema de conhecimento complexo e sofisticado. É provável que sistemas semelhantes também tenham sido associados ao manejo das árvores de frutos de megafauna cujos vestígios, pequenos e frágeis, são encontrados no registro arqueológico.

As relações entre plantas e animais, inclusive humanos, são processos coevolutivos. A evolução, como a história, é aberta e se move em ritmos diferentes, sem direção. Portanto, vale considerar que os estágios intermediários mencionados na citação de Lévi-Strauss na abertura deste texto são, pelo contrário, permanentes e duradouros. Ao mesmo tempo, cabe à ciência desenvolver novas maneiras de compreender essas relações, para além de categorias definidas em outros contextos e épocas.

Cerca de 70% das plantas cultivadas na Amazônia são árvores (Clement et al. 2010). As relações dinâmicas entre algumas espécies de árvores e populações tradicionais aqui apresentadas são apenas breves exemplos de formas complexas e duradouras que se construíram pelos séculos. Até hoje, sistemas de cultivo tradicionais usam pousios antigos e áreas de capoeira em ciclos cuja história remonta às profundezas do tempo (Rival 2002). Portanto, é impossível separar as histórias de vida das árvores e dos povos que inicialmente as plantaram ou cultivaram e manejaram. É inviável dissociar a história natural das florestas tropicais da história de seus habitantes milenares, incluindo os humanos. Também é imprudente separar o conhecimento tradicional dos esforços atuais para desenvolver estratégias para a conservação da natureza. A floresta sem seus povos tradicionais é uma casa vazia habitada por fantasmas.

7

O ACÚMULO DAS DIFERENÇAS

NOTA ARQUEOLÓGICA SOBRE A RELAÇÃO ENTRE SÓCIO E BIODIVERSIDADE NA AMAZÔNIA ANTIGA

LAURA PEREIRA FURQUIM

> *Enquanto isso, no silêncio da floresta, nós, xamãs, bebemos o pó das árvores* yãkoana hi, *que é o alimento dos* xapiri. *Estes então levam nossa imagem para o tempo do sonho. Por isso somos capazes de ouvir seus cantos e contemplar suas danças de apresentação enquanto dormimos. Essa é a nossa escola, onde aprendemos as coisas de verdade.*
>
> — DAVI KOPENAWA, *A queda do céu*

A AMAZÔNIA DA MEGADIVERSIDADE

A floresta amazônica é uma das maiores e mais diversas florestas tropicais do mundo. Estende-se por aproximadamente 5,5 milhões de quilômetros quadrados, pouco mais de 3,6% da cobertura terrestre do globo (Cardoso, Särkinen & Alexander 2017), e guarda biomas tão diversos quanto as típicas florestas densas maduras, cujas grandes copas sombreiam o chão, até as savanas de vegetação rasteira, que podem ficar alagadas por mais de seis meses ao longo do ano. Esse ambiente convive com seres humanos há pelo menos 12 mil anos (Roosevelt et al. 1996) e pode ter suportado uma população indígena 90% maior do que a atual (Koch et al. 2019). Essa população vem, desde o início da ocupação, manejando diversas espécies de plantas para consumo alimentar e usos diversos – remédios, material construtivo, fabricação de tecidos, alucinógenos, entre outros –, chegando inclusive a transformar os ácidos solos alaranjados que sustentam a floresta em terras pretas férteis e ricas em material orgânico. Hoje, pode-se dizer que é uma floresta humanizada, que passou por um processo intenso de coevolução entre seus muitos habitantes – humanos, vegetais, animais e, para trazer a cosmologia ameríndia ao foco, não humanos – que alteraram profunda e positivamente sua estrutura florística, incrementando sua biodiversidade de maneira gradativa (Balée 2008; Heckenberger et al. 2007). É sobre esse incremento que o presente texto trata, e, para abordá-lo, precisaremos sobrevoar essa Amazônia megadiversa e buscar os vestígios das atividades humanas enterrados abaixo de suas copas.

Com uma soma de $3{,}9 \times 10^{11}$ de árvores (quase 4 trilhões), a floresta amazônica possui cerca de 16 mil espécies arbóreas, distribuídas de tal modo que dificilmente duas árvores da mesma espécie são encontradas no mesmo lugar. Recentemente, porém, foi descoberto que esses números escondem um domínio: 227 espécies de árvore (1,4% do total) compõem mais da metade do total existente (Ter Steege et al. 2013). A mais abundante dentre elas é o açaí (*Euterpe precatoria*), palmeira nativa que se tornou mundialmente conhecida em tempos recentes, cujo gênero já era consumido pelos indígenas que habitaram a caverna da Pedra Pintada, no atual estado do Pará – o sítio arqueológico mais antigo da Amazônia. Entre as demais espécies hiperdominantes, 85 apresentam populações domesticadas ou semidomesticadas – ou seja, intensamente manejadas a ponto de sofrerem alterações na aparência (fenótipo) e na hereditariedade (genótipo) –, o que nos faz pensar que grande parte da floresta foi construída pelos povos indígenas do passado (Levis et al. 2017). Esse foi um processo gradual e cumulativo, cuja evolução acompanha as transformações na história ameríndia. De fato, a biodiversidade florística contemporânea presente em sítios arqueológicos que já foram ocupados diversas vezes por distintas populações (sítios multicomponenciais) é maior do que aquela presente em sítios com apenas uma ocupação (Lins et al. 2015), levando-nos a compreender que as áreas ocupadas são enriquecidas pela presença humana.

Entre as vinte espécies de árvores mais abundantes da Amazônia, além do açaí, há diversas outras plantas utilizadas e modificadas por povos indígenas, como o açaí-do-mato (*Euterpe oleracea*), o patauá (*Oenocarpus bataua*), a paxiúba (*Socratea exorrhiza*), o murumuru (*Astrocaryum murumuru*), o breu-branco (*Protium heptaphyllum*) e a seringueira (*Hevea brasiliensis*). A ação humana no manejo da floresta alterou, além das características de algumas espécies como as descritas acima, a própria composição da floresta, resultado de uma longa sequência histórica que envolveu a criação de quintais e pomares, roçados, áreas de coleta e diversas outras formas de cultivo / domesticação da paisagem.

No território da Amazônia moram, atualmente, mais de 430 mil pessoas autodeclaradas indígenas, segundo dados do Instituto Socioambiental – um número ínfimo, se comparado às estimativas demográficas às vésperas do contato, que variam de 6 a 9 milhões de habitantes (Koch et al. 2019). São mais de 150 povos, falantes de muitas das 160 línguas indígenas registradas em território nacional, além de 115 povos vivendo em isolamento voluntário (Ricardo & Gongora 2019), sobre os quais pouco se sabe. Cada língua carrega vestígios da história de seus falantes e pode, inclusive, nos fornecer informações sobre os contatos com outros povos e sobre o cultivo de plantas: a comparação da palavra "milho" em diversas línguas indígenas levou à reconstituição de sua forma hipotética originária, *sînki*, uma palavra de grupos arawaks, os prováveis introdutores do milho na América do Sul, que então se espalhou entre muitos outros povos (Brown et al. 2014). A profusão de línguas e culturas distintas intriga os pesquisadores, uma vez que se concebe, em teoria, que a diferenciação dos povos teria ocorrido como resposta às barreiras geográficas que os separam. Esse é o caso das penínsulas Ibérica e Ítalica, que, mesmo com barreiras tão altas quanto os Pirineus e os Alpes, não chegam a ter um décimo da quantidade de línguas presentes nas Américas. Na Amazônia, a despeito da ausência de grandes barreiras físicas, os povos, as línguas, a vegetação e a fauna estão entre as mais variadas do mundo.

Apesar dessa megadiversidade social e linguística, a genética nos mostra que todos os povos descendem de uma única população fundadora, que teria chegado aqui há quase 22 mil anos (Vialou et al. 2017; Boëda et al. 2016; Posth et al. 2018). Essas pessoas ainda conviveram com a extinta megafauna: preguiças, tatus e jacarés gigantes extintos no final do período Pleistocênico, animais que consumiam grande quantidade de plantas, algumas das quais parentes das "nossas" abóboras (*Cucurbita moschatta*), abacates (*Persea americana*), moelas-de-mutum (*Lacunaria jenmanii*), pequiás (*Caryocar villosum*), cupuaçus (*Theobroma grandifolium*), babaçus (*Attalea speciosa*) e jenipapos (*Genipa americana*). É provável, inclusive, que os seres humanos tenham substituído esses grandes animais como dispersores de espécies vegetais depois da extinção deles (Guimarães, Galetti & Jordano 2008) e, portanto, herdado o consumo. Quando a floresta amazônica foi povoada, porém, tais animais já não a habitavam.

Os vestígios de plantas presentes nos sítios arqueológicos amazônicos são remanescentes de uma dieta diversificada. Os roçados indígenas do passado fazem parte de um sistema agroflorestal e de muitas culturas vegetais diferentes (Maezumi et al. 2018), à semelhança dos roçados contemporâneos, nos quais se vê uma profusão de plantas e suas variedades regionais, avidamente colecionadas e trocadas entre povos e famílias (Emperaire & Peroni 2007; Cabral de Oliveira 2016; Morim de Lima 2016; Balée 2000). Ao que parece, o sentido dos roçados indígenas não é a produtividade de poucas espécies de plantas – aquelas que rendem mais "no prato" –, e sim a diversidade de muitas espécies e suas variantes – aquelas que rendem mais nas redes de relações. O que os povos ameríndios do presente nos ensinam é que é mais importante "produzir" parentesco do que bens e excedentes, ou, ainda, que aquilo que chamamos de "produção" de alimentos é um meio de relacionamento entre pessoas, plantas, animais e seres não humanos habitantes das matas, das roças e das aldeias (Fausto 2001; Smith & Fausto 2016). As roças são um espaço rico para visualizar relações de parentesco e tecer outras com os espíritos das plantas e seus mestres das matas. Desse modo, a lógica do cultivo é avessa aos campos de soja que atualmente se propagam na floresta e cujo cultivo contrasta com tais campos em termos de variedades, uma vez que é na diferença que se produzem e proliferam também as relações interpessoais.

GRÃOS DE HISTÓRIA: CONSUMO E DIVERSIDADE DE PLANTAS NO PASSADO AMAZÔNICO

A literatura clássica do século XX sobre as formas de habitação das florestas separou os povos indígenas entre nômades errantes, que dependiam da caça de animais e da coleta de frutos para sobreviver, e sedentários e agricultores, os quais, além do plantio, começavam a desenvolver estruturas políticas centralizadas que os levariam à formação do Estado (Steward 1949; Meggers & Miller 2003). Esses estágios de desenvolvimento social estariam, portanto, intimamente ligados às relações com as plantas e ao modo de se locomover e morar. O que as pesquisas recentes vêm mostrando, porém, é que mesmo os primeiros habitantes da Amazônia tinham um conhecimento preciso do território que ocupavam e "andavam sobre os próprios passos" (Shock & Moraes 2019), criando lugares persistentemente ocupados e manejados. Os sítios arqueológicos mais antigos da Amazônia parecem ter sido moradias persistentes e apresentam cronologias e estratigrafias que sugerem longos períodos de uso de um mesmo aparato tecnológico (artefatos líticos e cerâmicos).

Para compreender a história dessas relações, construí um banco de dados com tais plantas, com base em pesquisas publicadas com análises de macrovestígios (sementes e lenho) e microvestígios (grãos de amido, fitólitos e grãos de pólen) vegetais provenientes da análise tanto de solo como de artefatos arqueológicos. Ao todo, há informações sobre 188 sítios arqueológicos, alguns dos quais localizados nas terras altas andinas (onde as pesquisas arqueobotânicas são mais avançadas). Foram identificadas 76 famílias de plantas e mais de 240 espécies, em sítios de abrigo, a céu aberto, com e sem solos antropogênicos e com expressiva variabilidade cultural (Furquim 2018).

Esse levantamento mostrou que ao longo do tempo houve aumento gradativo da biodiversidade de plantas utilizadas pelos povos indígenas do passado, os quais tinham uma dieta generalista baseada no acúmulo de plantas. Isso equivale a dizer que, no geral, as plantas de alto rendimento nutricional não substituíram as demais e que não houve especialização na produção ou na intensificação do cultivo de poucas variedades. Ao passo que, durante o Holoceno Inicial (11000–8000 AP),[1] há vestígios da utilização de 44 gêneros vegetais; o Holoceno Médio (8000–4000 AP) apresenta 64 gêneros (dezessete deles já presentes nos momentos iniciais de ocupação), até alcançar 97 gêneros utilizados durante o Holoceno Tardio (dos quais 44 já usados anteriormente).

1 As datações arqueológicas deste capítulo estão grafadas em anos "antes do presente" (AP) e calibradas (cal.) de acordo com as curvas do ciclo do carbono atmosférico. Para as ciências históricas que realizam datações por C14 o "presente" corresponde a 1950, ano de descoberta do método de datações radiocarbônicas (Tylor and Aitken, 1998).

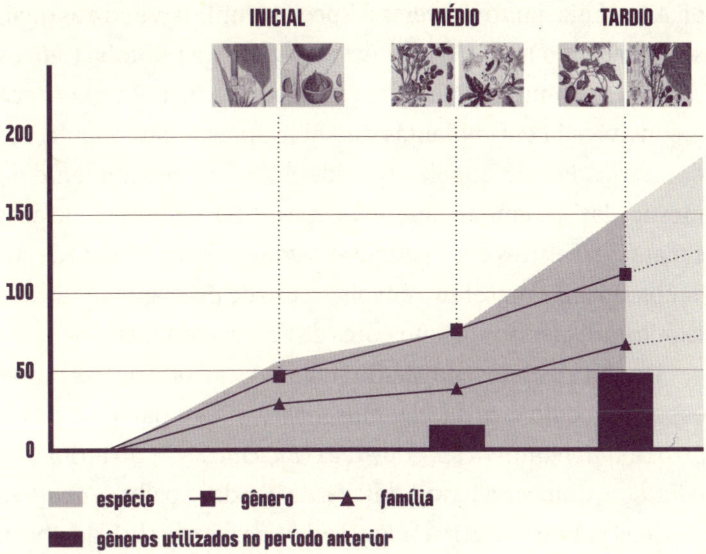

BIODIVERSIDADE UTILIZADA DURANTE O HOLOCENO NA AMAZÔNIA Gráfico demonstrando a diversidade de plantas identificadas em sítios arqueológicos na Amazônia (Fonte: Furquim 2018). Imagens no topo, da esquerda para a direita: *Calathea sp.*; *Bertholletia excelsa*; *Arachis hypogaea*; *Passiflora sp.*; *Bixa orellana L.*; *Paullinia cupana*.

Os dados publicados sobre o início da ocupação, durante o Holoceno Inicial, são escassos, entretanto confirmam que os povos indígenas já faziam uso de plantas manejadas e cultivadas – dentre elas, tubérculos do gênero da mandioca (*Manihot* sp.) (Lombardo et al. 2020) e do ariá (*Calathea* sp.) (Watling et al. 2018), modificando o ambiente com um uso direcionado do fogo. Também já eram cultivados o milho (*Zea mays*), a abóbora (*Cucurbita* sp.) e o feijão (*Phaseolus vulgaris L.*), e manejadas diversas palmeiras, como o tucumã (*Astrocaryum vulgare*), o inajá (*Attalea maripa*), o jauari (*Astrocaryum jauari*), o buriti (*Mauritia flexuosa*), a bacaba (*Oenocarpus bacaba*), o patauá (*Oenocarpus bataua*), entre outras menos conhecidas atualmente, dos gêneros *Elaeis* e *Acrocomia*. A castanheira esteve presente desde o início da ocupação da Amazônia, junto a diversas espécies frutíferas, entre as quais se destacam o jutaí (*Hymenaea parvifolia*), a pitomba (*Talisia esculenta*), o murici (*Byrsonima* sp.) e o maracujá (*Passiflora* sp.). A convivência entre plantas que hoje apresentam populações domesticadas, ou aquelas consideradas "incipientemente domesticadas" (Clement, Borém & Lopes 2012), plantas manejadas e plantas silvestres é um padrão amazônico desde o início de sua ocupação até o presente e envolve o uso de plantas endêmicas e exóticas, dispersas em ambientes de florestas e savanas.

Durante o Holoceno Médio somam-se a essas outras tantas espécies, como o cajá (*Spondias mombin L.*) e parentes do angico (*Anadenanthera* sp.), do araçá (*Eugenia* sp.) e do biribá (*Annona* sp.). Começa a haver indícios do uso da copaíba (*Copaifera* sp.), das palmeiras jarina (*Phytelephas aequatorialis*), do ubuçu (*Manicaria saccifera*) e do caiaué (*Elaeis oleifera*), de tubérculos das famílias Zingiberales e Marantaceae, como a araruta (*Maranta* sp.), além de espécies cultivadas mais conhecidas, como a batata-doce (*Ipomoea batatas*), a pimenta (*Capsicum* sp.) e o amendoim (*Arachys hipogaea*). Esse foi um período de acúmulo e ampliação da biodiversidade de espécies manejadas. A presença desses cultivares, no entanto, não parece ser equivalente à adoção de práticas agrícolas intensivas. Cultivares com altos valores energéticos, como o milho e a mandioca, compõem uma assembleia diversificada de plantas, com muitas espécies de palmeiras e árvores frutíferas.

Surgem durante esse período as chamadas terras pretas antropogênicas, que datam de 8 mil anos atrás na bacia do rio Madeira [Sítio Garbin 8600–8420 cal. AP] e de cerca de 4 mil anos na Amazônia Central (Zuse 2014; Neves et al. 2004). Esses solos, formados do descarte e da decomposição de matéria orgânica e artefatos culturais, possuem pH mais básico e altos índices de fósforo (P), cálcio (Ca), magnésio (Mg), zinco (Zn), manganês (Mn), cobre (Cu) e carbono (C) (Macedo et al. 2019; Bernardes et al. 2017), que os deixam férteis para o cultivo. Durante muito tempo foram associados a grupos indígenas ceramistas e agricultores, porém atualmente se sabe que houve cultivo antes da formação das terras pretas, assim como formas de habitação e cultivo que não resultaram na formação delas, como é o caso dos sítios arqueológicos com formas geométricas no atual estado do Acre (Neves et al. 2016). De qualquer maneira, muitas áreas de terras pretas localizadas às margens de grandes rios e lagos sustentam atualmente verdadeiros pomares policulturais, nos quais se concentram espécies úteis manejadas pelos povos do passado. Açaizais, castanhais, cacoais, bacabais são só alguns dos tipos de pomares que podemos observar nas áreas ocupadas por tais povos (Lins et al. 2015).

No Holoceno Tardio, já com a utilização de grande biodiversidade, começam a ser consumidas também plantas muito presentes na dieta e na tecnologia dos povos ameríndios atualmente, como o pequiá, o tarumã (*Vitex* sp.), a coca (*Erythroxylum* sp.), parentes do guaraná e do timbó (*Paullinia* cf. *cupania* cf. *pinnata*), a macaúba (*Acrocomia aculeata*), o cumaru (*Dipteryx alata*) e o algodão (*Gossypium* sp.). Para entender como essas plantas são consumidas, analisam-se os registros de isótopos de carbono em ossos humanos. Nos grandes tesos da Ilha de Marajó, a despeito da existência de grãos de milho no solo e de um aparente padrão de diferenciação social marcado no adornamento de sepultamentos, não há sinais de distinção alimentar entre homens e mulheres, e o registro isotópico indica um consumo baseado em peixes e plantas de assinatura C^3 – ao passo que o milho é uma planta C^4 (Hermenegildo et al. 2017).

Certamente os avanços das pesquisas povoarão essa megadiversidade pretérita com muitas outras espécies de plantas, contudo o conhecimento que podemos ter acerca delas depende do conhecimento tradicional amazônico e dos usos continuados que povos indígenas, ribeirinhos e quilombolas fazem da floresta. Os desafios da pesquisa passam por compreender também de que forma a colonização europeia impactou as redes ameríndias por meio das quais tais conhecimentos e plantas circulavam. Há uma perda contínua de variedade de animais e vegetais em todo o planeta (Brondizio et al. 2019; Humphreys et al. 2019), especialmente de espécies silvestres, que se concentram nas florestas tropicais, imprescindíveis à conservação destas (Roberts 2019). Na Amazônia, a imposição aos povos tradicionais de sistemas de aviamento durante a época da borracha, a valorização de cultivares ameríndios que possam ter valor comercial no mercado nacional (como a mandioca e o milho) e uma introdução massiva de plantas exóticas (como o café e a cana-de-açúcar) vêm acelerando esse processo de erosão genética, causando danos não só ao ambiente, como também à segurança alimentar e territorial de tais povos.

REDES AMERÍNDIAS: APROXIMAÇÕES ETNOGRÁFICAS

Para explorarmos e nos aprofundarmos nas relações entre a sociabilidade humana e o consumo de plantas, podemos acompanhar a trajetória do arroz (*Oryza* sp.), por exemplo. Há ao menos quatro variedades de arroz nativas da América, e a Amazônia foi palco de um dos três processos de domesticação dessas plantas que ocorreram no mundo (além do arroz asiático e do africano). Essa descoberta foi realizada com base em vestígios de sílica (fitólitos) de arroz presentes em um sambaqui fluvial chamado Monte Castelo, localizado no Pantanal do Guaporé (RO), ocupado desde 7500 anos atrás. Desde o início da ocupação há vestígios de consumo do arroz, porém há indícios de uma mudança há cerca de 2500 anos na forma de manejo: em vez de coletarem a planta toda, os indígenas começaram a selecionar apenas os grãos. Essa mudança pode ter ocasionado um aumento no tamanho dos grãos, percebido também em seus descendentes (Hilbert 2017; Hilbert et al. 2017).

Durante toda a ocupação, os habitantes dessa região consumiam plantas tanto das florestas – como a castanha, o murici, parentes do cacau e do cupuaçu, leguminosas (Fabaceae cf. Mimosoideae) e palmeiras como o tucumã – como das savanas – como o buriti. O plantio se alternava entre cultivares de ciclo médio plantados no verão – como o milho e a abóbora – e no inverno – como o arroz (Furquim 2018). Por que, então, em meio a uma relativa estabilidade nas estratégias de aquisição de alimentos, o arroz começa a ser domesticado?

O Pantanal do Guaporé é contíguo aos Llanos de Mojos bolivianos, locais pouco conhecidos arqueologicamente. Sabemos, entretanto, que no mesmo período das modificações nos grãos de arroz houve uma reconfiguração no cenário cultural dessa região. A cerâmica produzida em Monte Castelo, denominada bacabal, começa a conviver em uma área na qual diversos outros conjuntos ceramistas, originários da calha do rio Guaporé, do Pantanal Mato-Grossense e das savanas bolivianas (Corumbiara, Pimenteiras, Galera, Aguapé, Guapé e Poaia), se fazem presentes (Zimpel 2018). As pesquisas sugerem que tem início um fenômeno multicultural, no qual a convivência entre os conjuntos citados acima passa a ser visualizada na produção de um estilo cerâmico híbrido que remete a uma comunicação, a um contato entre seus produtores (Jaimes Betancourt 2011; Prümers & Jaimes Betancourt 2014; Zimpel 2018; Pugliese, Zimpel & Neves 2017). Aparentemente, inicia-se um processo de reconfiguração de alianças e de conformação de um sistema regional de relações. São identificados diversos vasos de consumo e preparo de alimento e muitos vasos grandes que se assemelham às vasilhas etnográficas de fermentação de bebidas que os viajantes que percorreram o Guaporé, como Nordenskiöld, descreveram e coletaram. É nesse cenário que o manejo do arroz de transforma.

A história de longa duração das populações amazônicas parece ser um acúmulo de muitos eventos como esse. Um ciclo de processos de tessituras de redes, de criação e reconfiguração de laços. Há outros cenários de conformação de sistemas regionais, como aqueles visíveis nas Guianas (Saldanha & Cabral 2014), no Alto Xingu (Heckenberger et al. 2008), no rio Madeira (Mongeló 2015; Watling et al. 2018), no lago Amanã (Furquim 2015), entre outros. É com base nesses processos que penso ser possível realizar uma aproximação com a teoria antropológica acerca da relação entre "gentes" (humanas, vegetais e animais), que embasa a construção de ambientes humanizados e de uma megadiversidade socioambiental.

A ideologia bipartite dos povos ameríndios (Lévi-Strauss 1962) inspirou uma série de pesquisas arqueológicas, em especial acerca dos povos Jê do Brasil central (Wüst & Barreto 1999). Retomá-la à luz de novas etnografias pode abrir caminho para uma compreensão arqueológica de um padrão generalizado da cosmopolítica nas terras baixas: a "abertura para o outro", um outro que, no caso, inclui as plantas e as relações de aparentamento que se constroem com elas. A recusa pelo "um" é deliberada e a assimetria entre as partes é estimulada, na maneira de uma "diferença fértil", uma "inequitude ontológica" (Viveiros de Castro 1996), em que a diferença não busca ser anulada, e sim multiplicada, intensificada e reposta. A identidade una é estéril, e "um mundo sem diferenças seria um mundo inerte, morto" (Perrone-Moisés 2006: 249).

Esse mesmo princípio se reflete nas roças, em que estão presentes seres-plantas com os quais os indígenas constroem suas relações de parentesco, sejam estas de maternidade – como ocorre entre as Krahô e suas batatas (Morim de Lima 2016) –, de adoecimento – como se vê entre os Wajãpi e suas manivas (Cabral de Oliveira 2016) – ou de predação – como entre os Achuar e os roçados dos demiurgos Shakaim (Descola 2016). As roças são espaços de intensas relações tecidas pelos humanos por intermédio do cultivo e das constantes negociações com as plantas em si, com suas "almas" e com os agentes não humanos pelos quais elas foram doadas ou são chefiadas (seus "mestres") (Fausto 2008). E se um mundo de iguais seria o fim da humanidade, uma roça de iguais também o é (Cabral de Oliveira 2012). Os roçados indígenas são lócus privilegiado do princípio da assimetria e da alteridade, uma vez que refletem uma boa diferença, que se expressa na proliferação de cultivares e de suas variedades regionais. A roça emula a sociabilidade humana e é essencial para a manutenção da condição de humanidade – algo constantemente ameaçado e negociado com seus habitantes e chefes. Emula também as relações de consanguinidade e afinidade que permeiam o parentesco indígena, com regras de etiqueta e éticas de relacionamento necessárias para o bom convívio, a boa alimentação e a boa relação.

Soma-se a essa característica um gosto estético pela diversidade. Uma roça é boa / bela – *impej*, no conceito krahô – quando é tão diversa quanto as relações sociais, e, nesse sentido, os cultivadores são colecionadores de variedades. Os sistemas agroflorestais do Alto Rio Negro (Emperaire & Peroni 2007) são um bom exemplo dessa lógica, na qual a circulação das manivas entre as mulheres nas redes de casamentos gerou um padrão de diversificação sem precedentes, resultando em centenas de variedades locais. Cada espécie é um lócus de multiplicidade e carrega potenciais do princípio da diferença. Os Kuikuro (Smith & Fausto 2016) estimulam constantemente a diversidade de pequis (*Caryocar brasiliense*) em seus quintais, do mesmo modo que os Wajãpi (Cabral de Oliveira 2016) fazem com suas manivas e com a circulação de algodão, batata e outros gêneros, intensamente trocados e avidamente diversificados. Os Ka'apor (Balée 1989b) nomeiam cerca de 24 variedades de mandioca, além de 179 plantas silvestres que buscam em suas expedições de coleta.

Para além de pensar em uma diferença entre plantas domesticadas e silvestres, portanto, as redes de relações que envolvem os casamentos, festas e trocas de variedades de cultivares entre grupos indígenas contemporâneos estimulam a construção de variedades regionais.

A RESILIÊNCIA DAS DIFERENÇAS FÉRTEIS

Aparentemente, a monocultura e o cultivo intensivo de poucas variedades são contrários à lógica da diferença-diversidade e à estética de uma roça boa / bela. A história do uso das plantas no passado arqueológico amazônico nos mostra que cada nova espécie, cada nova variedade é incorporada a um universo múltiplo, que se expande no sentido da diversidade. A manutenção dessa diversidade abarca as relações de diferença entre pessoas, plantas, animais e seres não humanos. Restringir a quantidade de cultivares ou de plantas utilizadas para os mais variados fins ocasionaria a perda da relação com o outro, dos "devires outros" ameríndios, ocasionando também a perda de uma sociabilidade adequadamente humana.

> Através do cultivo, as plantas nutrem diferenças. Em um mundo onde tornar-se e, mais importante, manter-se humano implica em uma constante negociação com seres não humanos, o aparentamento das plantas, a alimentação e a embriaguez coletivas, e as restrições do consumo ligadas à construção do corpo são feitas através de um diálogo igualmente constante entre mestres, donos, mães, animais e plantas (Furquim 2018: 233).

Antes de questionar se a megadiversidade amazônica influenciou no desenvolvimento de uma sociedade igualmente diversa ou o contrário, faz-se necessário reconhecer essa semelhança. O pensamento ameríndio, a biodiversidade e as florestas antropogênicas amazônicas são um construto de longa duração, criados e constantemente transformados em camadas de sequências históricas e regionais que conformam um palimpsesto de diversidades, uma sobreposição de camadas e relações – cujos excertos apenas podemos acessar, os demais apagados pelo tempo e pela memória. Se o pensamento deve ser tratado como uma reflexão – sujeita à ação do tempo –, assim também devem ser tratadas as matas e roças. À imagem da fertilização cruzada que muitas espécies vegetais operam nos roçados indígenas, os padrões arqueológico e antropológico parecem se fertilizarem-se mutuamente e, ainda que apresentem diversas lacunas, são um bom / belo caso de "diferenças férteis".

8 TRANSFORMAR AS PLANTAS, CULTIVAR O CORPO[1]

GILTON MENDES DOS SANTOS

Este breve ensaio sobre a relação dos grupos amazônicos com as plantas da floresta (as cognominadas "plantas silvestres"), bem como seus processos e técnicas de transformação para fins alimentares, e sobre a centralidade do corpo como um idioma dessa interação procura extrair rendimentos de uma narrativa indígena que associa corpo humano à origem dos cultivos.

As clássicas etnografias mostram invariavelmente que os grupos étnicos que elas descreveram são formados por diferentes coletivos, cuja vida social, até um passado recente, era garantida pela insígnia da diferença e por um padrão de residência segmentado ou disperso na paisagem. Motivados ou forçados, historicamente, por diferentes situações, esses grupos foram aglutinados e rotulados com um etnônimo e quase sempre associados a um território, a uma língua e a uma cultura.

Desse modo, por exemplo, os mais de quatrocentos grupos locais que somavam uma população de quase 5 mil pessoas na década de 1970, com densidade média de cinquenta pessoas por aldeia, passaram a ser conhecidos como os Yanomami (Albert 1985). Os doze grupos locais que somavam uma população de 420 pessoas no começo dos anos 1980 vivendo às margens dos afluentes da margem esquerda do rio Negro, entre os estados do Amazonas e Roraima, foram chamados de Waimiri-Atroari (Silva 1987). Em pequenos tributários do rio Tapauá, afluente do rio

1 Agradeço a Guilherme Henriques Soares pela leitura deste texto e por suas sugestões.

Purus, viviam, até o início do século XX, pelo menos doze grupos locais, classificados como subgrupos, nominados, autônomos e territorialmente identificados em casas coletivas. Depois de muitos ataques sofridos pelas frentes extrativistas, esses grupos resolveram viver juntos como estratégia de sobrevivência. Em 1980 foram encontrados por frentes de contato, vivendo numa única aldeia, aqueles que foram batizados pelo nome Suruwaha (Kroemer 1989). Os Munduruku, no Baixo Rio Tapajós, compunham, em meados do século XIX, segundo Robert Murphy (1960), um contingente populacional em torno de 5 mil pessoas, divididas em 25 aldeias, uma média de duzentos habitantes por aldeia.

No entanto, longe de se constituírem mônadas, isolados e autônomos, esses grupos locais levavam uma vida imersa em uma intensa rede de relações dinamizada por casamentos, raptos de mulheres e crianças, feitiçaria, guerras, festas, visitas, troca de produtos e de bens, conhecimentos e tecnologias, de objetos, de animais e plantas.

Esse modo de habitar, além de equacionar ou minimizar problemas de ordem política, possibilitava o intercâmbio de sistemas de conhecimentos entre os grupos e uma intensa prática de construção das paisagens e de relações interespecíficas.

A MASSA E A GOMA

Muitas são as técnicas de manipulação de plantas para fins alimentares, com destaque para aquelas voltadas para a amenização ou a eliminação do amargor e do gosto travoso dos alimentos, para a produção de bebidas, fermentadas ou não, além dos mecanismos de conservação e armazenamento.

Produto outrora utilizado por muitos grupos amazônicos, o sal vegetal é obtido por meio de um requintado processo de lenta e demorada cocção de diferentes espécies vegetais. O sal ainda é produzido e consumido nas cerimônias rituais entre os Enawenê-nawê, grupo de língua aruak habitante da Amazônia meridional (Mendes dos Santos 2006).

Outra técnica de amplo conhecimento e adoção na Amazônia indígena é a eliminação, por cocção ou repetidas lavagens, de substâncias tóxicas de plantas para fins alimentícios. Tal processo encontra-se diretamente associado à produção da fécula (conhecida em toda a Amazônia como "goma"), matéria-prima para o preparo de diferentes alimentos, resultado de líquidos decantados, extraídos de massas lavadas e espremidas em tipitis ou peneiras. É exatamente esse o procedimento aplicado à mandioca (*Manihot esculenta*) do tipo brava ou venenosa, símbolo maior dessa tradicional técnica de produção de alimento na Amazônia.

Dentre as plantas silvestres fornecedoras de goma, sobressai a batata-mairá (*Casimirella* spp.),[2] uma liana tuberosa da família Icacinaceae, conhecida e utilizada tradicionalmente pelas populações nativas em toda a Amazônia. De ocorrência em ambientes de terra firme, sua raiz pode alcançar mais de duzentos quilos; é explorada para fins alimentares após criativos processos de "desenvenenamento", destacando-se aquele que consiste em lavagens repetidas da fécula decantada. A batata-mairá foi encontrada pelo botânico inglês Richard Spruce no ano de 1849 entre os moradores da localidade de Janauari, na margem direita do rio Negro, nas proximidades da cidade de Manaus. Segundo ele, os nativos (Tapuya) a conheciam pelo nome de *maniaca-açu* ("grande mandioca") e a utilizavam da mesma maneira que a mandioca, dela obtendo farinha e tapioca (Spruce 1851).

Ao que tudo indica, o uso da batata-mairá foi bastante amplo no passado, e sua forte presença na culinária amazônica ante-

2 Também conhecida como surucuína, cará-do-mato, mandioca-do-mato, batata-de-índio, batata-da-terra.

cedeu a expansão e o domínio da mandioca, perpetrada pelas frentes colonizadoras e extrativistas (Mendes dos Santos 2016).

O estudante indígena de antropologia Alexandre de Souza faz o seguinte registro sobre a importância da batata-mairá num passado não muito distante entre seu grupo, os Waiwai, habitantes do escudo das Guianas:

> Eles não eram bons produtores, então havia poucas espécies de plantas ao redor de suas casas, por isso consumiam apenas aquelas coisas que conheciam e estavam disponíveis na floresta. Uma delas era o que chamam de *maariá*, uma batata grande que todos os Waiwai também comiam antes de os missionários chegarem e trazerem novos produtos que passaram a cultivar em roçados. A batata *maariá* é muito perigosa, parecida com a mandioca-brava que hoje usam para fazer farinha, o processo de produção para tornar ela comestível era muito parecido com o da mandioca-brava. Depois de descascada e lavada, passava dias dentro da água, depois ralavam e espremiam o suco. Da massa faziam um tipo de beiju e também moqueavam, do suco faziam goma também. Era assim que os Karapau Yana faziam, e os Waiwai também (Souza 2018: 73).

Na bacia do Purus, no sudoeste da Amazônia, uma equipe da Frente de Proteção Etnoambiental (FPE) da Funai, em expedição de monitoramento dos índios Hi-Merimã, em situação de isolamento, traz o seguinte relato: "Na margem do igarapé onde esse acampamento ficava, encontramos um local utilizado para realizarem o trabalho de ralação e decantação da 'batata surucuína' (mairá). Nesse local, havia em torno de duzentos quilos de resíduos (bagaço) da mesma" (FPE abr. 2014).

Até o momento, temos informações sobre o uso da batata-mairá entre mais de duas dezenas de grupos: na região das Guianas, além dos Waiwai, os Wajãpi, os Waimiri-Atroari, os Hixkaryana e os Kaxuyana; na bacia do rio Madeira, entre os Mura; na bacia do Purus, os Paumari, os Jamamadi, os Katukina e os Apurinã; e no Alto Rio Negro, entre os Hupda, os Nadöb, os Tukano, os Tuyuka e os Desana.

IDENTIFICAÇÃO DOS GRUPOS E TERRAS INDÍGENAS COM REGISTRO DE PRESENÇA E USO DA BATATA-MAIRÁ (*CASIMIRELLA* SPP.).

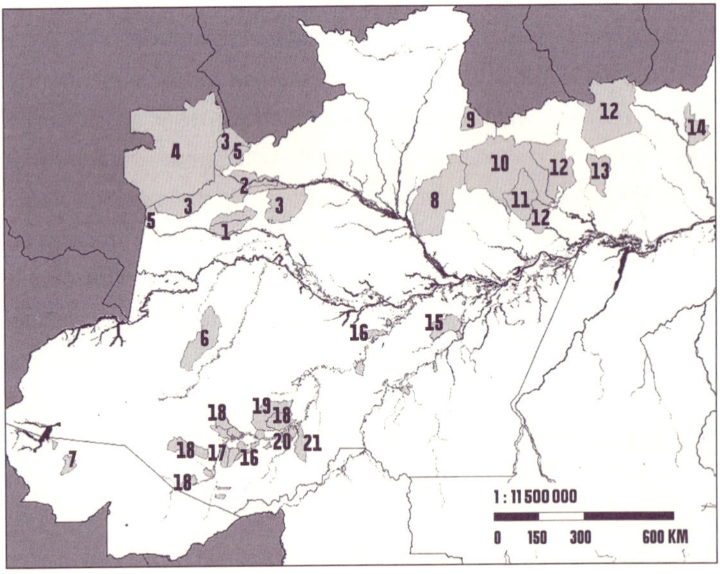

FONTE LAURA FURQUIM, 2019

1 NADÖB
2 DESANA / NADÖB
3 DESANA / TUKANO
4 DESANA / HUPDA TUKANO / TUKUYA
5 DESANA / TUKANO / TUKUYA
6 KATUKINA RIO BIÁ
7 KATUKINA PANO
8 WAIMIRI-ATROARI
9 WAIWAI
10 HIXKARYANA / WAIWAI
11 HIXKARYANA / KAXUYANA / WAIWAI
12 KAXUYANA
13 ZO'E
14 WAJÃPI
15 MURA
16 APURINÃ
17 PAUMARI
18 JAMAMADI
19 HI MERIMÃ
20 APURINÃ / PAUMARI
21 APURINÃ / JAMAMADI / PAUMARI

Produto fino e de amplo uso, a goma é a conquista derradeira do processo de transformação vegetal. Os grupos de língua tukano do Alto Rio Negro costumam empregar o termo *wehta* como uma categoria mais abrangente para designar essa propriedade última e essencial das coisas, não apenas dos vegetais. Assim, a argila é a *wehta* da terra, a gordura, a *wehta* animal e a fécula, a *wehta* dos vegetais.

A goma é o resultado do emprego de um conjunto de equipamentos, como raspadores, raladores, espremedores e decantadores. Ela aparece como o ingrediente principal de muitos produtos e diferentes tipos de pratos tradicionais, configurando-se como o elemento estrutural da culinária amazônica.

A massa e a goma podem ser obtidas não apenas de raízes e tubérculos, mas também de frutos silvestres. Dentre esses "frutos de massa", podemos mencionar o buriti (*Mauritia flexuosa*), o japurá (*Erisma japura*), o uacu (*Monopterix uacu*) e o umari (*Poraqueiba sericea*). Um dos mais prodigiosos frutos de massa da Amazônia, o umari é coletado no chão, depois de maduro, e sua polpa, envolta por uma casca macia e fina, é bastante empregada no preparo de diversos pratos. Os grupos do Alto Rio Negro costumam utilizar seu mesocarpo para a obtenção da massa para "temperar" caldos de peixe e o chibé (água com farinha). Além disso, exploram seu endocarpo, extraído do caroço após ter sido seco ao sol ou no defumador e deixado em água durante vários dias. Depois de mole e úmida, a amêndoa é ralada e da massa obtida, de cor vermelho-carne, se fabrica o marapatá (com ou sem adição de goma de mandioca), um beiju envolto em folha de sororoca ou bananeira, levado ao fogo em brasa (Azevedo 2018).

Entre os Apurinã, habitantes do sudoeste amazônico, na bacia do Purus, a massa do umari era empregada antigamente para enriquecer e amenizar o amargor dos alimentos produzidos com tubérculos silvestres (Chagas Filho 2017). Também os Uitoto da

Amazônia colombiana exploram o endocarpo desse fruto para o preparo do beiju e da *kagwana*, bebida elaborada à base de fécula de mandioca (Castiblanco 2018).

Dentre os "frutos de goma" com destaque na culinária amazônica tradicional estão o pequiá (*Caryocar villosum*), o louro-abacate (*Pleurothyrium cuneifolium*) e a faveira-da-várzea (*Eperua leucantha*). A goma do pajurá (*Couepia bracteosa*) é utilizada pelos índios Deni do Médio Purus para a fabricação do *grolado*, uma massa escaldada ao calor do fogo (Vieira, com. pess. 2016), e os frutos conhecidos em língua tukano como *uahpé, kaabo* e *ihpisa* (sem correspondente em português) foram outrora intensamente empregados na obtenção da goma para o preparo de beijus, mingaus e da mujeca, um prato à base de goma e peixe cozido. Esses frutos, no entanto, foram abandonados depois da chegada das frentes extrativistas e missionárias à região, a partir do século XIX, e substituídos pela fécula da mandioca, ampla e dominantemente adotada, no presente, na culinária do rio Negro.

Vale mencionar ainda o uso da "farinha", um tipo de goma, do babaçu (nome popular de diversas palmeiras dos gêneros *Orbignya* e *Attalea*) como matéria-prima para a elaboração de mingaus e beijus entre os Mura, habitantes do rio Madeira (Silva et al. 2008), e da mesma forma pelos índios Banawa do Médio Purus (Mendes dos Santos 2016).

Além dos já citados, outros tantos frutos foram empregados com frequência na alimentação das populações amazônicas para a produção de bolos, mingaus, bebidas fermentadas e sucos, com destaque para as palmeiras: a pupunha (*Bactris gasipaes*), a bacaba (*Oenocarpus bacaba*), o açaí (*Euterpes* sp.), o patauá (*Oenocarpus bataua*) e o inajá (*Maximiliana maripa*). A amêndoa da castanha-do-brasil (*Bertholletia excelsa*) é tradicionalmente explorada por diferentes grupos em toda a Amazônia, e é atualmente uma das principais fontes de renda para muitos deles.

As espécies aqui mencionadas não são exemplos aleatórios retirados de uma vasta lista de "plantas úteis" (Levis 2017), mas, antes, uma mostra da variedade de plantas silvestres com as quais os grupos mantiveram relações ecológicas particulares e nas quais empregaram sofisticados processos de transformação, sobre os quais e com as quais foram desenvolvidos saberes e técnicas específicos, além das interações familiares em paisagens multiespécies, como sugere Tsing (2019).

Isso revela, ainda, que os métodos nativos de processamento de alimentos não são inovações recentes da relação dos grupos indígenas com os meios de produção implementados pelos diferentes agentes missionários, extrativistas e do Estado, mas foram acionados e empregados, enquanto modelos de conhecimentos, para o processamento das espécies posteriormente introduzidas nos sistemas de cultivo locais visando ao desenvolvimento agrícola (Mendes dos Santos 2016).

Longe, portanto, da convencional noção de *coleta*, comumente entendida como a simples subtração de frutos sazonalmente disponíveis, uma prática incipiente e menos elaborada que o cultivo ou a agricultura, encontramo-nos diante de um modelo complexo de interação e uso dos vegetais, que articula um cabedal de conhecimentos e técnicas refinadas de processamento, conforme já apontou Lévi-Strauss (1950).

Assim, à luz desses requintados processos de manejo da floresta e produção de alimentos, valendo-se da abundância e da riqueza dos recursos vegetais na Amazônia, cabe a nós, a exemplo do que vem sendo feito com o conceito de agricultura (Fausto & Neves 2018; Shepard et al. 2020), colocar em escrutínio também a noção de *coleta* no contexto amazônico.

Oposições clássicas, como coleta *versus* agricultura, silvestre *versus* doméstico e plantas exóticas *versus* plantas nativas, não possuem rendimentos analíticos (nem conceituais) nas "teorias nativas". A diferença entre o que é cultivado e o que não é (pelos humanos) faz um pouco mais de sentido, embora não seja uma posição fixa ou rígida, uma vez que uma planta cultivada em determinado momento pode não ser em outro, e uma espécie silvestre pode ganhar o terreno do quintal ou da roça, temporariamente ou em definitivo. Tudo leva a crer, no entanto, que os sistemas tradicionais indígenas operam com uma lógica de *continuum* entre a floresta e a roça, tal como descreve Cabral de Oliveira (2015) para os Wajãpi. Liderança e conhecedor tuyuka, do Alto Rio Negro, Higino Tenório (com pess. 2019) comenta:

> Os nossos mestres de cerimônia, ao falar de maniva (mandioca), dizem que, antes de plantar a maniva, faziam a cerimônia de preparação da terra, faziam cerimônia para apaziguar a força do fogo (apagar o fogo), cerimônia para transformar a terra fértil, para transformar a terra em terra de alimentação, tornar a mandioca cheia de goma, faziam as cerimônias para *colocar na mandioca os efeitos das frutas* wahpe ihpia (*"frutos de goma"*) *e* yepabiro (*batata-mairá*). *Faziam as cerimônias para aumentar a goma de mandioca.* Assim é que faziam as cerimônias [grifos meus].

O CORPO E A ROÇA

Trabalhos etnográficos já apontaram a importância dos vegetais nos contextos, práticos e discursivos, indígenas: as plantas têm dono, têm chefe, têm duplo, têm alma, intencionalidades, audição, voz e parentesco (Descola 1992; Mendes dos Santos 2006; Fausto 2008; Maizza 2012; Cabral de Oliveira 2012; Morim de Lima 2017; Shiratori 2019). As teorias nativas sobre a importância conceitual do corpo como um idioma privilegiado para falar dos múltiplos sistemas de relação entre humanos e não humanos forneceram à etnologia bom rendimento analítico. O clássico artigo-manifesto intitulado *A construção da pessoa nas sociedades indígenas brasileiras* (Anthony Seeger et al. 1987) evidenciou os limites das categorias e dos conceitos antropológicos construídos apoiados na realidade social de outros continentes e apresentou em seu lugar – tomando como referência as primeiras importantes pesquisas etnográficas no Brasil – um tema condensador das teorias nativas, a construção da pessoa e a noção de corpo. Contra uma visão de estrutura social baseada na relação entre grupos (construída pela antropologia tradicional), os autores defendem a ideia de que "as sociedades indígenas sul-americanas estruturam-se em termos de categorias lógicas que definem relações e posições sociais a partir de um idioma de substância".

A associação entre planta e corpo humano é um recurso bastante presente nas narrativas ameríndias, que tratam tanto dos componentes corporais diretamente relacionados às espécies vegetais como destas em relação ao conjunto de técnicas como práticas sociais.

Entre os Enawenê-nawê existe mais de uma dezena de tipos de venenos vegetais, utilizados nas pescas de timbó, relacionados às partes do corpo, aos olhos, pele, unha, testículo e nuca (Mendes dos Santos 2001). Os Apurinã associam os componentes do corpo a certas espécies vegetais: o coração ao umari, os rins ao uxi (*Endopleura uchi*), os testículos ao pequiá e os pés às grandes raízes e tubérculos (Chagas Filho 2017).

Uma modalidade particular do discurso sobre corpo e vegetal é aquela que trata da origem do cultivo das plantas. Grupos de quase toda a Amazônia indígena marcam o surgimento de seu "neolítico" utilizando como referência o destino final do corpo: sepultado, esquartejado ou incinerado.

Embora distantes cultural, linguística e geograficamente, os Enawenê-nawê, falantes do aruak e habitantes do Alto Rio Juruena, e os Sateré-Mawé, grupo Tupi do Baixo Amazonas, narram a origem das plantas cultivadas como o devir vegetal de uma jovem púbere enterrada pela própria mãe (Mendes dos San-

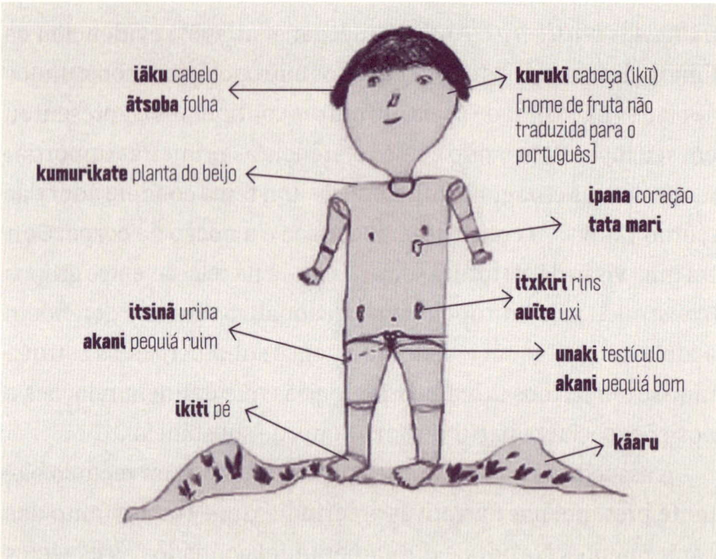

FONTE CHAGAS FILHO 2017

tos 2001; Uggé 1991). Entre os Nambikwara, que vivem na zona de transição entre o Cerrado e a floresta amazônica, a origem de cada espécie da roça corresponde a uma parte do corpo humano (Price [1972] 1979). Para os Deni, falantes de arawa do Médio Purus, a roça tem sua gênese no corpo de uma mulher, esquartejado e queimado pelo marido (Sass, 2004). Habitantes da mesma bacia, os Suruwaha contam que conheceram as plantas da roça e a arte de cultivar em decorrência do episódio que envolveu a morte e a explosão do corpo de um xamã (Aparicio 2014). Entre os grupos falantes do tukano oriental, no Alto Rio Negro, a roça é uma herança do conhecimento e do corpo incinerado do herói Bahsebo. E longe, bem longe dos Suruwaha e dos Tukano, os Wajãpi, de língua tupi, tratam do mesmo assunto:

> No outro dia fala que vai derrubar roça e fica escondido. Vê a sogra, que tava cheia de ferida, espremer pus dentro da cuia de

> *kasiri*. Fica muito bravo, aí pega a velha e leva pra roça, amarra ela bem no meio e queima. Três dias depois vai ver roça e está cheia de plantação. Do olho nasceu milho, do peito mamão, da vagina feijão, do dente macaxeira, da tripa batata, do bucho cará, do braço mandioca, do pulmão pimenta, da panturrilha cará-grande (*karau*), da barriga taioba e do pulmão, algodão (Cabral de Oliveira 2006).

Centro do discurso sobre a origem da roça e das técnicas de cultivo, o corpo é a linguagem preferida para falar das plantas, sejam cultivadas ou não, domésticas ou silvestres, exóticas ou nativas. Segundo o mito da roça suruwaha, os espíritos ofereceram ao filho do xamã, devorado pelo fogo, garapa de cana-de-açúcar, introduzida nas terras tropicais pelos colonizadores, a fim de reanimá-lo do desfalecimento provocado pela intensa ingestão de rapé (Aparicio 2013). Por outro lado, no entanto, muitas plantas foram transferidas da mata para as áreas de cultivo, a exemplo do que fizeram os Apurinã, reproduzindo em suas roças diversos tubérculos silvestres (Chagas Filho 2017).

Ainda ressoa em nossos ouvidos a doce voz da grande narrativa sobre a trajetória progressista das sociedades humanas, a fantástica marcha dos miseráveis coletores-caçadores rumo à domesticação das plantas, que os levou à vida sedentária, o que, por sua vez, resultou no desenvolvimento da agricultura e, finalmente, conduziu à formação das sociedades complexas e ao surgimento do Estado. O recente livro de James Scott revela os ruídos e a falácia desse discurso, demonstrando, dentre outras coisas, que existe um hiato de pelo menos 4 mil anos entre as primeiras domesticações de planta e a ascensão do Estado (Scott 2017).

Por outro caminho, e bem antes do autor de *Against the Grain*, Sahlins (1972 [1978]) já revisava os dados etnográficos existentes sobre caçadores-coletores e demonstrava que estes foram, na verdade, as "primeiras sociedades da abundância", salientando a importância do movimento, e não do sedentarismo, como uma vantagem na manutenção da produção e na lida com os recursos alimentares.

Apesar dessas desconstruções, entretanto, as imagens suscitadas pela grande narrativa continuam a nos perseguir. Muitos estudos ainda hoje insistem na busca pela agricultura e seus cultivares dominantes como justificativa para a manutenção de assentamentos permanentes no passado amazônico ou no fenômeno da "regressão agrícola" como uma chave explicativa da ausência ou da incipiência de cultivo entre os grupos contemporâneos.

Embora o conceito de domesticação tenha ganhado elasticidade no contexto da Amazônia (Clement et al. 2010, 2015), ele carrega a herança da narrativa do progresso, associando domesticação à sedentarização e à supremacia do cultivo em detrimento das práticas de coleta. Mas a Amazônia também é indomável (Mendes dos Santos & Henriques Soares 2020 [no prelo]). Conforme pretendemos demonstrar neste ensaio, o manejo das plantas e da paisagem pelos grupos amazônicos incorpora um sofisticado sistema de conhecimentos e um incrível cabedal de práticas de transformação vegetal. As técnicas tradicionais de produção alimentar, desenvolvidas com o uso das plantas da floresta, conservam-se ainda hoje nos sistemas locais amazônicos. Isto é, instrumentos e processos de manipulação serviram de referências imprescindíveis para a exploração das espécies cultivadas nas roças, especialmente a mandioca.

A maioria das espécies vegetais mencionadas neste trabalho, que não podem ser dissociadas do *corpus* de conhecimentos que as acompanha, encontra-se fora do espectro da tradicional noção de domesticação.

Este ensaio pretendeu mostrar, adicionalmente, um tipo de *ontoprática* indígena que evidencia uma concepção de *conti-*

nuum entre a floresta e a roça e, também, que o corpo, transformado, pode ser apreendido como um objeto privilegiado do discurso nativo sobre a origem e o sentido dos cultivos.

Este cenário conclama, ainda, uma abordagem mais ampla do fenômeno, mas que não foi objeto deste ensaio, isto é, uma relação positiva entre humanos e animais como sujeitos interativos e beneficiários na propagação de plantas e na construção das paisagens, numa perspectiva não hierárquica ou excludente entre esses diferentes atores, que não situa, de um lado, o silvestre e o selvagem e, do outro, o doméstico e o consciente no protagonismo do "cultivo da floresta" – tema que espera por novos estudos.

9

MEMÓRIAS SOBRE AS CUIAS

O QUE CONTAM OS QUINTAIS E FLORESTAS ALAGÁVEIS NA AMAZÔNIA BRASILEIRA?

PRISCILA AMBRÓSIO MOREIRA

Os frutos das árvores do gênero *Crescentia* (Bignoniaceae) tornaram-se a base de um dos mais antigos recipientes usados por diferentes povos das Américas (Heiser 1993; Ribeiro 1995; Lévi-Strauss [1967] 2004; Hugh-Jones 2009). Na América do Sul, a antiguidade do convívio dessas árvores com humanos data de pelo menos mil anos no Equador (Cueva 2007) a 5 mil anos no Peru (Solis 2006). Durante a colonização europeia no Brasil, foram produzidos inúmeros relatos com breves descrições de seu uso (por exemplo, Martius 1854), mais especificamente em "Memória sobre as cuias" (Rodrigues-Ferreira 1933). As cuias eram vendidas e usadas como copos ou tigelas produzidos nas "casas das índias", de onde partiam remessas para Lisboa (Rodrigues-Ferreira 1933; Martins 2017). Esses inventários, embora catalogassem a diversidade biológica, escondiam suas histórias ao se restringirem às possíveis aplicações comerciais de tesouros em potencial e à classificação segundo os moldes do sistema hierárquico botânico de Lineu. Recentemente, outras narrativas científicas sobre as categorias taxonômicas têm sido propostas, sobretudo por críticos da teoria moderna da evolução, que levam a sério o fato de que as espécies não são predeterminadas nos genes, mas que, em vez disso, se definem continuamente em suas relações com o mundo (Vaz et al. 2011: 198; Gilbert et al. 2012; Ingold 2000: 380; Tsing 2019). Essas abordagens relacionais destacam o emaranhado de interdependências das quais a diversidade biológica emerge. O processo coevolutivo, nesses termos, investiga mais do que os nós da história, com seus incrementos populacionais, número de descendentes, variação de *fitness* ou taxas de mutação, conjugados aos acontecimentos e relações ao longo desse tempo evolutivo. Os vegetais, desse modo, aguçam nossa memória sobre o codesenvolvimento de suas histórias de vida e nossas histórias de gente.

O objetivo deste ensaio é uma aproximação desse outro diálogo de apreciação da complexidade do processo de domesticação: como as estratégias de vidas humanas influenciam as estratégias de vida dos vegetais e, de forma recíproca, como vegetais animam as trajetórias humanas. Para isso, utilizo minhas próprias observações etnobotânicas sobre as árvores de cuias em 36 municípios ao longo dos rios Solimões-Amazonas, Negro, Branco e Madeira na bacia amazônica, entre os anos de 2010 e 2014, complementadas com levantamentos bibliográficos, desenhos, fotografias e análises da diversidade morfogenéticas das árvores.

DOS CUIUPIS ÀS CUIAS PARA TODO MUNDO

A manhã era fresca na palhoça da velha dona Ana no Alto Rio Negro, um lugar onde a história é viva e a gente é parte dessa continuidade. Dona Ana explicava que "antes tinha o [povo] Cuchi, depois teve Baré escravizado vindo de Manaus pra cá na época do cumaru, da balata, do pau-rosa. Muitos se esconderam no [rio] Xié. Agora somos nós". Terra de gente poliglota, de encontros e desencontros estrangeiros. No início desse mundo havia dois tipos de cuia: a cuia de tapioca e a cuia de ipadu (Ribeiro 1995). Embora possam ser classificadas como pertencentes à mesma espécie botânica (*Crescentia cujete*), uma estaria ligada ao uso diário, ao passo que a outra era usada como veículo de acesso ao mundo espiritual em decorrência do consumo de ipadu (*Erythroxylum coca* var. ipadu) e *gaapi* (cipó *Ba-*

nisteriopsis caapi). Os pesquisadores indígenas atuais da região também destacam essa especificidade funcional (Desano 2019). Assim, distinguem-se até hoje dois tipos de árvore no Alto Rio Negro: as árvores de cuiupis e as de cuias, que recebem nomes diferentes pelos falantes da língua tukano **[FIG. 8]**. Dona Ana me explica que os cuiupis no Alto Rio Negro são plantios muito antigos dos Cuchi, e os galhos foram trazidos da beira do rio Cassiquiari (afluente do rio Orinoco, na fronteira entre Colômbia e Venezuela), onde o cuiupi "tem na natureza", pois cresce sozinho em abundância. Já a cuia redonda, diz-se que veio de Santarém ou de Manaus, com o povo Baré nas migrações forçadas que marcaram a colonização do rio Negro (Andrello 2010). Os homens mais velhos atestam que em Manaus só tinha cuia. De lá, uma família chamada Coimbra chegou trazendo gado e enriqueceu vendendo cuias redondas no Alto Rio Negro. Cuias e cuiupis diferem na origem e também nos ritmos de vida. As árvores de cuiupi frutificam durante a estação chamada *kipuwahro* (Maia 2016). Antes de produzirem frutos, perdem todas as folhas uma vez por ano. A árvore de cuia, diferentemente do cuiupi, mantém as folhas e a produção de frutos durante todo o ano.

OS CONTRASTES DE DIVERSIDADE NOS FORMATOS DOS FRUTOS

O acervo de frutos, com seus formatos diversificados, varia ao longo da distribuição geográfica da árvore nos quintais (Arango-Ulloa et al. 2009; Aguirre-Dugua et al. 2012; Moreira et al. 2017a). O cuiupi, tão conspícuo para qualquer pessoa que passe pelos quintais no noroeste da Amazônia, ainda não foi registrado no México (Moreira et al. 2017a). Mesmo nas histórias de origem narradas pelo povo Maya (*Popol Vuh*), que ocupou a península mexicana de Yucatán, não há registro de cuias com formatos diferentes, como relatado no rio Negro no Brasil. Ao contrário, o povo Maya tem uma longa história de preferência por frutos perfeitamente esféricos, usados como xícaras, tanto no cotidiano como em rituais (Aguirre-Dugua et al. 2012 e 2013; Moreira et al. 2017a). Essa forte seleção contrasta com o gosto pela diversidade das coleções cultivadas no noroeste da Amazônia, como descrito também nos acervos de mandioca (Rival & McKey 2008; Van Velthem & Emperaire 2016). É nessa região que se observa a maior concentração de diferentes formatos de cuias encontradas até o momento na Amazônia brasileira (Moreira et al. 2017a), e ela corresponde justamente à área de vida das mulheres kokama, kambeba, yurimágua, exímias artesãs de cuias das águas barrentas e férteis do Alto Rio Solimões (Rodrigues-Ferreira 1933; Métraux 1948). A distribuição do acervo de cuias mostra que a especialização na produção técnica e artística do noroeste amazônico está associada à diversidade da matéria-prima, e não à sua forte seleção, como descrito com relação à Mesoamérica (Moreira et al. 2017a). Provavelmente, a prática de preparar e pintar as cuias com *cumatê* (resina de diversas espécies botânicas) partiu do Alto Solimões em redes de trocas e comércios disseminadas ao longo do rio, até ganhar fama em Santarém e em Monte Alegre entre os europeus no Baixo Amazonas (Rodrigues-Ferreira 1933). Nessa porção mais oriental da Amazônia, a produção comercial de cuias permanece até hoje, e é considerada essencial para a reprodução social em Santarém (Santos 1982; Carvalho 2011; Almeida 2013). A especialização nessa região tem preferência por cuias esféricas, chamadas *paranãs*, vendidas a restaurantes para o consumo de tacacá (Moreira et al. 2017b). A forte seleção de formatos que marca a história do povo Maia na Mesoamérica é igualmente observada em Santarém e em Monte Alegre e nos dá uma ideia das preferências culturais e demandas desses antigos centros urbanos e artísticos pré-colombianos.

MEMÓRIAS E PRESENÇA NO COTIDIANO

As árvores de cuia marcam presença em quase todos os vilarejos ao longo dos rios amazônicos estudados (Moreira et al. 2017b), apesar da introdução de produtos industrializados, como alumínio e sobretudo o plástico **[FIGS. 9, 10 e 11]**. Em geral, apenas uma ou duas árvores servem toda a comunidade. No entanto, são especialmente abundantes ao longo do rio Solimões-Amazonas. Cada vilarejo no Alto e no Médio Rio Solimões mantém de vinte a trinta árvores. Nas várzeas do rio Amazonas na região de Santarém, em decorrência do interesse econômico pelo artesanato, cada casa pode estar rodeada de dez a vinte árvores, que chegam a cem anos, mantidas como herança dos familiares antigos. Assim, as árvores costumam remeter a lembranças de um passado não muito distante. Os descendentes de extrativistas que viveram as migrações em busca das "drogas do sertão" relatam que o plantio da árvore de cuia "marcava a terra" em lugares "desertos e de gente braba". Esse foi o caso das famílias que vieram do rio Juruá no começo do século XX para trabalhar na extração de sorva (*Couma utilis*) no Amanã, perto de Tefé no rio Solimões. Moravam todos na Maloca de Monte Ararat e lá se plantou um pé de cuia trazido da várzea mais próxima no rio Solimões. Foi dessa árvore que se originaram todas as outras na comunidade atual. Em Santarém, as cuias de hoje coexistem entre as seringueiras (*Hevea brasiliensis*) plantadas nas várzeas alagadas do rio Amazonas e rememoram a tensão entre portugueses e povos nativos durante a revolta da Cabanagem (Pará, 1834–36). Conta-se que, quando os portugueses moravam ali [Aritapera], se enterrava tudo, ouro, "tinha até santo enterrado". A árvore de cuia delimitava territórios, servia de divisa, marcava a presença de uma família – assim se resume: "Como o Incra faz hoje, antes era a cuieira".

A ÁRVORE QUE CUIDA DOS HUMANOS

Além de utensílios no dia a dia, a árvore de cuia faz parte das estratégias de cura e promoção de saúde dos humanos. Apesar das transformações das práticas terapêuticas inerentes à história da Amazônia, em face das frentes de evangelização (Vilaça 2008) e de políticas de assistência à saúde desconectadas dos saberes locais (Athias 2007), é notável o conhecimento disperso de diversas propriedades terapêuticas atribuídas à polpa dos frutos verdes, às folhas, à casca e às flores da árvore de cuia. Embora o conhecimento seja raro, mencionado por poucas mulheres especialistas, certas propriedades medicinais são compartilhadas entre regiões amazônicas (Otero et al. 2000; Acostupa et al. 2013), mas também no Caribe (Volpato et al. 2009), na Ásia e na África (Morton 1968). Dentre elas, inclui-se o uso da polpa verde para tratar catarro, resfriado, febre, como cicatrizante de feridas e anti-hemorrágico em picadas de cobra; as folhas contribuem para o melhor funcionamento dos rins; com o sumo das flores amornadas trata-se dor de ouvido, e a casca é utilizada para curar diarreia. Também são mencionados tratamentos associados à fertilidade feminina. Assim as mulheres contam as crenças ligadas à cuia: “Faz mal brincar com a cuia pois fica peituda”; para engravidar, prende-se um prego na cuia. A polpa é usada para tratar infertilidade ou “útero frio” em Cuba (Volpato et al. 2009) e na República Dominicana (Vandebroeck et al. 2010). O uso de cuias aquecidas para tratamento do pós-parto e de cólicas foi relatado no Médio Solimões e no Alto Rio Negro. Ela também é mencionada na foz do Amazonas, em preparações quando se deseja ter apenas um filho (Coelho-Ferreira 2009), o que sugere propriedades abortivas. De todo modo, essas aplicações remetem às narrativas míticas do Alto Rio Negro, nas quais a cuia representa a fecundidade (Desano 2019), o que indica certa continuidade entre as práticas atuais com percepções terapêuticas ancestrais na Amazônia. O uso da árvore se estende ainda aos recém-nascidos, em banhos de benzimento. O banho com folhas da árvore de cuia, mencionado no Alto Rio Negro e por descendentes dos escravizados africanos no Suriname (Ruysschaert et al. 2009), é indicado para a criança se desenvolver forte.

Ao longo da vida, a cuia é um dos objetos considerados essenciais nas culturas indígenas do noroeste amazônico (Maia 2016), usada como cinzeiro durante os benzimentos ou como o recipiente no qual se preparam e servem o ipadu e o caxiri (bebida alcóolica fermentada), seja no *kariamã*, que marca a passagem dos jovens para a vida adulta, seja nos *dabucuris*, em que ocorre o encontro de distintas comunidades. Palavras entoadas junto às cuias cheias de água, também relatado no Suriname (Van Andel et al. 2013), fazem parte das antigas práticas indígenas de cura no noroeste amazônico (Athias 2007). O instrumento de cura se efetiva igualmente pela ressonância das palavras ecoando entre a cuia, a forquilha e a fumaça do cigarro, propiciando perturbações afetivas (Athias 2007; Desano 2019). Sem esses objetos, a pessoa nasce fraca, debilitada, tanto física como mentalmente (Maia 2016).

ONDE TEM, MAS ACABOU

A ocorrência das árvores de cuia não é uniforme e mesmo sua ausência carrega significado. À margem esquerda do rio Negro, próximo a Barcelos, abundantes reboladas das palmeiras de piaçabas (*Leopoldinia piassaba*) movimentam enorme comércio de fibras. As encomendas e cobranças dos patrões da piaçaba não cessam nem na madrugada. Brigas, superexploração, coerção, endividamentos e alcoolismo, heranças do sistema de aviamento, perduram na Amazônia (Aubertin 2000; Menezes 2019). As famílias de extrativistas tornam-se "clientes" ou "fregueses" e negociam a fibra vegetal em troca de mercadorias, que vão desde farinha de mandioca, tabaco, querosene e salsicha até cachaça. Mesmo o tradicional tempero colorau, feito à base de urucum (*Bixa orellana*), é substituído pelo produto industrializado (Moreira et al. 2015). A árvore de cuia é raridade por ali. Não se tem nem lembrança de qual vilarejo teria algum pé para mostrar. Dizem que cuia (nem cuiupi) não nasce ali, "não aguenta a cheia do rio, a saúva come, nem de semente vinga", mas que havia no sítio velho, que foi abandonado para se trabalhar no piaçabal. E, assim, a família permanece meses nas colocações de piaçaba. Algumas mulheres resistem, tecem crochês coloridos e guardam nas prateleiras as cuias em que servem mingau quando alguém está doente, afinal comida que se serve na cuia é benzida e fica mais gostosa que no plástico. As cuias prontas que chegam a esses vilarejos vêm da cidade de Barcelos, "onde se vende muita cuia". A fonte é guardada por senhoras nos quintais urbanos apertados e apinhados de plantas. Dona Helena se pergunta por que o pessoal do interior não planta, uma vez que a única coisa a se fazer é colocar o galho na terra. Ela dá frutos de cuia para quem pede, até Yanomami veio pedir, relembra. Descendo um pouco mais o rio, já perto de Manaus, na região do Cuieiras, apesar de o nome levar a fama, a árvore de cuia também é raridade. Cerca de cinquenta casas, muitas delas fechadas porque as pessoas foram para Manaus, lembram um bairro distante do centro da capital. Um morador que trabalhava para patrões do látex da seringa se lembra do tempo em que as cuias serviam de prato e os galhos eram usados para bater nos filhos: "passava no fogo pra ficar mais macia, doía mais".

AS ASSINATURAS GENÉTICAS E AS ROTAS DE DISPERSÃO

Em um vilarejo no Alto Rio Solimões mora Rosa, que no intervalo entre o culto da Igreja pentecostal e uma visita ao irmão professor da língua kambeba, explica num tom bem-humorado, em seu quintal, que a origem das cuias são as comadres. E ela resume: "Planta é que nem gente. É tudo igual a nós". Se as plantas são suas companheiras e circulam juntas, é provável que as rotas de dispersão de ambas se sobreponham. No caso das cuias, isso é ainda mais esperado porque seus frutos de casca dura não liberam sementes facilmente, e os antigos mamíferos gigantes, hábeis em abrir seus frutos, foram extintos no Pleistoceno (Janzen & Martin 1982). As trocas que eventualmente ainda ocorram no presente pouco ou nada interferem na construção do perfil genético das cuias, uma vez que o sistema de sua propagação é raro na atualidade. Na maioria dos casos, usam-se árvores já plantadas pelos antigos, e a circulação de mudas, quando acontece, ocorre de forma muito local, entre comunidades próximas, mesmo nas regiões com interesse econômico pelos frutos. Desse modo, o perfil genético atual das cuias pode refletir a rede histórica de circulação humana de seus propágulos. A análise do genoma indicou pelo menos duas rotas de dispersão na bacia amazônica: os cuiupis a oeste e as cuias a leste (Moreira et al. 2017a). Os cuiupis do Alto Rio Negro na Amazônia são, em termos genéticos, muito aparentados às cuias redondas do México, um perfil que reflete a dispersão, provavelmente a partir da bacia do rio Orinoco, tanto em direção ao México como para a Amazônia. Essa rota, reconhecida pelos relatos dos moradores atuais no noroeste da Amazônia (via rio Cassiquiari), é uma área histórica de intercâmbio de plantas (Schultes 1957; 1984) e pessoas, em parte Arawak (Hornborg 2005; Eriksen & Danielsen 2014). A dispersão do cuiupi na Amazônia expandiu-se especialmente no oeste da bacia, ao longo dos rios Negro e Solimões até o rio Madeira (com base na distribuição do haplótipo H2 descrito em Moreira et al. 2017a). A região leste (Médio e Baixo Amazonas) é geneticamente distinta e sugere uma segunda possível dispersão, acredita-se que do Caribe à costa da Venezuela e Guianas.

Essa dispersão a leste da bacia também se expandiu pelo Médio Rio Negro (com base na distribuição do haplótipo H5 descrito em Moreira et al. 2017a), o que curiosamente remete aos relatos da chegada ao rio Negro das cuias redondas vindas de Santarém no período colonial, como já mencionado.

A CONEXÃO ENTRE QUINTAIS E FLORESTAS ALAGÁVEIS

A conexão entre quintais e florestas alagáveis é outra importante rota na história da diversificação das árvores de cuias. A paisagem dos quintais se mistura à vegetação da floresta de várzea que circunda as casas durante a cheia do rio e a frutificação nas florestas alagáveis (Parolin et al. 2010). Os frutos da floresta, dispersos pela água durante a cheia do rio, depositam-se no chão dos vilarejos quando o nível da água baixa. Em razão dessa dinâmica do rio, nascem nos quintais árvores de cuia que produzem frutos menores, que cabem na palma da mão, reconhecidos pelos moradores como aqueles que "o rio trouxe". Trata-se de uma espécie irmã da cuia mais conhecida (*Crescentia cujete*), classificada como *Crescentia amazonica*, ou cuia-do-igapó, em referência a ambientes permanentemente alagados (Irion et al. 1997). O botânico Adolph Ducke (1946) se perguntou se *Crescentia amazonica* não seria, finalmente, o parente silvestre desconhecido da cuia do quintal. Já o botânico Gentry (1980) especulou se seriam formas ferais de *Crescentia cujete*, desenvolvidas de sementes que escaparam dos quintais para as áreas alagáveis.

O fato é que a cuia-do-igapó é silvestre apenas para os botânicos, pois é velha conhecida das famílias ribeirinhas. Na Guiana, a população local Arawak percebe uma relação muito próxima entre essas espécies, em que a *Crescentia amazonica* é considerada uma entidade feminina (*watermomma calabash*) que representa a "sombra" do tipo cultivado no quintal (Van Andel 2000). Os pescadores do Alto e do Médio Solimões encontram moitas de cuia-do-igapó, cujos frutos de casca mole são usados como isca para peixes (tambaqui, pacu, aracu, parauaçu). Nas "cuinhas" ou "baldinhos", usados como brinquedos (carrapetas), também se serviam pequenas doses de remédio para crianças. A polpa amornada, utilizada em casos de "ovo retido", trata os testículos de crianças.

No Brasil, são encontradas nos chavascais localizados nas cabeceiras dos igarapés, lugares sempre alagados em que a água é mais calma e onde se formam moitas de plantas macrófitas flutuantes (*bololô*), nas quais se depositam frutos e sementes. No rio Madeira, a corrente da água traz partes desses *bololôs*, que se depositam na beira dos barrancos, onde se desenvolvem árvores de *Crescentia amazonica*. Na seca, os frutos servem de alimento para o gado e regeneram-se ao redor dos currais suspensos (*marombas*) em meio à floresta alagável da região de Manaus, nos canais do rio Solimões (canal do Xiborena, lago do Camaleão, lago Catalão), e no rio Amazonas, em Santarém.

A diferenciação das duas espécies onde elas coexistem não é fácil. Alguns indivíduos de *Crescentia amazonica* que crescem perto das casas têm frutos maiores, de modo que se parecem com as cuias pequenas e de casca dura de *Crescentia cujete* (Moreira et al. 2017b). Esses indivíduos são chamados de maracazeiros, segundo uma artesã da região de Santarém: "O maracazeiro é a mesma coisa que a cuia-do-igapó, só que fica maior". Uma das hipóteses para o aumento do tamanho dos frutos é o fluxo gênico promovido por morcegos que intercambiam pólen de ambas as espécies nos quintais (Moreira et al. 2017b), de maneira que as árvores de cuias *maracás* são indivíduos geneticamente híbridos de *Crescentia amazonica*, com frutos duas vezes maiores do que os encontrados na floresta (Moreira et al. 2017b). A recíproca também acontece: árvores de *Crescentia cujete* híbridas desenvolvem frutos menores quando sob influência da espécie florestal; são chamadas cuias *paranã*, as preferidas no consumo do tacacá na Amazônia oriental. O maracazeiro e as cuias *paranãs* são exemplos paradoxais, uma existência ao mesmo tempo silvestre e doméstica que mostra a interdependência entre espécies e ambiente no processo de domesticação. Assim, nenhuma das hipóteses (Ducke 1946; Gentry 1980) sobre a trajetória evolutiva das cuias foi corroborada. O perfil genético de *Crescentia amazonica* é bastante distinto do da *Crescentia cujete* (Moreira et al. 2016, 2017a). Isso mostra que elas divergiam fazia muito tempo, provavelmente antes do início dos cultivos de plantas nas Américas, por volta de 11 mil anos atrás (Piperno 2011). Embora sejam espécies distintas, a barreira reprodutiva entre elas é tênue, o que desencadeou tipos específicos com mudanças no tamanho dos frutos em ambas as espécies, que são percebidos e usados pelas pessoas com diferentes finalidades (Moreira et al. 2017b). A diversidade dessas árvores emerge, portanto, associada aos modos de vida nas regiões alagáveis.

COEVOLUÇÃO ENTRE AS ÁRVORES DE CUIAS E GENTE

Os perfis morfológicos e genéticos das cuias são composições históricas de séculos de uso e circulação da árvore, em coevolução com as dinâmicas dos rios, dispersores extintos, polinizadores, arranjos sociais e econômicos ao longo do tempo e do espaço na Amazônia. De forma recíproca, as árvores domesticaram os gestos, o fazer com as próprias mãos, e marcam momentos da vida de centenas de famílias ribeirinhas. É uma espécie companheira dos ritos e da promoção de saúde, pois retrata a relação com a casa, o lugar de pertença, o cuidado de si, o gestar e o produzir o que é necessário à vida. Sua ausência na Amazônia não se dá necessariamente por limitações ecológicas para seu cultivo, mas reflete as relações das pessoas com a árvore. No caso da história extrativista violenta na Amazônia, a atenção se volta para o produto pronto, como a comida ensacada, a vasilha de alumínio ou de plástico facilmente descartada e substituída. O modo de vida industrializado ignora o sagrado, que é imanente ao que se faz com as mãos, e mecaniza os gestos. A integração dessas histórias nos mostra que as árvores de cuia ocupam lugares de memória, pois são registros vivos do passado, em contínua coevolução e reciprocidade entre nós e os vegetais.

10 A DESCOBERTA DO *MANHAFÃ*

SEGUINDO A TRILHA DA FLORESTA COM OS MURA[1]

MARTA AMOROSO

> *Ninguém passeia impunemente sob palmeiras.*
> — GOETHE, *As afinidades eletivas*

Em minha última estada na localidade de Cacaia, na Terra Indígena Cunhã-Sapucaia (TICS, Amazônia) em 2016, fui surpreendida por um convite. O casal Suly Bentes e Raimundo Gama me levou a conhecer o *manhafã* **[FIG. 14]**, tuberosa muito antiga que, como me explicaram, *boiava* na superfície do solo, no caso, a aldeia abandonada de Cunhã, no rio Preto do Igapó-Açu. Cipó não cultivado que fornece aos Mura uma batata gigante com a qual se fabricam goma e grolados, o *manhafã* (*Casimirella* spp.) poderia ser associado a uma "cápsula do tempo", assim como se fez recentemente com os castanhais de castanha-do-brasil (*Bertholletia excelsa*) cuidados pelos Mura (Caetano-Andrade 2019). Tais vegetais não cultivados ecoam histórias de relações multiespecíficas dos Mura com os demais existentes da floresta. Em contraponto ao relato colonial sobre bandos Mura assaltando roças dos povoados, premidos pela fome,[2] as narrativas sobre o *manhafã*

1 A pesquisa realizada junto aos Mura da Terra Indígena Cunhã-Sapucaia (Borba, AM) foi desenvolvida no âmbito das atividades do Núcleo de Apoio à Pesquisa CEstA.USP e contou com o suporte do CNPq (bolsa produtividade).

2 As notícias coloniais sobre os Mura, os "corsários do rio Madeira", tratam de sua surpreendente territorialidade, que cobria toda a Amazônia central, do Atlântico ao Pacífico. Em Sampaio (1825: 15), encontramos a associação entre assaltos dos Mura *gentio de corso* aos povoados e des-

qualificam os deslocamentos dos forasteiros Mura pela Amazônia central em termos de fartura, assim como destacam o valor da alimentação à base de caça e de pesca assadas, mingaus das frutas das palmeiras, de beijus, grolados e pães de massa assada produzidos em acampamentos. A batata *manhafã* aviva em sua forma exorbitante as concepções e práticas dos Mura relacionadas ao manejo do solo, noções compartilhadas entre gerações. O cipó da *Casimirella* spp. atua para os Mura como índice da temporalidade da Terra Indígena Cunhã-Sapucaia ao aludir às trilhas na floresta percorridas pelos antigos, às aldeias do passado atualmente desocupadas ou ainda ao indicar para as horticultoras mura as famosas Terras Pretas de Índio da Amazônia (TPIA), que os cientistas qualificam como trechos irregulares de solo fértil na Amazônia associados a ocupações humanas do passado.

As espécies vegetais companheiras dos Mura são como os livros de uma biblioteca: constituem o requisito básico de acesso irrestrito à matéria passada da ciência selvagem do futuro (Lévi-Strauss 1962). Na arte de *cuidar/ter cuidado* da floresta e do rio, os vegetais não cultivados ganham destaque por fazerem *boiar* na superfície dos tempos enredos alternativos àqueles da agricultura sedentária. Pré-requisito indispensável ao projeto colonial, a agricultura sedentária praticada pelos povos indígenas foi valorizada, ao mesmo tempo que a identificação de sua ausência motivou a condenação de homens e mulheres ao trabalho compulsório no extrativismo. As espécies não cultivadas como o *manhafã* nos levam aos grandes deslocamentos, aos acampamentos de caça, pesca e extrativismo, às temporadas de coleta da castanha-do-brasil, às expedições pelo interflúvio do Purus-Madeira que marcam a trajetória de vida de meus interlocutores.

conhecimento da agricultura, quando tratando do rio Madeira afirmava o ouvidor: "É porém assaltado do Mura, gentio de corso, e que somente vive de caça, pesca e frutos do mato".

Na primeira parte deste artigo, destaco estudos sobre a batata *manhafã* e sobre os castanhais de castanha-do-brasil encontrados no sudoeste e na região central da Amazônia, que apontam a centralidade das plantas não cultivadas na dieta dos povos indígenas da região. Como as palmeiras e a taboca (*Guadua angustifolia*), as plantas não cultivadas são espécies companheiras dos Mura nos deslocamentos e sugerem a abordagem da antropologia das margens no sentido que Anna Tsing (2015b) vem nos convocando a empreender, a saber, de dar voz às espécies situadas para além dos cultivares familiares, dimensão marginal que abarca a diversidade ecológica sem a qual os seres humanos não sobreviveriam. Na segunda parte do artigo, as narrativas das horticultoras mura sobre o *manhafã* qualificam os deslocamentos em termos de redes fractais compostas de trilhas e lugares conhecidos relacionados à implantação dos roçados. Proponho que os deslocamentos territoriais, assim como as concepções e práticas em torno dos ideais da vida aldeã, se expressem por meio do termo *peiara*, "dono dos caminhos", conceito central das relações multiespecíficas na Amazônia central.

A *CASIMIRELLA* SPP.

A tuberosa *Casimirella* spp. atraiu recentemente a atenção dos antropólogos e biólogos (Mendes dos Santos 2016; Gomes Ribeiro 2018) que atuam no sudoeste da Amazônia por ser uma espécie não cultivada presente na dieta dos povos falantes das línguas pano e arawa antes da difusão, naquela região, das plantações extensivas de mandioca (*Manihot esculenta*). A *Casimirella* spp. foi descrita pelo naturalista inglês Richard Spruce com base nas pesquisas realizadas junto aos povos falantes das línguas tukano e arawá no Alto Rio Negro e no rio Purus. Mais recentemente, os estudos sobre a *Casimirella* spp. vêm destacando tecnologias de interações dos povos amazônicos com a floresta, estimulando a imaginação científica a perscrutar os caminhos dos grupos forrageiros. Spruce nos apresentou a *Casimirella* como uma espécie não cultivada na Amazônia, associada à dieta de carboidrato que os indígenas consumiam na forma de grolados e beiju, acompanhadas das frutas das palmeiras nativas e das carnes de pesca e caça. A história do contato no sudoeste amazônico envolvendo os Paumari e os Suruwaha (falantes das línguas arawá) e também os Apurinã (falantes da língua pano) aponta as radicais mudanças que sucederam à adoção pelos coletivos indígenas da agricultura sedentária implantada pela empresa extrativista. Destacando imagens de fartura que a dieta à base dos produtos da coleta propicia aos coletivos indígenas da Amazônia, tais estudos tecem críticas às teses apresentadas pela ecologia cultural do antropólogo J. Steward, baseadas na hipótese da pobreza de recursos da floresta tropical, e nos convocam a empreender, em um diálogo com a arqueologia da Amazônia (Neves & Heckenberger 2019), um modelo alternativo de manejo da floresta que, como se afirma, se situaria "longe da escravidão agrícola". No âmbito dessa reflexão interdisciplinar, a aposta consiste em repensar o conceito de coleta, de forma a destacar as técnicas de manejo dos ambientes de floresta, várzea, igapó e terra firme. O cenário multiétnico do qual participam por volta de vinte povos indígenas[3] na região do rio Purus oferece abundantes exemplos de manejo da floresta que não envolve a preferência pelo cultivo das roças sedentárias.

3 A *Casimirella* spp. é conhecida na região do Purus como *batata-mairá* ou *sucuruína*, e é identificada entre os Paumari como *mahirohã* ou *mahirahã*. Entre os Apurinã é chamada *mahyrem branca* e *mahyrem negra* e também *mauru* entre os grupos do Baixo Purus. Entre os Jamamadi, recebe o nome *jamu* e, para os Jarawara, é *fowe*. Os Deni conhecem-na como *zucá* (Mendes dos Santos 2016; Ribeiro 2018: 35).

A batata *manhafã* e o valor que os Mura atribuem às plantas "do mato" parecem acrescentar outros matizes ao debate. Minhas interlocutoras associam à tuberosa o valor indicial dos solos propícios para novas roças e, com estas, as possibilidades de implantação de novas aldeias, apontando assim para uma linha de continuidade nas classificações das plantas cultivadas e das não cultivadas. O *manhafã* evidencia ainda a rede reticular de trilhas e lugares conhecidos percorridos pelas parentelas e a memória das aldeias antigas, remetendo às temporalidades múltiplas das paisagens no Baixo Madeira.

ESCADA DE PAU

Naquele ensolarado domingo de julho, embarcamos logo cedo na canoa de Raimundo Gama e Suly Bentes, que levava também sua irmã Nelita Bentes e o filho dela, e navegamos até Cunhã. Essa aldeia foi implantada em meados do século XX em pleno ciclo de extrativismo da castanha-do-brasil, empreendimento conduzido por comerciantes citadinos com o apoio da Diretoria dos Índios, órgão tutelar que atuava arregimentando a força de trabalho dos Mura na coleta de castanha-do-brasil nos castanhais do rio Preto do Igapó-Açu (Amoroso 2013). Cunhã chegou a constituir nos anos 1930 uma das maiores aldeias mura daquele rio, reunindo uma dezena de unidades familiares. Desembarcamos em uma ponta próxima a Cunhã e caminhamos por uma trilha de terra em direção à terra firme, passando pela moradia abandonada de uma liderança, o último morador da aldeia. Como eu, que naquela ocasião fotografava o evento da descoberta do *manhafã*, as demais mulheres da expedição jamais estiveram diante de um exemplar de batata do mato como aquele, absolutamente extraordinário em suas dimensões plásticas e de tempo de existência, e que deveria pesar uma centena de quilos. Foi quando Nelita Bentes, antes de retirar uma pequena lasca da batata com o terçado e levar à boca para conferir o sabor, reduziu o volume da voz ao se dirigir ao *manhafã*, pedindo licença: "Licença, vovozinha".

"Era mais difícil, mas era melhor do que agora." O tempo em que Suly Bentes (2016) acompanhava os pais nas excursões pelo mato é lembrado como uma época de fartura:

> Naquele tempo era farto, só que não tinha farinha de mandioca. Fazia escada de pau para pegar babaçu, subia, cortava o cacho para baixo. Tirava o caroço, ralava, tirava a goma e fazia o beiju da goma, o mingau. Agora a facilidade, a escola, rabetinha para baixo e para cima. Agora é difícil, tem as facilidades.

O transporte ("as rabetinhas"), os salários, as aposentadorias figuram como um tempo de controle e restrições, comparado ao que a vida no mato dava acesso, por meio da escada de pau. A batata *manhafã* é comida do mato, associada à fartura que só os índios conhecem e a que só eles têm acesso.[4] Suly Bentes (2016) continua:

> Ninguém plantava roça, daí a gente tirava a batata *manhafã*. Aparecia, a gente cavava, cavava, ralava. Ela é igual uma mandioca. Ralava, torrava, para usar a goma, a massa não se usa. Fazia beiju. Essa batata só dá em terra preta, é forte e tem dela que dá desse tamanho [abrindo os braços em um arco], é redonda, vai para o fundo da terra. Esses novatos se criaram na facilidade. No tempo que me criei para ver motor era uma vez por mês. *Manhafã* é outro tipo de comida, antes da mandioca. Ela não é plantada, é do mato. Quando não tinha roça, ia buscar ela no mato. Mamãe conhecia. Dá bem goma. A batata cresce

4 Na expedição a Cunhã, indaguei a minhas amigas se certa mulher adulta conhecia o *manhafã* e ouvi de pronto: "Por certo, é índia!".

> no fundo da terra e o cipó sobe nas árvores. Quando fica grande, ela boia para riba da terra. É material da terra preta. Quando não tem roça, ou o roçado é pequeno, vamos lá e tiramos um pedaço. É do mato, não é plantada, encontramos quando procuramos a castanha.

O tempo da escada de pau e da fartura, do modo de vida dos antigos em contraste com o tempo das "facilidades" enganosas que atraem os Mura para as sedes dos municípios de Autazes e Borba, auxilia meus interlocutores mais velhos a formular uma definição de cultura indígena contrastiva, de conteúdo fortemente geracional, em que opõem a força de um modo de vida tradicional às opções que se apresentam aos mais jovens associadas às "facilidades" que distanciam os Mura da socialidade em torno da comida verdadeira: o assado na brasa compartilhado na beira dos igarapés e lagos, a comida produzida e consumida nos acampamentos e expedições. Uma liderança da Organização dos Professores Indígenas Mura (Opim), de Autazes, rememorava recentemente, em uma entrevista que me concedeu, que seu pai o levava ainda menino para temporadas de férias no rio Matupiri, onde os Mura, segundo ele, viviam o modo tradicional da cultura indígena. Nessas excursões, eles passavam os dias pescando e assando peixe na beira, dormindo em troncos de árvores onde buscavam estar a salvo dos ataques das onças, e se alimentavam dos frutos das palmeiras, em uma espécie de imersão temporária em certo modo de vida. A batata *manhafã* faz ainda "boiarem" narrativas de episódios onde se experimentou uma goma mal preparada, sem as devidas precauções, o que levou o grupo familiar a um estado onírico que me foi descrito como um grande "porre", em que os comensais permaneceram estirados na praia do rio muitas horas depois da refeição e foram despertados pelo barulho dos urubus se refastelando com os peixes pescados, recordação narrada em tom de anedota e que deixou os ouvintes mais velhos aterrorizados.[5]

Foi também em termos de um gradiente, mais do que de uma oposição rígida ou de etapas, que Lévi-Strauss propôs que pensássemos a separação entre plantas cultivadas e plantas selvagens. Em "O uso das plantas silvestres" (1950), ele expõe a dificuldade de distinção entre as plantas domésticas e as cultivadas, já que em ambas se interpunham práticas variadas de manejo. Ainda que não cultivadas, as tuberosas, as palmeiras e as castanheiras das florestas tropicais eram alvo de atenção dos povos indígenas, que com o manejo adequado propiciavam as condições para a eclosão dessas espécies apreciadas. Destacando as tuberosas como um dos principais desafios do laboratório ameríndio na floresta tropical, dada sua alta toxicidade, Lévi-Strauss (1958) chamava ainda atenção para a arte de dosar o veneno praticada pelos bandos de caçadores-coletores que no passado remoto atravessaram o Estreito de Bering e depararam com os enigmas da flora e da fauna da América do Sul.

O apreço dos Mura pela "comida do mato" passa pela biotecnologia e é orientado por valores éticos. A *comida verdadeira* a que a "escada de pau" dá acesso, e que consiste na alimentação à base de tuberosas e frutos das palmeiras, "sustenta" e contribui para o endurecimento e o fortalecimento do corpo,[6] valores éticos considerados fundamentais. Nos Yawanawá, corpos fortes que se

5 "O *manhafã* se lava em sete águas", comentava preocupado o finado Manoel Tiago naquele fim de tarde em Sapucaia. R. Spruce (apud Ribeiro 2018) apontava o alto teor de toxinas na *Casimirella* spp., exigindo para o seu consumo cuidadosa depuração.

6 "Pela manhã costumavam tomar vinho de bacaba ou de buriti com beiju-cica e mataparu", lembra com saudade a anciã da aldeia da cuia das comidas da sua casa. "Atualmente são utilizados no café da manhã bolacha, rosca, pão, coisas dessa natureza que nem sustenta. O óleo para usar na cozinha era tirado do caroço do babaçu" (Silva et al. 2008: 71).

expressam pela capacidade de trabalho e pela ética da generosidade são valores que contrastam com corpos fracos construídos com comida industrializada da cidade, corpos que resultam das "facilidades" e de seus caudatários: a preguiça e a avareza (Peres Gil 2013). Ainda sobre os valores da comida do mato, a autora fornece uma interessante extensão das potencialidades de tuberosas como o *rarë*, vegetal não identificado com o qual os Yawanawá fabricam o colírio para a dieta do *muká*. Preparada como bebida, a batata *rarë* propicia visões aos aldeãos. Para o caçador que prepara seu corpo com a dieta do *muká*, à base de *rarë*, o efeito desejado é "amansar" a presa, que não percebe sua aproximação.

MEMÓRIA DE ENTRELAÇAMENTOS

"Cápsulas do tempo" é como Victor Lery Caetano-Andrade (2017) nos propõe pensar a antiguidade dos castanhais de *Bertholletia excelsa* Bonpl. Seu trabalho de ecologia histórica mobiliza técnicas da dendrologia para analisar os anéis de crescimento das castanheiras, de forma a reconstituir sua história, ao mesmo tempo que empreende em paralelo uma reflexão sobre as mudanças no padrão de manejo da floresta, tomando como referência a história do contato dos Mura, antigos moradores da região dos castanhais focalizados no estudo. Os Mura ocupam, assim, o centro do debate sobre preservação da floresta na Amazônia central. Caetano-Andrade (2017) reconstruiu trezentos anos de dinâmica populacional de um castanhal no município de Careiro da Várzea, levando em consideração informações sobre a história dos conflitos que resultaram na expulsão dos Mura daquela região na época da Cabanagem.[7] Ele observa que, de-

7 O estudo refere-se especialmente às mudanças históricas ocorridas na região de Careiro nas primeiras décadas do século XIX, no contexto da

pois do século XIX, o recrutamento e as taxas de crescimento da *Bertholletia excelsa* foram fortemente reduzidos, por efeito das mudanças nas práticas de cuidados dos castanhais até então empreendidas pelos Mura.

Árvore emergente na Amazônia, a *Bertholletia excelsa* é encontrada nas florestas de terra firme e chega a alcançar sessenta metros de altura e três de diâmetro. Espécie hiperdominante na floresta, apresenta a tendência de formar agrupamentos, os castanhais. O estudo de Caetano-Andrade dá voz aos castanhais, que guardam a memória das parcerias de que os Mura participavam. Nos anéis de crescimento das árvores ficam registrados os acontecimentos de mudança na forma dos cuidados: o controle dos incêndios, a abertura das trilhas e principalmente o trabalho de limpeza das clareiras, o que possibilita o desenvolvimento das árvores trazendo luz para o sub-bosque, tipo de perturbação ambiental que garante condições favoráveis para o crescimento das castanheiras. Observando os anéis anuais de crescimento de um indivíduo adulto, o estudo pôde descrever os períodos de variação e identificar mudanças de padrão. A ecologia histórica busca aqui entender a dinâmica da floresta amazônica em meio a perturbações ambientais diversas. Nesse contexto, os ecologistas definiram a *Bertholletia* como resultado de uma ação antrópica milenar, isto é, as práticas indígenas, que, pela escolha das espécies e a limpeza dos castanhais, viabilizou o desenvolvimento do conjunto de árvores.

Caso fossem consultados, os Mura talvez concordassem em muitos pontos com as análises da ecologia histórica. Diriam, coincidindo com as descrições dos cuidados que os ecólogos atribuem aos povos pré-colombianos, que fazem o mesmo, que

revolta da Cabanagem (1835–1840) e de aceleração das atividades do extrativismo da borracha, que expulsaram os Mura dos castanhais focalizados (Caetano-Andrade 2019).

mantêm as trilhas e os castanhais periodicamente limpos a fim de propiciar "bom ambiente" para as plantas e o acesso das famílias que neles acampam entre os meses de janeiro e março, época da colheita da castanha.[8] Afirmariam, entretanto, afastando-se da noção de domesticação da floresta (Clement et al. 2015), que jamais *cultivaram* os castanhais, contrapondo-se nisso à tese da antropização da floresta, já que, como me explicaram, os castanhais de *Bertholletia excelsa* são cultivares de outros viventes, como a cutia (*Dasyprocta*), sem possibilidades de interferência dos horticultores e horticultoras Mura no seu plantio. Um segundo ponto de divergência refere-se à noção de mudança cultural sob impacto da colonização desses estudos. Para a ecologia histórica, a mudança promovida pela colonização delineia a etapa de um tempo anterior ao contato ao qual corresponderiam certas práticas culturais, abandonadas pelos povos indígenas na Amazônia central depois da conquista. Os Mura apreciam apresentar-se como responsáveis pelos cuidados das espécies vegetais e animais, entretanto não assumem o protagonismo de tais ações, uma vez que sua ecologia política remete ao perspectivismo multinaturalista, ao xamanismo vegetal (Viveiros de Castro 2015; Shiratori 2019) e às abordagens sobre relações de maestria (Fausto 2008; Kelly & Matos 2019), amplamente descritas pela etnologia amazônica nas últimas décadas.

8 Entre as técnicas de cuidados dos antigos castanhais, consta a busca de orientação junto aos técnicos da Embrapa (Empresa Brasileira de Pesquisa Agropecuária) que já visitaram os castanhais dos Mura da Terra Indígena Cunhã-Sapucaia a convite dos moradores e que recomendaram a aplicação de enxofre nas árvores que deixaram de dar frutos. Ainda assim, mobilizando as técnicas de agropecuária nos castanhais, não se trata, do ponto de vista dos moradores da Terra Indígena Cunhã-Sapucaia, de reivindicar para a humanidade a ação de domesticação dos castanhais.

É preciso, assim, situar-se na dimensão simpoiética (Haraway 2016b) das concepções e práticas dos Mura sobre as tuberosas e horticulturas em geral. As campinas amazônicas, na definição dos ecólogos, são ecossistemas que há pouco mais de dez anos têm motivado políticas de preservação ambiental, ações polêmicas que chegaram a expulsar aquele povo da floresta banhada pelo rio Matupiri depois da criação do Parque Estadual (ParEst) Matupiri, em 2009 (Amoroso 2016). Os Mura reconhecem como "campos da natureza" esses cenários de extrema beleza constituídos por campinas baixas, areais, vegetação rasteira, e atribuem a particularidade de sua fauna e flora ao regime de maestria que rege tais domínios identificados aos *peiara* dos animais, cujos *xerimbabos* são mantidos a salvo em refúgios incrustados na floresta. Os "campos da natureza" fornecem um modelo reduzido do cosmos, ao mesmo tempo que sugerem uma reflexão sobre a temporalidade e a espacialidade implicadas na ecologia política dos Mura, já que a tais domínios não se atribui localização fixa no tempo ou no espaço. Frequentemente, os "campos da natureza" deslocam-se pela ação dos *peiara*, os "donos" das espécies, que conduzem a complexidade das relações interespecíficas de animais, plantas e microrganismos ameaçados rumo a outro lugar "onde é bom de se morar". A dimensão simpoiética dessas concepções e práticas nos instiga a "seguir com o problema" no Antropoceno (Haraway 2016b) e a conduzir investigações sobre biomas amazônicos com os Mura, como as campinas e os solos de terra preta, e levando a sério as teorias nativas.

A cartografia da territorialidade delineada por pesquisadores yanomami (Albert & Le Tourneau 2007) situa os deslocamentos desses coletivos em termos de uma rede reticular constituída de trilhas e lugares conhecidos e nomeados. Também para os Mura o modelo da rede reticular qualifica a cartografia cultural em termos de "memórias de entrelaçamentos" antigos, revisitados e constantemente cuidados pelas parentelas com os demais existentes. Assim como os castanhais, que contam histórias de entrelaçamentos antigos dos Mura com os vegetais não cultivados, baseados nos cuidados e no respeito, a batata *manhafã* é também indicial em distintas dimensões e escalas. Ela sinaliza as qualidades do solo e caminhos conhecidos, como nas proximidades do lago Grande, região onde se abastecem de taboca, lugar antigo, identificado como Manhafã, que figura nos mapas elaborados pelos Mura.

PEIARA E AS POLÍTICAS MULTIESPECÍFICAS DA CONSIDERAÇÃO

"O Mura está em toda parte", afirmou uma liderança mura, para a seguir recomendar que eu conduzisse as reflexões sobre os deslocamentos no território dentro do campo da política da consideração, a política dos *Tuxaua*. Sobre as habilidades do tuxaua mura, de arregimentar relações e se colocar à frente nos embates, foi dada esta explicação por um morador da Aldeia Piranha (apud Amoroso 2013):

> Em nossa linguagem, nós *tuxaua* velhos do Igapó-Açu somos *peiara*, nós vamos à frente para o bando não andar morrendo à toa, assim como os bichos, que também vão sempre atrás de um *peiara*. O *peiara* é o que passa mal, o que tem que sentir a batalha. Os que seguem devem obedecer à sua linguagem. Com os bichos também é desse modo: quando se mata o que vem na frente, o bando se espalha; se quer acabar com o bando, mate o *peiara*.

O termo *peiara*, o "dono dos caminhos", do tupi *pe* = caminho e *iára* = dono (Muller et al. [1756] 2019), aquele que conduz a parentela e funda as novas aldeias,[9] assim como a expressão *Mura-Peara*, foi

9 Grafado também *piwara* nos primeiros estudos da etnologia dos povos falantes das línguas tupi, o termo é glosado como "espírito dos animais",

amplamente adotado pelas organizações indígenas mura no fim da década de 1990, no contexto dos trabalhos de demarcação das Terras Indígenas, para destacar o papel político dos *tuxaua*, lideranças mais antigas das aldeias. O destaque fica para a capacidade performática do *tuxaua / peiara* de influenciar, cuidar e seduzir (Lima 2005, Kelly & Matos 2019). A gramática dos donos / mestres permeia igualmente as relações multiespecíficas dos Mura com os animais, em termos de uma cosmopolítica da consideração expressa nos cuidados. Afirmam os Mura a respeito dos *peiara* dos animais que eles moram "só onde é bom": ele se afasta de onde ocorreu uma queimada, levando suas crias, seus *xerimbabo*. Lagos e igarapés explorados pelos barcos comerciais de Manaus e de Borba antes da demarcação das Terras Indígenas Mura foram abandonados pelos peixes, por ação dos *peiara*. Notaram meus interlocutores que, nos anos que se sucederam à demarcação, os cardumes de peixes voltaram, reconduzidos pelos *peiara*. No contexto de uma caçada, trata-se do indivíduo da espécie que segue na frente do bando de porcos-do-mato, veados ou macacos, presas perseguidas pelos Mura, colocando-se nos embates e protegendo seus *xerimbabo*.

Na abertura de uma roça de coivara são postas em operação habilidades da comunicação multiespecífica voltada para os domínios subterrâneos, onde jazem as raízes das plantas. Um roçado se inicia em torno de um casal influente que atrai para as aldeias os parceiros do *ajuri* ou *puxirum* (mutirão). Para os insetos que se quer manter afastados, as horticultoras Mura dirigem preleções e delicados manejos, como a indicar que os gafanhotos sigam em outra direção, longe dos cultivares. Negociações voltadas para as plantas cultivadas situam os vegetais no circuito das entidades relacionais eivadas de subjetividades para as quais se aciona o tratamento do parentesco (Morim de Lima 2017). As comunidades

"mestre" ou "dono" dos animais, indivíduo da espécie que conduz o bando (Wagley & Galvão 1955).

Mura de Autazes (AM) guardam lembranças das festas associadas ao ciclo agrícola. Na conclusão do trabalho de plantio, os donos da roça convocavam a *festa puxa-raiz* ou *arranca-toco*, que costumava se estender por três a quatro dias, com farta distribuição de bebidas e comidas pelos anfitriões. As performances com cantos e danças, como a do camaleão, do veado, do jacundá e do tangará, compunham a festa e tinham a intenção de despertar o solo para que acolhesse as plantas. Os moradores das comunidades descrevem os compassos ritmados que imprimiam ao solo de terra batida, para "sentir a terra tremer e a poeira levantar", como forma de propiciar às plantas "o bom ambiente" para se desenvolverem junto aos donos da roça que por elas zelavam, para que "crescessem bem e dessem bons frutos" (Silva et al. 2008: 91).

Seria por sua vez um grande equívoco tratar como artesanato o que os Mura agenciam por meio das relações que buscam estabelecer com os "donos" das espécies vegetais que fornecem palha, madeira e cabaça. Meus interlocutores inserem no plano das políticas de consideração as relações que mantêm com os vegetais de forma a deles obter a palha das cestarias para o tipiti, as peneiras, os chapéus e as bolsas; dirigem-se e pedem licença a espécies vegetais, como a cabaceira do maracá, a taboca das flautas e a árvore não identificada do trocano (idiofone). A intenção de relacionalidade, tendo em vista alcançar a *consideração* dos donos das espécies, abarca ainda o barro com o qual as ceramistas esculpem vasilhas e fornos. "Para extrair o barro para a fabricação de cerâmica temos que pedir permissão à mãe do barro", recomendam na aldeia São Félix (Autazes), acionando o tratamento do parentesco: "Vovó, a senhora me dá umas bolas de barro para eu fazer minha louça? Não vá deixar partir!" (Ibid.: 313).[10]

10 Depois de retirado o barro do barreiro, a ceramista deve depositar algum presente para a mãe do barro, um cachimbo, um torrador ou outro objeto, de forma a conter uma explosão enciumada da mãe do barro, que

As pesquisas recentes sobre as terras indígenas mura trouxeram farto material etnográfico sobre a centralidade das roças de coivara nas dinâmicas do surgimento e do abandono das aldeias. "Primeiro vêm as plantas", afirmavam minhas interlocutoras, confirmando que uma aldeia mura se assenta depois de as plantas cultivadas brotarem em uma roça de coivara, processo semelhante ao descrito em outros contextos amazônicos (Descola 2016; Cabral de Oliveira 2016). As práticas das horticultoras mura denotam por vezes ações políticas de reocupação do território do qual foram expulsos pelo avanço do extrativismo comercial. Pequenos roçados surgem de um pedaço de mata ou capoeira *brocado*, derrubado e queimado, que serve para o plantio de tipos variados de mandioca, cará, milho, feijão e melancia, e antecedem a criação de aldeias. Ao casal formado pelo finado Raimundo Sena e Luzia Bentes se atribui a posição de *peiara* na reocupação do lugar e na formação da aldeia, sobre as ruínas de uma antiga usina de Pau-Rosa, implantada no rio Preto do Igapó-Açu, atividade comercial responsável no passado por expulsar os antigos moradores mura. Confirmando o interesse pela diversidade e pelo colecionismo apontados no trabalho pioneiro de Laure Emperaire, as filhas do casal lembram a variedade de tipos de mandioca trazida da casa materna de dona Luzia, localizada em Cunhã, roças que, ao brotar, revertiam as marcas do extrativismo comercial deixado pela usina de Pau-Rosa. Os Mura foram convocados por essa usina a atuar como trabalhadores no corte das árvores, até que os últimos exemplares dessa espécie vegetal (*Aniba rosaeodora*) foram levados à extinção.[11]

pode fazer a vasilha e o forno partir ou ainda, em caso extremo, lançar sobre a ceramista algum malefício. Sobre a guerra entre mundos protagonizada pelas oleiras, ver Lévi-Strauss (1985).

11 Ações de extermínio da *Aniba rosaeodora* foram registradas pelos professores mura de Murutinga, Autazes: "Quando os brancos começaram

As plantas cultivadas por essa parentela conduziram o que Tsing (2019) identifica como o processo histórico de viver nas ruínas do Antropoceno e assistir à reemersão dos vegetais, compondo novas paisagens. Depois da roça, veio a habitação do casal e, em torna desta, as casas dos filhos e filhas casados, formação urbanística que compunha uma dezena de habitações espalhadas ao longo desse trecho do rio que conheci no fim dos anos 1990.[12]

Em 2016 estive com dona Luzia Bentes, na época uma das mais idosas moradoras da aldeia Jutaí, que me falava de suas plantas cultivadas e também da batata *manhafã*. Dizia ela: "A batata *manhafã* encontrada na mata indica que ali é (solo) terra preta e (local) onde se pode fazer uma nova roça. Onde nasce o *manhafã*, lá vai dar roça de batata", indicando que o conhecimento do subsolo é parte das habilidades horticultoras, indispensável para as práticas dos cultivares, assim como para o complexo manejo do sistema das plantas não cultivadas.

Acompanhamos as narrativas de outra mulher fundadora de aldeia e moradora da Terra Indígena Cunhã-Sapucaia e a

a aparecer na aldeia Murutinga, eles perceberam a grande existência de árvores de pau-rosa e logo trataram de construir uma usina. A usina foi instalada por uma firma de propriedade do português António Matheus, que era o comerciante que regateava os produtos com os índios destas terras. Quando a usina começou a funcionar, ele reuniu vários Mura e chamou para trabalhar com ele, mas trouxe também muitas pessoas de fora. Foi assim que António Matheus instalou um grande comércio para servir os fregueses. Ele tomou posse de muitas terras por aqui, principalmente as que ficavam no rio Mutuca, Canumã, Kwata, Mapiá, Abacaxi, Sucunduri, Mari-Mari e Mamori. Ele levava os homens para todos estes lugares para cortar o pau-rosa e de lá trazer para a usina. Na usina eles extraíam a essência e levavam tudo para o exterior. [...]. As poucas árvores de pau-rosa que existe[m] na aldeia estamos tentando preservá-las" (Silva et al. 2008: 243).

12 Sobre o fenômeno recente e efêmero das aldeias Mura, ver Amoroso (2013).

possibilidade de manejo das tuberosas associado à opção dos Mura-Pirahã pelo isolamento voluntário. A finada dona Maria Dias da Silva se afirmava Mura-Pirahã[13] e a seu nome se associa a criação da aldeia Fé em Deus, na Terra Indígena Cunhã-Sapucaia. Em 1997 ela se aproximou das aldeias Mura depois de décadas vivendo em isolamento voluntário, primeiro com seus tios, depois com o marido e filhos, quando percorreu o trecho de floresta que compreende a região do rio Amapá, hoje Reserva de Desenvolvimento Sustentável Rio Amapá (RDS Amapá), até chegar à aldeia Sapucaia, situada ao sul da Terra Indígena. Em 1999 encontrei dona Maria e os filhos agora casados com os Mura ocupando a aldeia Fé em Deus. Os moradores da aldeia Piranha, onde me hospedo, se relacionavam com os Pirahã guardando certa distância: "Os Pirahã falam diferente, chegaram em Sapucaia vindo do rio Amapá, onde moravam no mato", registrando na chave da hostilidade a chegada daquela mulher Pirahã que manteve junto de si filhos e filhas depois de casados. Os casamentos estabeleceram as condições de convivência e, ainda que as diferenças jamais tenham deixado de existir, os Mura e os Pirahã estabeleceram a atenção e os cuidados dispensados aos "parentes por consideração" (Fileno 2018). Os Pirahã da aldeia Fé em Deus permitem uma reflexão sobre os povos indígenas em isolamento voluntário para além da compreensão que podemos alcançar sobre eles baseada nas anedotas contadas pelos atuais vizinhos Mura, de quem se aproximaram em circunstância de agrura, o que ocorreu quando dona Maria perdeu o marido e, como relembrava, restou sozinha no mato, com os filhos e filhas pequenos. Um dos filhos de dona Maria, José Dias (2016), habitante da aldeia Fé em Deus, na Terra Indígena Cunhã-Sapu-

13 Os Mura-Pirahã são falantes da língua isolada mura-pirahã, habitam um trecho das terras cortadas pelos rios Maici e Marmelos, localizada no municipio de Humaitá (AM).

caia, comentava em entrevista a opção dos pais pelo isolamento voluntário, de passar parte da vida "se escondendo no mato", e lembrava que naquelas circunstâncias lançavam mão de uma tuberosa que conheciam pelo nome de batata *cararoá*:

> Nós começamos na mata, no rio Amapá, meu pai varou solteiro e se agarrou, se enamorou de minha mãe. Minha mãe varou com os tios dela. Os dois ficaram andando, escondidos por aí, quando viram que a dificuldade estava muito grande. Moraram em cima do rio Escondido, aí foram se reconhecendo nas beiradas, tiveram os filhos e foram descendo devagarinho. Faziam farinha da batata *cararoá*, era o alimento, a batata dá em um cipó, é bonita, bem amarelinha. Faziam farinha do palmito do açaí, farinha do babaçu, era o que eles faziam. Eram Pirahã. Daí foram se entrosando. Hoje a gente come outros modelos, come a farinha de mandioca.

As batatas do mato ocupam nas narrativas dos Mura e dos Pirahã o lugar de espécies não cultivadas conhecidas e que se conectam às concepções e práticas ligadas aos pequenos roçados cultivados. Lévi-Strauss (1958) chamava atenção para "as roças cuidadosamente mantidas" dos Bororo no contexto dos debates sobre a agricultura regressiva, quando destacava a centralidade dos cultivares e as práticas rituais dos benzimentos das sementes conduzidos pelo xamã, que replicavam para os vegetais os cuidados empreendidos pelos povos ameríndios para com animais de caça ou peixes de grande porte. Assim, *manhafã* constrói com homens e mulheres, e com os demais viventes da mata, relações de coevolução (Haraway 2016b), o que faz da tuberosa uma presença nada acidental nas trilhas e caminhos. Seu cipó, ao alçar o dossel das árvores e se lançar na atmosfera em busca de luz e de calor, estimula elaborações que a aproximam do laboratório experimental interespecífico que o roçado de mandioca representa para as horticultoras wajãpi, como nos mostra Joana Cabral de Oliveira (2019).

Assim, em diálogo com o filósofo Emanuele Coccia (2018), é possível avançar para além do recurso de subsistência que as tuberosas constituem. Para os Mura, elas são indiciais e informam sobre o mundo subterrâneo das redes de comunicação, por onde circulam notícias sobre a identidade do solo e o estado de coevolução dos minerais e organismos que constituem as terras pretas na Amazônia central.

PARTE 3

SOCIALIDADES VEGETAIS

PARENTESCO, PREDAÇÃO, CUIDADOS E AFETOS

Da palavra sair
habitar outros mundos
a espinha dorsal do peixe
lamber até limar os dígitos.
Dar os tímpanos
ao vibrar dos grilos
reconhecer a chegada do trovão
no deslocar do sangue
e ao anteceder terremotos
subir! No alto da árvore
e cair com o rabo
enovelando um galho
se dependurar na abóbada celeste
soprar o rumo dos polos
e das marés que vem dos polos.
Não conhecer despedida
viagem ou remorso
código, símbolo ou faca.
Nunca alterar a rota do fogo.
Ser seiva, veneno. Ou fruto.

— Júlia de Carvalho Hansen, *Seiva veneno ou fruto*

11 CONTRADOMESTICAÇÃO NA AMAZÔNIA INDÍGENA

A BOTÂNICA DA PRECAUÇÃO

MIGUEL APARICIO

Richard Evans Schultes, um dos precursores da etnobotânica moderna, impactou o mundo acadêmico com suas pesquisas pioneiras sobre plantas enteógenas ameríndias. Sua trajetória começou com investigações sobre o uso ritual do *peyote* entre os Kiowa de Oklahoma e em sua tese de doutorado ele debruçou-se sobre os cogumelos *teonanácatl* e o "glória-da-manhã", usados como alucinógenos por populações indígenas da região de Oaxaca, no México. Schultes, que na infância tinha lido com admiração as páginas de Richard Spruce em *Notes of a Botanist on the Amazon and the Andes* [Notas de um botânico na Amazônia e nos Andes], dedicaria a maior parte de seus estudos ao uso de plantas psicoativas e medicinais entre povos indígenas do noroeste da Amazônia, especialmente entre os Witoto e os Makuna. Algumas contribuições de especial relevância foram, por exemplo, suas pesquisas sobre curare e *ayahuasca*. Suas obras, entre as quais se destacam *Plants of the Gods* ([Plantas dos deuses] 1979, em colaboração com Albert Hoffman) e *Vine of the Soul* ([Trepadeira da alma] 1992, em colaboração com Robert F. Raffauf), tornaram-se referências de primeira linha no marco da etnobotânica nas Américas.

De forma simultânea às pesquisas sobre plantas psicoativas, ao longo da carreira Schultes dirigiu sua atenção às espécies do gênero *Hevea*, operando como agente de campo da Corporação de Desenvolvimento da Borracha – na época, a ocupação japonesa no Sudeste Asiático impedia o acesso dos Estados Unidos às *plantations* de borracha instaladas naquela região. Seus estudos sustentaram programas de melhoramento que fomentaram o desenvolvimento de árvores resistentes e de alto rendimento na produção de látex (Solbring et al. 2003) em áreas acessíveis aos circuitos do mercado norte-americano. Um marco dessas pesquisas foi a publicação, em 1993, de um artigo sobre a domesticação da seringueira (*Hevea brasiliensis*), que se encerra com as seguintes palavras:

> As vantagens da domesticação de plantas alimentícias para a humanidade são geralmente compreendidas e aceitas pelo público em geral. Nem sempre é assim com plantas como a seringueira, que deve ser manejada em grandes plantações por grandes corporações financeiramente capazes de sustentar a sua manutenção e desenvolvimento [...]. Os esforços dos britânicos em busca de novas culturas para suas colônias tropicais, particularmente a borracha, no período vitoriano, são muitas vezes criticados como imperialismo flagrante, e os primeiros cientistas e outros que participaram da domesticação de *Hevea brasiliensis* às vezes têm sido considerados ferramenta do imperialismo comercial. A história da borracha e sua domesticação pode responder a tais infundadas injúrias e fornecer provas suficientes de como a humanidade como um todo pode melhorar por meio da domesticação de plantas (Schultes 1993: 484).

Ao longo de sua obra, Schultes mostra reiteradamente sua postura em defesa dos povos indígenas da Amazônia e sua firme crítica aos processos de ocupação e destruição da floresta. Motivado por esse entusiasmo, ele procurou otimizar as práticas de manejo das seringueiras no novo cenário internacional. Mais do que simples subserviência ou colaboracionismo, a atitude de Schultes em favor da domesticação da *Hevea brasiliensis* buscava uma alternativa às mazelas da história da borracha na Amazônia. Domesticar a seringueira era, na sua perspectiva, uma via possível para desmontar o pesado mecanismo colonial que o seringalismo amazônico tinha imposto aos indígenas. Ele, que desenvolveu suas pesquisas em regiões extremamente marcadas pela violência extrativista, lutou com veemência contra os horrores da empresa seringalista e denunciou o genocídio das populações amazônicas. Schultes sustentava sua prática científica em uma ideia de domesticação compreendida como "melhoramento da humanidade" não só em função do suprimento da demanda do mercado mundial, como também da possibilidade de uma produção mais digna, que impedisse a reedição de atrocidades como as perpetradas pela Casa Arana contra os Bora e ao Witoto na região colombiana do Putumayo. A borracha, porém, continuou vinculada a dramas humanos em escalas mais amplas, que acabaram impulsionando a produção mundial de látex. De maneira imprevisível, a nova exploração das seringueiras fez rodar com mais velocidade a indústria bélica, em razão da implementação de um manejo mais eficiente. A paixão de Schultes pela Amazônia e seu esforço para protegê-la pela domesticação de seringueiras coexistiram, paradoxalmente, com um movimento em que o auge da borracha esteve vinculado à tragédia humanitária: a Segunda Guerra Mundial e a Grande Aceleração que a sucedeu.

Na Amazônia brasileira, a bacia do rio Purus se constituiu também como uma das regiões mais ativas na movimentação seringalista. No curso médio desse rio, a cadeia produtiva da borracha foi controlada principalmente pelas empresas J. G. Araújo & Cia. Ltda. (cuja atuação se estendeu de 1877 a 1989) e J. A. Leite & Cia. Ltda., sediadas em Manaus. Desde o primeiro ciclo da borracha, migrantes nordestinos, a maioria procedente do Ceará, foram instalados nas colocações sob o comando de gerentes e patrões. Os Banawá, então conhecidos como "Jamamadi do Apituã", grupo indígena arawá que habitava em igarapés, campinaranas e florestas de terra firme da margem ocidental do médio Purus, sentiram o aquecimento progressivo do extrativismo seringueiro e a movimentação acelerada presente no Waforofai – "o rio dos vapores", como eles denominam o Purus. As seringueiras das várzeas, conectadas por um emaranhado de *estradas de seringa*, adentraram de forma nova a história banawá por meio de um regime de perturbações (Tsing 2015a): as altas concentrações de *Hevea brasiliensis* nas florestas aluviais do Purus, na bacia do igarapé Apituã e no paraná do Mamoriá atraíram os invasores *yara* (não indígena), que intensificaram sua pressão sobre os indígenas. Nas imediações do território banawá, consolidaram-se alguns dos mais ativos seringais do Purus, como Santo Antônio do Apituã, que se ergueu ainda como o principal porto de lenha para os navios no trajeto entre as localidades de Canutama e Lábrea. As tensões entre trabalhadores dos seringais e indígenas tornaram-se mais agudas na década de 1930, quando os Banawá atacaram um acampamento extrativista, provocando a morte de vários seringueiros. Em retaliação, uma expedição armada, organizada pelos seringalistas e pela polícia de Canutama, subiu as águas do igarapé Apituã e vingou essas mortes, matando alguns indígenas. Os Banawá empreenderam uma época de itinerância pelas terras firmes do interflúvio Purus-Piranhas, afastando-se das várzeas do primeiro e das estradas de seringa que cortavam seus velhos caminhos. Incapazes de aceitar a domesticação imposta pela empresa seringalista – propulsora de uma modalidade de extrativismo que poderíamos qualificar como centralizadora, estabilizante e civilizatória –, e após anos de trânsito por terras distantes dos grandes rios, os Banawá ensaiaram novos caminhos de relacionamento com os estrangeiros, pacificando os patrões dos pequenos igarapés do interflúvio e participando dos circuitos de um extrativismo periférico, itinerante, marginal, que priorizava outros produtos, como látex de sorva (*Couma utilis*), óleo de copaíba e peles de animais.[1]

Com efeito, os patrões da periferia extrativista do interflúvio envolveram seus fregueses do Piranhas na captura de animais para o comércio na "época das fantasias":[2] ao trabalhar no fornecimento de peles de onça, maracajá, ariranha, queixada, veado, jacaré etc., as atividades venatórias se intensificaram de forma abrupta. A destreza dos "gateiros" era requerida não apenas para abater grandes quantidades de animais, como também para preservar suas peles da melhor maneira possível: o "couro baleado" era considerado de segunda, e, quando não estava danificado, o valor aumentava. Contam os Banawá que grupos de caçadores circulavam pelo rio Piranhas e abatiam varas quase inteiras de queixadas para extrair suas peles e vendê-las. Em uma das

1 Uma descrição mais precisa da trajetória banawá, transitando entre o seringalismo da várzea e o extrativismo da sorva, está disponível em Aparicio (2019).

2 O envolvimento dos Banawá com a rede extrativista do interflúvio Purus-Juruá ocorreu no ápice do comércio amazônico de peles silvestres. "As peles finas (também chamadas de 'peles de luxo' ou 'fantasias') eram aquelas extraídas dos gatos maracajá-açu (*L. pardalis*) e maracajá-peludo (*L. wiedii*), da onça-pintada (*P. onca*), da ariranha (*P. brasiliensis*) e da lontra (*L. longicaudis*). Alcançavam as maiores cotações e eram utilizadas na peleteria, principalmente na confecção de vestimentas luxuosas [...]. O ápice do comércio de peles de luxo ocorreu a partir do fim da década de 1950, provavelmente estimulado pela publicação de fotografias de celebridades vestindo casacos de felinos, tal como na aparição da Mulher-Gato (Catwoman), exibindo 'fantasia' de onça-pintada. As peles de caititu (*P. tajacu*), queixada (*T. pecari*), capivara (*H. hydrochaeris*) e veado-vermelho (*M. americana*) atingiam menores preços do que as 'fantasias', mas dominavam o mercado de peles de mamíferos" (Antunes et al. 2014: 494–95). Em relação à "época das fantasias" e ao comércio de peles silvestres na Amazônia ao longo do século XX, ver as análises de Antunes et al. (2014; 2016), com informações preciosas sobre caça comercial no Purus e na Amazônia.

expedições, Bido – hoje um importante xamã banawá, já idoso – acompanhou um grupo de *yara*: levaram consigo três caixas de cartuchos novos de pólvora seca. Caminharam pela mata e ouviram uma vara de queixadas se aproximando. Ficaram atônitos ao descobrir que todos eles estavam sem pele, correndo diante de seus olhos. Apavorados diante da vara de "almas de queixadas sem corpo", fugiram do lugar. Para os Banawá, as relações na floresta precisam ser mantidas adequadamente, não há lugar para o excesso. Uma ecologia política orienta essa socialidade da floresta e, quando é preciso, os Banawá seguem o próprio *princípio de precaução*, que abrange também algumas relações humano-vegetais específicas.

Na época de itinerância entre os rios Purus e Piranhas (meados do século XX), os Banawá organizaram uma grande pescaria com timbó *kona* (*Deguelia* sp.) no igarapé Mayofa. Os homens passaram o dia inteiro batendo as raízes de timbó arrancadas, até quase o anoitecer. Nunca tinha sido arrancado tanto timbó – homens, mulheres e crianças participaram da pescaria, acampando à beira do Mayofa. Quando lavaram nas águas do Mayofa os cestos com o timbó triturado, rapidamente as águas embranqueceram, como um leite que se espalhava mais e mais no igarapé. Foram capturadas matrinxãs (*aba*), jatuarana (*aba sawei*), pacu-burro (*tobari*), surubim (*bama*), muito peixe. Os homens flechavam, as mulheres apanhavam com cestos. Fizeram grandes "viraus"[3] para moquear o peixe já ao entardecer. Subitamente o céu mudou. Ouvia-se no Mayofa um barulho intenso, como de barcos de vapor. As pessoas viram luzes, faíscas, barcos andando sobre as águas do igarapé. Um espírito *inamadi*, dono (*abono*) do Mayofa, estava enfurecido com a morte de enorme quantidade de peixes.

3 Corruptela de "jiraus" no português dos Banawá. "Virau" é a grade usada para moquear os peixes.

Ao amanhecer, Bibi – um dos homens adultos que tinham promovido a pescaria coletiva – saiu do acampamento e foi até o local onde havia sido batido o timbó. Ouviu uma voz e gemidos que procediam de um pé de marimari. Aproximou-se com temor, ouviu o choro intenso de alguém, que disse: "Por que vocês fizeram isso?! Mataram minha gente, agora estou sozinho. Vocês vão pagar por essas mortes, muitos de vocês vão morrer porque maltrataram minha gente". O espírito *inamadi* queria se vingar das pessoas por causa do timbó derramado no Mayofa.

No entardecer daquele dia, o sol parou e se apagou. Veio uma forte ventania (*boni moni*), as pessoas pensavam que o mundo ia acabar. Após escutar as palavras e o choro do espírito-dono *inamadi*, Bibi sentiu frio no corpo, inquietação e medo. Voltou correndo ao acampamento. Ao chegar, sua esposa reclamou e disse: "Você me deixou sozinha com as duas crianças pequenas!". Bibi, assustado, disse a ela e aos demais: "Vamos embora, depressa! Eu escutei os gemidos e a voz do *inamadi* dono do Mayofa: está com raiva por causa do timbó que nós jogamos. Quer nos matar por termos matado tantos peixes". Todo mundo se apressou para sair do lugar, por isso o peixe foi deixado nos moquéns com as fogueiras acesas. Para trás ficaram panelas, flechas, pertences diversos. Bibi corria com o corpo dolorido, com os braços sobre o corpo tremendo de frio. Fugiram do *inamadi* e chegaram a Latawadi.

Muitos deles adoeceram. Foi nesse tempo, após a pescaria com timbó, que muitos morreram. Bibi e Okowabi ficaram gravemente doentes do feitiço do *inamadi*, mas Tofe, que era xamã, conseguiu curá-los quando estavam à beira da morte. Sikari foi quem morreu primeiro. Teri estava muito doente, devido a uma ferida que começou nas nádegas e se espalhou pelo corpo, corroendo sua carne; foi enterrada. Depois morreram mais duas mulheres jovens, Modo e Kabai. Conta-se que, durante a pescaria no Mayofa, elas apanhavam peixe com muito entusiasmo, permaneciam dentro das águas do igarapé e os peixes deslizavam entre suas pernas, nas suas vaginas.[4] Com o fim da pescaria, as duas adoeceram, suas carnes foram se corroendo: suas pernas, a vagina, o corpo todo.

Tofe isolou os dois homens doentes, Bibi e Okowabi, numa casa de caranaí e babaçu. Ambos estavam à beira da morte. Pegava o feitiço do corpo deles com as mãos e soprava, afastando-o. Em um alguidar (*takarawa*), aquecia óleo de copaíba e gengibre para curar as duas pessoas que sofriam o mal do espírito *inamadi* do igarapé. Bibi e Okowabi conseguiram sobreviver graças aos cuidados e à cura do xamã. Tofe tinha pedido a Kiyawa que ficasse também isolado, para receber os cuidados e livrar-se do feitiço. Mas ele disse: "Já estou melhor, não é preciso. Quero ir ao mato, quero pescar". E caminhou rumo ao cemitério onde jaziam as mulheres. Quando já estava perto desse lugar, ouviu os gemidos das mulheres falecidas. Ficou curioso para conhecer os *kanamori* ("almas") delas e foi se aproximando. Começou a soprar um vento forte e frio. Kiyawa estava com medo, mas avançou: estava entregando sua alma ao *inamadi*. Viu borboletas azuis (*baneko*) no local, três borboletas passaram sobre ele. Então ficou apavorado e voltou para casa depressa. Tofe tentou curá-lo, no entanto, ao chegar à aldeia, Kiyawa faleceu. Após essas mortes, as pessoas abandonaram Latawadi e se mudaram para Tabora Made (Yawini & Mundica 2015).

A perturbação da vida coletiva transforma as relações em diversas escalas – *relação* "se refere tanto à *conexão* entre ideias, eventos e outras entidades quanto à *narração* de uma história" (Strathern 2016: 231). A predação descontrolada operada através do timbó gera um movimento reverso: a vingança do espírito-

4 A narrativa nos faz lembrar da presença do código sexual na mitologia ameríndia sobre o timbó, identificada por Lévi-Strauss na "Peça cromática" do primeiro volume das *Mitológicas* (1964: 261 ss.).

-dono do igarapé, a suspensão do movimento solar, o surgimento de doenças letais. Algumas referências da narrativa conectam essa alteração cosmopolítica com a experiência precedente da violência extrativista: os barcos de vapor, que definem o lugar do inimigo – o rio Purus, Waforofai –, ressurgem na escuridão súbita do dia com suas luzes, seu estrondo, provocando estupor nas pessoas que os veem navegando de maneira surpreendente nas águas do igarapé. A captura excessiva da pesca com timbó deriva em uma retaliação mortal do espírito-dono, que vinga a morte dos peixes atacando com seu feitiço as pessoas no acampamento, que "pensavam que o mundo ia acabar". Nesse movimento de metamorfoses, os mortos produzem novos mortos: as almas *kanamori* dos falecidos, as borboletas *baneko*, o próprio espírito *inamadi* capturam Kiyawa em uma atração fatal. A experiência imoderada parece ter consolidado um princípio de precaução que impõe limites às operações de captura, assim como a adoção de balizas próprias no exercício da diplomacia com os espíritos-donos e o reconhecimento do risco da reversibilidade dos excessos da predação: a morte dos peixes, presas do timbó, dá lugar à morte das pessoas, presas de *aba abono*, espírito-dono dos peixes.[5] A pesca com timbó *kona*, comumente realizada nos

5 É inevitável fazer aqui uma referência aos Suruwaha, que consolidaram a morte por envenenamento com timbó (*kunaha*) como *causa mortis* dominante nas últimas gerações e que se concebem como *kunaha bahi*, "presas do timbó". Para os Suruwaha, os mortos por envenenamento percorrem uma viagem angustiante, perigosa, rumo às águas do céu, até alcançar *bai dukuni*, "o lugar do trovão". Durante um percurso atormentando, são perseguidos pelo *kunaha karuji*, "o espírito do timbó", que avança ameaçadoramente sobre eles acompanhado de suas onças-xerimbabos. Encontramo-nos aqui perante uma transformação estrutural – os Banawá, em função da sua conduta hiperpredadora pelo excesso de timbó, transformados em presas de *aba abono*, "dono dos peixes", *versus* os Suruwaha, na sua condição de hiperpresas (Aparicio 2015), vivendo uma transformação em presas do timbó?

igarapés e lagos, é vedada até hoje no igarapé Mayofa, e a captura de peixes se realiza apenas com anzóis ou zagaias – uma cautela que funciona como moderação do excesso.

A convivência com as castanheiras *mowe* (*Bertholletia excelsa*) marca de modo expressivo as trajetórias vegetais dos Banawá. Além de serem imprescindíveis em sua dieta alimentar, as castanheiras inspiram vivamente as histórias dos antigos, *hiyara bote*. Associadas à mitologia do tabaco e à história de Mowewawa, o menino nascido de um ouriço de castanha, caçador exímio que acabaria capturado e morto pelos canibais Yima (Aparicio 2019), as castanheiras foram igualmente protagonistas na instauração de relações pacíficas com os extrativistas do interflúvio. Seringueiros fugitivos dos grandes seringais do Purus, indígenas Jamamadi, patrões maranhenses e escaladores de castanheiras que, ascendendo ao dossel da floresta, identificavam a localização de novas *pontas* de castanha, todos eles estabeleceram relações novas – em torno das castanheiras – com os indígenas. Como já constatado em outras regiões da Amazônia (Scaramuzzi 2018), também para os Banawá as relações com as castanheiras tecem uma história de longa duração.[6] Nas caminhadas pelos lugares antigos, as pessoas identificam as árvores vinculadas aos donos que as plantaram há duas ou três gerações. Durante o verão, tive oportunidade de acompanhar excursões em que grupos de mulheres se deslocavam aos castanhais de seus avós falecidos para limpar os varadouros e queimar a espessa camada de folhas secas, em um espetacular

6 Em alguns lugares, os Banawá identificam castanheiras cujo perímetro precisa de dez ou doze homens para ser abraçado. Um cálculo amador baseado no DAP [diâmetro à altura do peito] de algumas castanheiras, levando em conta parâmetros de pesquisas sobre essa espécie, aponta uma antiguidade de mais de quatrocentos anos para alguns indivíduos arbóreos nos castanhais das microbacias do Apituã e do Quaru.

manejo do fogo – as labaredas de três a quatro metros de altura contrastavam com a majestade dos troncos das castanheiras, intactos diante das chamas que, ao mesmo tempo, consumiam as cobras presentes no local. Relações de cuidado em que as novas gerações seguem moldando paisagens multiespécies, lugares de parentesco.

Atualmente os Banawá continuam inseridos nas redes do comércio castanheiro regional e promovem nos meses de inverno expedições de coleta principalmente nos extensos castanhais dos igarapés Curiá e Quaru. Lugares residenciais dispersos no território são reativados e outros acampamentos são instalados para o trabalho extrativista. Ao mesmo tempo que reconhecem em alguns locais as castanheiras plantadas pelos parentes falecidos, eles também identificam nas áreas mais distantes aquelas plantadas pelas cutias (*sinama*) e cutiaras (*sinamako*) – as primeiras, árvores com a base do tronco alargada, em contraste com as segundas, que têm o caule mais aprumado. Uma vez condicionada a habitação para passar os dias no castanhal, o primeiro trabalho consiste em limpar a vegetação rasteira dos piques de anos anteriores ou abrir veredas novas em direção a "mangas" de castanha menos frequentadas. "As onças gostam dos caminhos que a gente faz nos castanhais, andam por eles e os mantêm limpos. Mas os queixadas atravessam esses caminhos e bagunçam tudo." Há ainda as cobras, cuja afluência nos piques de castanha provoca um alerta contínuo nas pessoas – nas temporadas no castanhal, os sonhos com serpentes, a sua presença nas jornadas de trabalho e os relatos de acidentes causados por elas no passado ganham uma frequência inusitada. As redes de caminhos falam de castanhais habitados, que misturam presenças colaborativas com outras que confundem e perturbam.

Os castanhais são ainda lugares de disputa – além dos humanos, cutias, cutiaras e macacos-cairara quebram os ouriços para se alimentarem.[7] Mas as disputas mais tensas procedem das expedições extrativistas de roubo de castanha oriundas de Canutama, ano após ano: nos últimos invernos, articulados com a Funai, os Banawá tiveram que contar com a escolta de patrulhas da polícia militar para proteger as castanheiras indígenas das frequentes ameaças de morte que recebem dos *yara* – os castanhais do Apituã estão carregados de memórias de crimes ocorridos nas épocas de coleta. Além do assédio dos intrusos, há o comparecimento de extra-humanos, que tornam sempre arriscada a circulação das pessoas nos castanhais. O curupira, com ciúme das castanheiras, grita para assustar, derruba quem carrega os pesados panacos e os faz tropeçar nos varadouros. Mas são principalmente os espíritos predadores *inamadi* que causam receio e medo entre as castanheiras: com suas flechas invisíveis, provocam dores no corpo, roubam paneiros, são a origem de doença e febre. De fato, apesar do cansaço provocado

7 Durante uma temporada de coleta de castanha junto aos Banawá, ao alcançar o castanhal nas primeiras horas do dia, ouvimos uma batida inesperada de ouriços de castanha, pois imaginávamos que não haveria "ninguém" no local. Avancei sigilosamente com meu companheiro banawá e contemplamos três macacos-cairara (*Cebus albifrons*) quebrando alguns dos ouriços. Fiquei surpreso, pois meus amigos botânicos sempre tinham me falado da capacidade exclusiva de humanos e cutias para quebrar os frutos lenhosos. Os macacos-cairara lançavam os ouriços contra um tronco duro deitado no chão. Antes disso, observei um gesto estranho, que só entendi mais tarde, depois das explicações do meu parceiro: os macacos assopravam no orifício inferior do ouriço e o lançavam quando estava "cheio de vento", provocando assim sua quebra. Além dos macacos-cairara, os macacos-prego (*Cebus apella*) teriam a mesma capacidade, segundo os Banawá. Pesquisas ecológicas revelam que ouriços abertos por macacos-prego e macacos-cairara são frutos mais velhos (de um a dois anos), com pericarpo mais frágil, que se quebra ao ser lançado contra superfícies suficientemente duras (Haugaasen et al. 2010).

pelo trabalho intensivo nos castanhais, percebi como os Banawá vivem noites tensas e insones durante as épocas de coleta: ruídos que os alertam da proximidade dos *inamadi*, sonhos perturbadores, adoecimentos repentinos os levam a intensificar sua preocupação com o perigo de serem atacados por *mowe abono*, espírito-dono das castanheiras. Por isso é comum que, depois da tarefa árdua de estabelecer o acampamento, abrir e limpar as picadas e iniciar a quebra e a coleta da castanha, em poucos dias eles abandonem pontas de castanha não completamente exploradas e partam em direção a outros castanhais, onde deverão realizar de novo todos os trabalhos preliminares. Tudo se passa como se os Banawá percebessem o excesso de predação que estão desenvolvendo nos castanhais e sentissem a necessidade de se resguardarem dos perigos potenciais que isso causa. Mais uma vez, um princípio de precaução desestabilizador se impõe a quaisquer interesses próprios do mercado extrativista e os empurra em um movimento de itinerância que impede a acumulação extrapolada dos frutos almejados de *mowe abono*. A safra da castanha se torna, assim, um período de contínuas movimentações pelos numerosos castanhais existentes no território banawá, em que não raro eles desistem de uma exploração intensiva em pontas de castanha fixas que poderiam garantir maior produção.

No marco dessa proliferação de conexões vegetais heterogêneas, é interessante analisar ainda a relação que os Banawá estabeleceram com as flecheiras. Roças específicas de flecheiras (*Gynerium sagittatum*) eram mantidas em diversos lugares do território antes de as roças de mandioca serem incorporadas – com manivas roubadas dos seringueiros do Purus ou obtidas amigavelmente dos sorveiros do Piranhas. Nos flechais cultivados, as plantas se reproduzem por clonagem, de maneira que os Banawá conseguem selecionar os indivíduos com pedúnculos mais adequados (retilíneos, com a grossura e o comprimento desejados) para a fabricação de flechas e zagaias – essas hastes são preferidas às dos flechais "da natureza" que se encontram próximos às várzeas dos grandes rios. Hoje os Banawá usufruem ao mesmo tempo de capoeiras com flechais e de flecheiras plantadas em roças novas, onde elas coexistem com macaxeiras e mandiocas, abacaxis e bananeiras. Mas o que desperta minha atenção a respeito das flecheiras é a reivindicação que os Banawá apresentam em ocasiões reiteradas à Frente de Proteção Etnoambiental (FPE) da Funai que atua no entorno da terra dos Hi-Merimã. Em diversos cenários amazônicos, é comum que os povos indígenas "contatados" insistam para que a Funai forneça alguns bens "civilizados" para seus vizinhos isolados – ferramentas como facões e machados costumam ser o item mais destacado. Os Banawá, porém, demandam a abertura de roçados de flecheiras na Terra Indígena Hi Merimã "para que nossos parentes possam caçar à vontade". Não há nenhum vislumbre de "agricultura civilizatória" na demanda banawá (eles não insistem, por exemplo, na necessidade de uma roça de mandioca para suprir uma suposta "escassez do *trekking*", pois a vida em itinerância é percebida pelos Banawá como possibilidade de abundância e fartura de alimentos). Ou seja, o desejo de uma planta "desestabilizante" – imprescindível para a itinerância que a caça exige – emerge como foco da visão banawá sobre a vida "sem aldeia, sem roçados" dos Hi-Merimã (Aparicio 2019).

Avançando nas cosmologias dos Arawá no interflúvio Purus-Juruá, as percepções sobre essa planta se tornam mais inquietantes ao levarmos em conta que, na perspectiva dos *bani* (os animais na posição de presas), as flechas são serpentes e o curare é seu veneno. Quando elaboram o veneno das suas flechas a partir de cipós, os caçadores suruwaha produzem a mesma substância letal que as cobras *kuwiri*, como eles criadoras de *kaiximiani* – ambiguamente, "cipó do curare" ou "veneno de cobra". Flechas movimentam as vidas humanas na instabilidade própria da dinâmica venatória; flechas se transformam em predadores paradigmáticos nos sujeitos da floresta capturados na posição de presas.

Entre os Arawá, porém, nenhuma planta se iguala ao tabaco na condição de espécie companheira. O tabaco, *sina* (*Nicotiana tabacum*), promove relações heterogêneas e determina o estilo de vida dos "humanos verdadeiros". É parte indissolúvel da ação xamânica, mas é também imprescindível no bom exercício da caça: ele é um "mostra-caminho" (Viveiros de Castro 1986: 534) tanto nas relações transespécies atualizadas pelos xamãs como nas relações interespécies vividas pelos caçadores. Em uma lógica "vertical", o tabaco – temperado pelos Banawá com cinzas de cupuí (*Theobroma subincanum*) e cumaru (*Dipteryx odorata*) – orienta os humanos na interação com os espíritos *inamadi*; numa lógica "horizontal", ele estabelece um contraste ontológico fundamental nas relações na floresta, ao delimitar a diferença entre os predadores (detentores do tabaco) e as presas. O tabaco permite aos humanos fugir da posição de captura e marca a posição *bani*.

Awamoni, mulher idosa que se destaca por sua habilidade como narradora de histórias, fala das transformações que ocorreram com aqueles que inalaram o rapé feito com as plantas de tabaco nascidas no lugar onde urinou a esposa estéril de um xamã:[8] "O socó-boi, com o canudo dele (*firi*), cheirou o rapé e

8 O mito banawá da origem do tabaco, em que a urina da mulher protagonista vai espalhando plantas de tabaco, encontra ressonâncias no mito tikuna de origem do timbó, em que uma mulher virgem engravida ao se sentar sobre uma planta de timbó. Dessa gravidez nasce um filho venenoso ao extremo. Na narrativa tikuna, o filho do timbó sai espalhando veneno pelo mundo: "Onde ele cuspia (*fai*), onde ele defecava (*woeün*), onde ele urinava (*wiya*), nascia um filhinho dele, um cipó-timbó. Ele andou pelo mundo inteiro e espalhou a planta do timbó por todos os lugares onde passou" (Matarezio Filho 2019: 298).

disse 'Ha, ha, haaa' e saiu voando embriagado, transformado em socó-boi. A cobra-surradeira cheirou também o rapé, [e,] ao sentir o tabaco disse 'Sssss' e se transformou em cobra-surradeira. Finalmente, a mulher cheirou o rapé e saiu correndo pela mata transformada em paca". Damani, sua cunhada, continua o relato: "Naquele tempo os *bani* eram gente. Ela urinava de novo e nascia o pé de tabaco. A paca fez isso para embriagar o pavão". Em sintonia com outras mitologias arawá (Aparicio 2017), o relato banawá situa o tabaco como ativador de posições. A embriaguez que ele produz é lúcida: permite enxergar os movimentos de transformação em presas e assegurar a proteção das pessoas perante os perigos (*yofina*) do mundo.

As relações que os Banawá estabelecem com essas plantas domesticadas ou "semidomesticadas" (timbó, castanheiras, flecheiras, tabaco) falam de um movimento de contradomesticação da vida humana,[9] que impele com vigor à impermanência e à desestabilização. Em que sentido podemos afirmar que essas plantas estão domesticadas, se a interação com elas envolve movimentos reversos em que o excesso humano de controle dá lugar a movimentos de subversão no timbó e de contrapredação nas castanheiras? Que domesticação existe em uma planta

9 Em agosto de 2018 promovi, junto com Verónica Lema, do Consejo Nacional de Investigaciones Científicas y Técnicas (Conicet), e diversos pesquisadores nos campos da etnologia, da biologia, da arqueologia e da ecologia histórica, um debate em torno da ideia de *contradomesticação* no simpósio intitulado "Hacia una teoría etnográfica de la contradomesticación. Críticas amerindias al concepto de floresta antropogénica" (Belém, XVI Congresso da Sociedade Internacional de Etnobiologia). Este texto se movimenta em sintonia com algumas das discussões apresentadas naquele evento. Nessa mesma direção, Lema (2020) produziu recentemente um artigo que analisa processos de contradomesticação em cenários andinos com base em pesquisa etnográfica no Noroeste argentino.

que sustenta a itinerância da vida dos caçadores e gera flechas--cobras em transformação, vistas equivocadamente pela caça e pelo caçador? Em que sentido o tabaco pode ser pensado em termos antropogênicos quando, para os Deni do Cuniuá (Florido 2013), era a planta cultivada nas roças dos macacos-prego em um tempo em que eles caçavam os humanos *madiha*, até o momento em que foi roubada por estes e permitiu a alteração de posições no mundo – os *madiha* detentores do tabaco se tornaram predadores e os animais da floresta viraram suas presas?

Os Jarawara (que compartilham a língua com os Banawá) temem a sedução dos *inamadi* das plantas da floresta ou de roças desconhecidas que, com aparências enganosas, roubam a alma de uma pessoa, levam-na para o céu *neme* e se casam com ela, provocando sua morte (Maizza 2017): o idioma de uma meta-afinidade que circula entre a sedução e o perigo fala mais alto que a voz "familiarizante" (Fausto & Neves 2018) da domesticação.

Na sua *História das plantas*, Teofrasto – um dos principais discípulos de Aristóteles – apresenta um minucioso estudo, pioneiro na história da botânica, que contempla mais de quinhentas espécies vegetais, a maioria delas cultivadas. O problema da domesticação já era para ele uma das chaves principais na construção de sistemas de classificação vegetal:

> A diferença entre as [plantas] selvagens e as domésticas parece *depender do cultivo*; de fato, como nota Hípon, qualquer planta pode ser selvagem ou doméstica, *conforme se lhe presta[m] ou não cuidados* [...]. Parece, de fato, que são as plantas selvagens as que mais fruto produzem; mas *são as domésticas as que os produzem melhores*, com um paladar mais doce e mais agradável e, em geral, por assim dizer mais digestivos.
>
> [...]

As que não se adaptam à domesticação, como acontece com os animais, são por natureza selvagens [...]. É certo que, se não for cuidada, toda e qualquer planta se deteriora e se torna selvagem, mas não é verdade que todas as plantas, se cuidadas, se tornem melhores, como se acaba de dizer. Há portanto que fazer distinções e qualificar umas de selvagens e outras de domésticas – como com os animais aqueles que convivem com o homem e se podem domesticar. Mas como se deva exprimir essa distinção, desta ou daquela maneira, talvez seja indiferente. Em contrapartida, qualquer planta que se torna selvagem deteriora-se no que se refere ao fruto e torna-se mais pobre no que respeita às folhas, aos ramos, à casca e ao seu aspecto geral. Em cultivo, todas essas partes, como globalmente a natureza da árvore, se tornam mais compactas, mais robustas e mais rijas, de tal modo que é nesses aspectos que as diferenças entre as plantas de cultivo e as selvagens se fazem sentir. Por isso, aquelas plantas que, em cultivo, apresentam as tais debilidades diz-se que são selvagens (Teofrasto 2016: 67–68, 124, grifos nossos).

A qualidade de "doméstico" (*hémeros*, que também poderíamos traduzir como "calmo", "manso") se opõe à de "selvagem" (*ágrios*, ou "feral", "bravio"),[10] em um contraste mediado por um eixo antropocêntrico, extensível tanto a plantas como a animais. Controle, dependência, adaptação são inerentes à condição domesticada de algumas plantas. A filosofia botânica que sustenta a produção científica elaborada 2300 anos depois persiste dentro de parâmetros semelhantes, como podemos conferir:

10 No mesmo sentido, a forma verbal *hemerów* ("domesticar") e a forma substantivada *hemerótes* ("domesticação"). Sou grato à professora Maria de Fátima Silva, da Universidade de Coimbra, pelos seus apontamentos – é ela, com o botânico Jorge Paiva, a autora da primorosa tradução portuguesa da *História das plantas*, de Teofrasto.

> A domesticação de populações de plantas é um processo coevolutivo pelo qual a seleção humana sobre os fenótipos de indivíduos de plantas promovidas, manejadas ou cultivadas resulta em mudanças nos fenótipos e genótipos da população descendente que os tornam *mais úteis para os humanos e mais bem adaptados à gestão humana da paisagem* (Clement 1999: 189; Clement et al. 2010: 73, grifos nossos).

> A domesticação de plantas é um processo de longo prazo que resulta da capacidade dos humanos de superar as pressões da seleção ambiental com o propósito de manejar e cultivar *plantas úteis*, levando a mudanças significativas nos ecossistemas naturais e nas comunidades de plantas através das paisagens. Primeiro, indivíduos úteis são manejados *in situ* e, posteriormente, humanos *selecionam as melhores variedades* com características morfológicas *mais desejáveis para o cultivo*. Com o tempo, os humanos criam um mosaico de paisagens domesticadas para favorecer numerosas populações de plantas úteis, cada uma domesticada com diferentes intensidades e *resultados* (Levis et al. 2018: 2, grifos nossos).

Lévi-Strauss já tinha destacado como as práticas e os conhecimentos ameríndios estendiam-se tanto ao âmbito do "cultivo agrícola" como ao da "exploração de plantas silvestres" (Lévi-Strauss 1950),[11] o que torna irrelevante a distinção selvagem / do-

11 Não cabe neste momento debater a pertinência das categorias de "cultivo agrícola", "horticultura", "cultura silvícola", "exploração de plantas silvestres" – todas elas, presentes no texto de Lévi-Strauss. Porém, essa pluralidade de conceitos já sinaliza a dificuldade de inserir as práticas ameríndias nos parâmetros ocidentais de agricultura. A diferença entre o cultivo das terras baixas sul-americanas e os modelos agrícolas eurasiáticos já foi apontada por Denevan (1992) e é fortemente afirmada nas análises de ecologia amazônica contemporânea (Clement et al. 2010; Neves & Heckenberger 2019).

mesticado do ponto de vista das concepções indígenas. Outras cisões conceituais são igualmente improdutivas no marco das taxonomias indígenas, como o contraste entre plantas "nativas" e "exóticas". Assim, por exemplo, a consideração da pupunha (*Bactris gasipaes*) como "a única palmeira domesticada dos Neotrópicos" (Silva & Clement 2005) contrasta com as concepções suruwaha, em que os cultivares são obtidos como resultado de trânsitos xamânicos por mundos extra-humanos: a palmeira que para nós é, por excelência, domesticada apresenta características mais desejáveis para os humanos nas variedades que procedem de mundos distantes: os frutos "exóticos" tornam-se mais agradáveis aos Suruwaha. Com efeito, as "pupunhas verdadeiras" (*masa yokana*) dos espíritos *karuji* são preferidas às pupunhas "nativas", menos oleosas e, portanto, menos saborosas:

> O veado tinha uma filha, ela saiu de casa e foi ao igarapé. À beira d'água, ela ficou descascando as pupunhas com os dentes e jogava a pele delas na água. O espírito da pupunha (*masa karuji*) chegou nadando pelo igarapé transformado no peixe *uhuwari*. A jovem jogava as cascas para ele, o peixe mordiscava, mas não gostava. A moça achava graça e continuava jogando pedaços de cascas enquanto cozinhava pupunhas à beira do igarapé. Estava distraída quando, subitamente, o peixe *ihuwari* se transformou em pessoa: era o próprio espírito-dono da pupunha. Ela se assustou. O espírito-dono da pupunha lhe disse: "Isso que você tem não é pupunha de verdade. Eu tenho sim pupunha de verdade! Vou lhe levar à minha casa para você provar pupunhas boas". O espírito-dono levou a filha do veado pelo igarapé. A viagem foi longa, durou muitos dias. O espírito-dono da pupunha pegou o coração da jovem e o levou consigo. Ele tinha o poder forte dos xamãs.
>
> Depois de um tempo o pai viu a filha chegando de volta à casa, mas ela estava feia e magra. Sua tanga estava esfiapada, descuidada, sem a cor vermelha do urucum. O espírito-dono da

pupunha tinha poder de xamã e tinha duplicado a filha do veado: produziu uma jovem bonita e outra feia e levou consigo a primeira. O veado, surpreso, olhou a sua filha malparecida: "Essa é a minha filha? Como ela está feia, com essa tanga desbotada!". Pegou tabaco, encheu sua mão de rapé e inalou com força, até que soube o que tinha acontecido com a sua filha. Foi ao igarapé, viu as cascas de pupunha, inalou tabaco novamente e viajou durante muitos dias até a casa do espírito-dono da pupunha. Quando chegou, reconheceu a sua filha e disse ao espírito da pupunha: "Por que você levou a minha filha?". "Ela quis conhecer pupunhas verdadeiras, por isso eu a trouxe aqui", replicou. O veado pegou seu tabaco, inalou intensamente e pegou o coração de sua filha. Voltou à casa com ela levando as pupunhas verdadeiras, aquelas que têm muita gordura. São as pupunhas que as pessoas preferem até o dia de hoje (Kwakwai 2016).

A linguagem da domesticação fala de plantas transformadas pela ação dos humanos, plantas mais bem-adaptadas, mais úteis, mais desejáveis no âmbito do cultivo e do controle. A nossa controvérsia virtual entre botânicos e ecólogos de um lado, caçadores-castanheiros banawá ou espíritos cultivadores das pupunhas suruwaha do outro, nos obriga a aceitar que as plantas amazônicas provocam grande equivocação entre os respectivos mundos – equivocação que "não é apenas um 'defeito de interpretação', mas uma deficiência no compreender que as interpretações são necessariamente divergentes, e que elas não dizem respeito a modos imaginários de 'ver o mundo' mas aos mundos reais que estão sendo vistos" (Viveiros de Castro 2004: 11). Estamos, certamente, perante um daqueles mal-entendidos produtivos em que a tarefa é aceitar as distâncias ontológicas. "Contradomesticação" não consiste em uma negação ou falseamento dos processos de domesticação e produção da floresta antropogênica observados pela ecologia histórica; é um conceito que ensaia uma tradução da socialidade interespécies dos ameríndios, contornada por um princípio de precaução – relações orientadas por uma "regulação dos excessos" (Pazzarelli & Lema 2018; Lema 2020). Domesticação e contradomesticação se confrontam como mal-entendido indissolúvel: o problema não é a diferença entre ecólogos e indígenas, e sim entre "florestas", ou seja, o mundo em que a domesticação é o ponto de vista não é o mesmo mundo em que a contradomesticação é o ponto de vista.

Em uma relação humano-vegetal em que o excesso de controle abre a expectativa para movimentos vegetais reversos, as florestas antropogênicas emergem como ilusão de um mundo antropocêntrico, sempre domesticável, submetido a uma *gramática* da utilidade humana capaz de moldar a *morfologia* das plantas (e de forma consistente, uma vez que a domesticação produz mutações também genotípicas). O conhecimento vegetal banawá adverte, atento ao seu princípio de precaução, que a hipérbole do nosso cuidado *das* plantas (ao sermos capazes de domesticá-las) deriva em um necessário (e cautelar) cuidado *com* elas: capazes de nos contradomesticarem, elas já atuam antropocenicamente. A socialidade indígena do cuidado com as plantas se orienta, assim, a partir de uma prática vital da crítica (Van Dooren 2014). É possível afirmar que a "botânica da precaução", em relação ao timbó, às castanheiras e às flecheiras, estabelece um movimento que os xamãs *inawa*, inspirados pelo tabaco, já conhecem: o da insistência das plantas na política – parafraseando Stengers. Plantas contradomesticantes, tão capazes de comportamentos perigosos como abertas ao cuidado, são também nossas espécies companheiras – assim como os xerimbabos nas aldeias ou as mandiocas nas roças.

A longa história da engenharia vegetal ocidental tende, paradoxalmente, a se encontrar de forma paulatina com o pensamento indígena sobre as florestas: perante a crise climática, ela começa a constatar (não de modo unânime, infelizmente) que o excesso de controle traz à tona o risco de reverter as posições e de instigar a emergência de contrapredações vegetais sobre os humanos. A domesticação, quando transita da criatividade antropogênica à obsessão antropocêntrica, irrompe em novas ecologias ferais, "reações não projetadas de não humanos às infraestruturas humanas" (Tsing 2019: 14). Às margens do rio Tapajós, onde foram escritas estas páginas, campos de soja em expansão marcam os tons de verde da Amazônia contemporânea. Aviões que cuidam das terras do agronegócio desviam suas rotas para despejar glifosato nas casas quilombolas do Tiningu.[12] Afinal, as monoculturas de nossas plantas hiperdomesticadas não nos transtornam, em uma escala ainda mais abrupta, à maneira que *kona abono*, espírito-dono do timbó, transtornou a vida dos Banawá acampados à beira do Mayofa? A domesticação de plantas não deriva simplesmente em domesticação de paisagens: extrapolada, ela pode provocar a emergência de *fantasmas*, vestígios de formas de vida passada que sopram sobre paisagens assombradas no presente (Gan et al. 2017). Vale lembrar que populações de plantas domesticadas nos remetem à memória viva de seus antecessores vegetais: eles subsistem,[13] ainda selvagens,

12 Como mostra a inquietante reportagem produzida pela Agência Pública (Sarraf 2019), disponível em apublica.org/2019/04/agricultores-denunciam-uso-de-agrotoxico-como-arma-quimica-em-fazenda-de-daniel-dantas/.

13 Note-se que as plantas selvagens são comumente contemporâneas – não "primitivas" – em relação às correspondentes variedades domesticadas. Observe-se que "a domesticação é um processo que ocorre no nível da população, não no nível da espécie, de modo que é incorreto afirmar que a espécie X é domesticada, a menos que todas as populações selvagens tenham sido extintas, o que é uma ocorrência incomum; geralmente é correto afirmar que a espécie X apresenta populações domesticadas" (Clement et al. 2010: 74). Podemos pensar que há, nesse sentido, uma espécie de resistência vegetal das populações de plantas selvagens em relação aos mecanismos humanos domesticantes.

nas margens da civilização domesticante, assim como os humanos que permaneceram atentos à chamada vegetal à precaução: na Amazônia, indígenas e plantas coabitam resistindo à agricultura, resistindo à domesticação.

12 ESPECULAÇÕES SOBRE PUPUNHEIRAS OU *CUIDAR COM* PARENTES-PLANTA

FABIANA MAIZZA

SERES-PLANTA

Já tive alguns sonhos com almas de plantas jarawara; poucos, é verdade, mas todos muito marcantes. No primeiro, um homem branco careca, alto, batia na porta da minha casa e, quando eu abria, ele caía em cima de mim. Esse "homem" era a alma do tingui. No segundo, uma alma qualquer, não sei qual, tentava me sufocar. Acordei durante a noite, estava na aldeia e tinha me prendido toda em meu cobertor dentro da rede, algo bem esquisito. O último, que foi para mim o mais impressionante, pois passei mais tempo com essas criaturas, também aconteceu quando eu estava na aldeia. Foi quando me encontrei com as almas das plantas de Hagen. Devo dizer que nessa época eu estava muito impactada pela leitura dos textos de Marilyn Strathern sobre plantas, jardins e mulheres, em sua etnografia sobre a região do monte Hagen, nas Terras Altas da Nova Guiné, na Melanésia (Strathern 1988).

Delas eu me lembro bem, das almas das plantas de Hagen, especialmente de um homem de cabelo comprido e de uma moça que o acompanhava. Eles tinham a pele de um dourado escuro e brilhante. Seus cabelos eram compridos e cacheados, com reflexos dourados. Tinham os olhos de uma cor amendoada e os dentes, muito brancos, também com algum tipo de brilho que não consigo descrever – um brilho que era como a tonalidade de um pôr do sol, o brilho do crepúsculo, do entardecer. Ele tinha uma tatuagem no braço, era magro, porém com os músculos bem definidos. Eram criaturas fascinantes, lindas, brilhantes e sedutoras. Não se tratava de uma sedução sexual, era mais uma vontade, indescritível e incontrolável, de querer ficar perto delas. Perto para ver e sentir quanto eram bonitas, quanto o reflexo dourado que delas emanava me dava uma vontade infinita de olhar, apreciar, sentir e de me aproximar. Por outro lado, havia uma tensão constante no ar. Aqueles seres lindos e com brilho dourado tinham alguma intenção de me enganar, de roubar algo de mim, não sei direito o que causava a incômoda e pesada sensação de ameaça e desconfiança. Eu estava assim invadida por um ambíguo sentimento de admiração e medo. E sabia que não podia, ou não devia, ficar muito tempo perto desses seres. É tudo de que me lembro.

O que mais marcou esses sonhos foi justamente essa sensação de uma beleza ameaçadora. Sei que, como nos lembra Jeanne Favret-Saada (1990), meus sonhos são apenas consequência do que ela chama de "ser afetada", e tampouco tenho a ilusão de achar que os afetos que experimento são os mesmos de minhas interlocutoras jarawara. Abro este artigo com esses sonhos porque foi por intermédio deles que entendi, e continuo no processo de entender, a forma humana das plantas. Foi assim que vi como operam os agenciamentos que nos permitem traduzir, e mesmo especular, sobre ideias no mundo jarawara, uma delas a ideia de que as plantas podem ser gente. Ou, ao menos, como já nos ensinaram Tânia Stolze Lima (1996) e Eduardo Viveiros de Castro (1996), elas se pensam e se veem como gente. Essa humanidade vegetal levanta alguns problemas existenciais profundos para as pessoas jarawara que conheço (Maizza 2014), mas não é sobre esses problemas que desejo falar aqui, e sim sobre o mundo possível, também apresentado pela humanidade das plantas. O experimento que me proponho, e proponho a leitoras e leitores, é algo que vem sendo esmiuçado já há algum tempo pelo que pode ser chamado de "feminismo especulativo", ou ficção especulativa. Algumas dessas autoras são bem conhecidas de todas nós. Recentemente a refilmagem, em formato de série de televisão, de *O conto da aia*, de Margaret Atwood (1985), reanimou a força desse tipo de narrativa. Ursula Le Guin (1969, entre diversos) e Octavia Butler (1979, entre diversos) são outros nomes centrais. Essas autoras começam a escrever na década de 1960 e esse tipo de literatura continua a ser um palco importante para gerações mais jovens no que se refere a imaginações feministas do real, do possível, dos limites da imaginação. A ideia é propor novos futuros, futuros possíveis e presentes implausíveis, porém reais (Haraway 2016b: 136).

Donna Haraway, no livro *Staying with the Trouble*, faz também uma experiência de escrita especulativa no último capítulo, chamado "The Camille Stories: Children of Compost" [As histórias de Camille:[1] crianças do composto]. São as / os Camilles que nos dão o *slogan* "façam parentes, não bebês" ("Make kin, not babies") (Haraway 2016b: 137). Como nos conta Haraway, "*As histórias de Camille*" se inspiram em etnografias como as de Marilyn Strathern no livro *O gênero da dádiva*,[2] no qual a autora expõe a ideia de que as pessoas na Melanésia são compostas de relações. As "Comunidades do Composto", de Haraway, se baseiam no conceito de fazer "mais do que pessoas humanas", algo que dialoga com os escritos strathernianos. A autora argumenta que

> os/as etnógrafos/as entenderam muito bem que fazer parentes envolve todo tipo de categoria de jogadores – incluindo deuses/as, tecnologias, criaturas, "parentes" esperados e inesperados e mais

1 É importante chamar atenção para o nome "Camille", pois se trata de um nome francês sem gênero predefinido, ou seja, um nome andrógino.

2 Além de Marilyn Strathern (1988; 1995), Donna Haraway homenageia o trabalho de outras duas etnógrafas: Gillian Goslinga (2011) e Lucinda Ramberg (2014).

> – e diversos processos que quando colocados juntos tornam insustentável a caracterização de "parentesco" enquanto relações formadas somente pela descendência genealógica e reprodução, ou aliança e linhagem (Haraway 2016b: 216, nota 4).

Nas "Histórias de Camille", Haraway nos faz pensar sobre formas de parentesco que não focam a relação heterossexual homem-mulher e a reprodução; é o que a autora chama de *oddkin*, "parentesco estranho", e que inclui relações humanas e não humanas – e que faz com que nos *tornemos com* ("become with") os outros e outras formas de vida (Haraway 2016b). Nesses contos de especulação feminista, o mundo está em ruínas e as Crianças do Composto devem lidar com o problema de como viver em um mundo assim. Fazer parentesco de maneira inovadora é uma das respostas. Cada criança deve ter ao menos três pais / mães, as crianças devem ser consideradas raras e preciosas e devem possuir um animal simbionte, que é parte da pessoa; as relações de parentesco podem ser formadas a qualquer momento da vida, inclusive com imigrantes recém-chegados (Ibid.: 138). Estamos falando de mundos anticoloniais, antirracistas e pró-*queer* (Ibid.: 138), onde criar parentesco é um meio de reduzir as demandas humanas na Terra e, ao mesmo tempo, fazer florescer humanos e outras criaturas, e engajar energias e paixões nos mundos dispersos emergentes (Ibid.: 138).

Ao refletir sobre as relações das mulheres jarawara nesses termos, vejo que a criatividade de minhas amigas dialoga de modo surpreendente com a ficção especulativa de Haraway. O mundo jarawara, de algum jeito, estaria mais próximo do mundo das Crianças do Composto do que do meu mundo tal como o concebo hoje. Começando pelo fato de que o povo jarawara sobreviveu aos genocídios que ocorreram no sudoeste amazônico durante toda a primeira metade do século XX em decorrência das grandes invasões promovidas pela procura da seringa para a produção de borracha, o chamado ciclo da borracha. Vejo no parentesco jarawara contemporâneo traços que ampliam os limites de nossa concepção de parentesco (Maizza 2017) e que abrem a percepção para o que Haraway vem chamando de *tornar-se com* e mundos mais que humanos.

Assim, não me parece estranho tentar uma imaginação especulativa me baseando na minha experiência etnográfica com as mulheres jarawara. Também não posso deixar de pensar na descrição que Marilyn Strathern faz da escrita de Malinowski, quando afirma que o que de fato lhe deu o seu lugar de fundador do estilo etnográfico moderno foi o livro que ele escreveu (Strathern 1987: 256 e 259). Quem leu *Argonautas do Pacífico Ocidental* nunca esquecerá o famoso "imagine você...". Como sabemos, certa linha da antropologia admite que estamos todos nós, etnógrafas e etnógrafos, escrevendo algum tipo de ficção especulativa desde o livro de Malinowski.

O que contarei agora, portanto, se trata igualmente de especulação, no sentido em que reuni relatos esparsos, que ocorreram em diferentes tempos-espaços, os quais coloquei justapostos em uma mesma narrativa, condensando os acontecimentos e procurando expor as preocupações das minhas amigas durante esses momentos. O foco do relato é o conceito do *cuidar*, que a meu ver é a essência de tudo o que vivencio ao lado das mulheres jarawara e um reflexo das relações que elas *compõem com* o mundo das plantas.

ESPECULAÇÕES ETNOGRÁFICAS

Logo de manhã, perto do fogo, Makeni me falou que tinha sonhado com Neme, sua filha querida que tinha fugido com um homem branco e com quem não falava havia muitos meses. Neme chorava no sonho, de saudades. Narabi me explicou que foi a alma dela que veio visitar Makeni, sua mãe, quando esta dormia. Nós nos alimentamos com o peixe requentado da noite anterior, acompanhado de farinha. Tomamos rapé e nos preparamos para descer para a outra casa delas, próxima à várzea, a meia hora de caminhada dali, onde moravam durante metade do ano. Era ali perto que estavam os novos roçados e também algumas plantas pequenas que ainda precisavam de cuidado intensivo, além de alguns patos, que precisavam ser alimentados.

No caminho seguíamos Makeni, Narabi, Hinabori, Manira, eu e alguns cachorros das filhas delas, inclusive um bem pequeninho, Bobi, que latia com certa frequência. Levávamos todas paneiros (recipientes de envira trançada, para colocar plantas e outras coisas no retorno) e facas, de tamanhos diversos: elas levavam facões grandes e bem afiados e eu, claro, carregava algo mais parecido com uma faca de cozinha. Makeni continuou falando sobre sua filha ausente enquanto as outras e eu apenas ouvíamos, caladas. Não havia muito a ser dito que não aumentasse sua raiva/saudade/tristeza (*hamaka*), que precisava, pelo contrário, ser acalmada e afastada. Uns metros adiante paramos de repente no caminho. Narabi, que tinha se afastado, pois Linda, uma de suas filhas, tinha lhe pedido para dar uma olhada em seu abacateiro, para ver se ele havia enfim dado fruto, voltou preocupada, dizendo que ouvira algo. Só podia ser alma. Ficamos paradas, certificando-nos sobretudo de que a alma, *inamati*, tinha também nos ouvido e fugido para longe. Então continuamos e chegamos não muito cansadas à outra casa. As janelas foram abertas, alguns objetos, recuperados, e ficamos lá sentadas um pouco.

Rapidamente Manira me perguntou onde estavam as sementes de pupunha que Watati tinha me dado na noite anterior para que eu plantasse. Eu as mostrei, e ela me disse que eu me preparasse para sair. Coloquei bota, boné, peguei meu caderno, minha mochila, minha faca, minha garrafa d'água, e estava pronta. Para meu espanto, ao descer da casa andamos aproximadamente vinte passos. E lá, no meio de um monte de minirroçados-jardins, literalmente ao lado da casa, ela fez uns furos com o facão no chão e me disse "Pode colocar". E assim plantei minhas primeiras sementes de pupunha. Isso só foi possível depois de anos de convivência com as mulheres jarawara.

A questão, me parece, é que, antes de plantar, eu precisava de um lugar para plantar, um roçado / jardim (*fatara*). Os roçados são de famílias compostas, por isso era necessário ter uma família antes de ter uma pupunheira. Alguns dias antes, Narabi havia me convidado a ser irmã mais nova dela e de suas irmãs. No mundo jarawara, as plantas cultivadas são filhas daquelas que as semeiam e moram na camada superior, com outros parentes-planta. Agora, com esse novo estatuto de parentesco, eu plantaria nos roçados de minhas "irmãs", perto de suas plantas, e teria filhos-planta que viveriam com os filhos-planta delas. Foi assim também que percebi que aquela aldeia, e a outra, e todas as aldeias jarawara em que já estive, estavam cercadas de pupunheiras e de outras palmeiras e de árvores frutíferas. Percebi que a beleza da aldeia jarawara, e ter uma aldeia bonita é muito importante, passava pela presença e pela beleza das pupunheiras. Qualquer um que chega a uma aldeia jarawara depois de horas de caminhada na floresta fechada tem um impacto ao se deparar com um lugar arrumado, limpo e cuidado, repleto de longe e de perto de pupunheiras. Não há vida entre parentes, enfim, sem a presença da pupunha.

Quando voltamos para casa, logo ali ao lado, vimos que Hinabori já tinha saído com Narabi para ir espiar a planta de tabaco (*sinã*) da filha de Hinabori, Marinês, que estava morando temporariamente na aldeia de seu marido. Marinês era filha do irmão de Hinabori, mas desde pequena havia sido criada por Hinabori e seu outro irmão, Okomobi. Fomos até lá e vimos que Hinabori estava limpando o terreno em volta das plantas, roçando e tirando algumas folhas, sempre as que se encontravam mais embaixo do caule, e pegando para fazer rapé. Ela deve ter ficado pelo menos uma hora sob o sol quente do final da manhã apenas fazendo isso, limpando o terreno e coletando algumas poucas folhas para si mesma. Enquanto isso, Narabi fazia o mesmo do outro lado do roçado com suas plantas de tabaco. Narabi já havia me explicado pacientemente algumas vezes que, se o terreno não estiver limpo, as plantas não crescem, elas não gostam de "mato cerrado". Isso pode soar óbvio, mas a limpeza sozinha não atingirá o efeito desejado; é preciso olhar as plantas e conversar com elas se quisermos que deem frutos. As conversas com as plantas não são exclusividade humana, os passarinhos também falam com as plantas quando estão perto delas. Além disso, o olhar se entrelaça com o cuidar: é algo como um olhar / cuidar / estar perto (*kakatoma*), que permeia toda a relação das mulheres jarawara com as plantas, sobretudo com a da pupunha – que é, como aprendi, plantada ao lado das casas onde vivem as pessoas.

Aquele mês de fevereiro chuvoso não era o melhor momento para plantar – por outro lado, era ótimo para se deliciar com pupunhas, açaí e outros frutos, além dos peixes, muito abundantes naquela época justamente por conta das frutas caídas nas margens dos lagos, o que facilitava bastante a pesca. O certo mesmo era plantar no fim do verão, depois da chuva, na época seca e quente, por volta de setembro. Nesses dias, todo mundo vai para o roçado novo, aberto por alguns homens nos meses anteriores. Mulheres, homens, crianças, cachorros, passarinhos, enfim, a aldeia toda se reúne no enorme terreno aberto e, ao som de cantos femininos e masculinos, *yowiri* e *ayaka*, as manivas vão sendo fincadas no chão e as sementes das palmeiras e de árvores frutíferas são plantadas todas por perto, para que, quando alguém for ver uma planta, também cuide das outras. As plantas precisam dos cantos para crescer, e os cantos têm que ser alegres. Os dias de plantação coletiva são repletos de animação, alegria, repletos de gente, de vida, de cuidado, de atenção.

Quando Makeni e Narabi voltaram e nos encontraram na aldeia, cozinhamos alguns carás-brancos e pretos (roxos) que elas trouxeram da pequena visita ao roçado de Marinês. Depois do almoço, decidimos voltar para a aldeia. Manira pegou a panela ainda quente com os carás cozidos que sobraram, tirou toda a água e colocou a panela dentro de seu paneiro para que seus netinhos, Ébinho e Eliédson, e seu sobrinho pequeno, Maurício, comessem quando ela chegasse. O macaco-prego da sua outra filha, Jaqui, também precisava de comida, ela lhe daria um pedaço. No caminho de volta, Hinabori havia seguido na frente para, com Manira, pegar uma envira (chamada em jarawara de *tamiyara matu*) para amarrar a alça quebrada de seu paneiro, o que ela fez, levando o restante dentro do paneiro para trabalhar em casa. Paramos ainda em outro roçado para pegar um pouco de macaxeira para o jantar e também olhar as plantas de tabaco que ali estavam. Antes de chegar à aldeia, fizemos outra parada na beira de um clarão onde dois irmãos delas estavam derrubando árvores, preparando um novo roçado a ser queimado no fim daquele verão. Elas assobiaram, os dois vieram, elas deram alguns carás cozidos para eles, que logo voltaram ao trabalho. Chegamos de volta à primeira aldeia, tomamos rapé. As filhas delas estavam limpando o peixe que os maridos trouxeram da pescaria. Tomamos banho, jantamos.

À noite, depois de tomarmos rapé, Okomobi começou a contar a história de seu pai, que era xamã, *inawa*. A história era sobre as almas da pupunha ou as filhas das pupunheiras, *yawita abono fanã mati*. Okomobi contou de quando era pequeno e seu irmão Chico, que era só um bebê, faleceu. Seu pai, Kanabono, chamou então as almas das plantas de seu roçado, seus filhos-planta, para levar a alma de Chico para a camada de cima, *nemeya*. Eles levaram. Chegando lá, quem pegou Chico para criar e ser mãe dele foi a alma da pupunha do roçado de Kanabono, irmã de Chico – ela se chama Hinabori. Foi assim que minha amiga Hinabori ouviu esse nome, gostou dele e o quis para ela, e é por isso que hoje ela se chama Hinabori – nome da irmã-pupunha dela, que cria o irmão humano falecido.

Na noite seguinte, diferentemente das outras, não houve conversas depois que tomamos rapé. Um dos últimos xamãs ainda vivos, Kowisari, resolveu cantar um *ayaka*, um canto masculino. Esse canto contava sobre o dia em que outro xamã, Kairamu, talvez um dos mais poderosos que já existiram, morreu. Nesse dia, Kowisari viu o momento em que as almas das pupunheiras plantadas por esse xamã, mas também bananeiras, tabacos, algodoeiros, tingui / timbós, canas e outras, desceram lá de cima a pedido de seu pai falecido e se reuniram todas em um mesmo lugar. Era muita gente. Para todos os lugares que se olhava havia alguém. Todos tinham aparência humana e estavam reunidos, conversando, esperando – como nos dias de festa *mariná*. Depois chegou outra gente-planta, outras almas de planta, muitas, dos parentes dele, pessoal da aldeia. Essas almas bateram nas costas das plantas de Kairamu, elas gritaram e as almas de pupunha viraram queixadas. É assim: quando as pessoas morrem, as pupunheiras viram queixadas.

TRANSFORMAR-SE

Na minha última ida à aldeia Casa Nova, minhas amigas fizeram a festa de saída, *marina*, de uma moça chamada Kanawirira. A intenção era recuperar a "cultura jarawara", o que as levou a fazer essa festa como antigamente – festa que não era mais realizada devido à pressão dos missionários evangélicos norte-americanos que atuam na região, inclusive nas aldeias dos Jarawara, de forma incansável e insistente desde meados da década de

1980. Kanawirira seria amarrada pelos pés e pelas mãos em um pedaço de tronco e teria suas costas chicoteadas por cinco moços / garotos que fossem seus afins com uma vara feita do talo de uma planta. Nos dias que antecederam esse momento final da festa, eu me sentia ansiosa por poder assistir a essa parte importante da saída ritual, sobre a qual as pessoas sempre me falaram com muita emoção. Mas, ao assistir ao *kosi*, ao chicote, a minha reação saiu totalmente de meu controle – mesmo sabendo que quem de fato chicoteia a moça são as almas da pupunha (*yawita abono*). Foi bem impressionante, foi sem dúvida a coisa mais emocionalmente impactante que já vivenciei entre os Jarawara. Eu, que achava que conseguiria suportar, fiquei completamente angustiada. Foi também a experiência esteticamente mais perturbadora que vivi: todas as pessoas presentes na aldeia naquele momento, todas mesmo, estavam fora das casas, assistindo à cena. Foi ao mesmo tempo muito bonito.

Nesse final de festa se expôs o vácuo existencial entre mim e minhas amigas jarawara. O *kosi*, que foi uma experiência impensável e incabível para mim, é o que as torna o que são: todas as mulheres acima de vinte anos trazem em suas costas as cicatrizes do dia em que passaram por esse ritual. Vendo a cena, duvidei que eu pudesse ter um entendimento desse mundo de que tento participar há mais de uma década, duvidei de mim não apenas como etnógrafa, mas como humana. Não se trata de alteridade, ou seja lá o nome que se dê; eu não saberia explicar aqui, agora o que foi que senti. Jean-Paul Sartre já explorava na década de 1940 o conceito do nada (*néant*, *nothingness*), um tema importante na filosofia. Para mim, o termo "vácuo" é também um recurso descritivo.

O vácuo sobre o qual eu falo reflete o fato de meu mundo se apoiar inteiramente em uma destruição constante de outros seres vivos na Terra. Nesse vácuo, minha existência não é senão a prova de que mundos como os de minhas amigas jarawara e suas pupunheiras estão ameaçados. Se eu imaginasse minhas amigas jarawara levando a sério as consequências de seu mundo, e do meu mundo no delas, teria que pensar não apenas que elas são mulheres ou mães, ou cuidadoras, ou criadoras, como eu me autodescreveria; e sim que são algo como mães / planta / xamã, filhas / matrinxã / mandioca, mulheres / pupunheira / queixada. Mulheres, enfim, cuja existência questiona a minha própria existência e a maneira como penso sobre ela, mas também mulheres para quem minha existência, e meu mundo, são uma ameaça à existência e ao mundo delas.

CUIDAR COM

Esse caminho que começo a percorrer vem sendo aberto por algumas acadêmicas feministas que desejam tirar o conceito do *cuidar* do âmbito exclusivamente humano. Como sabemos, Donna Haraway e sua ideia de *compor com* são um aceno nessa direção. O cuidado foi durante muito tempo uma das nossas autodescrições mais potentes para subjugar o mundo feminino, aproximando as mulheres da natureza: seria natural, um instinto, a mãe (e unicamente a mãe) cuidar de sua prole, por exemplo. Como nos conta Rosi Braidotti (2006: 270): "As mulheres foram classificadas lado a lado com nativos, animais e outros, como referentes de uma força generativa / produtora, que foi reduzida a mera função biológica e privada de relevância politica e ética". O *cuidar* é reapropriado hoje pelo pensamento intelectual feminista para ser ressignificado e é assim levado tanto para o âmbito do político como para uma ética das relações mais do que humanas. O *cuidar* se torna um experimento para pensar um mundo onde as pessoas tomam decisões na presença daqueles/as que vão encarar suas consequências, algo que Isabelle Stengers chama de "cosmopolítica" (Haraway 2016b: 12). O termo *cuidar* se torna aqui, também, nas linhas do pensamento feminista contemporâneo, uma provocação.

Para María Puig de la Bellacasa, em seu livro *Matters of Care* [Questões de cuidado],[3] o cuidado, além de uma provocação, é algo especulativo, em aberto, não normativo e situado. O *cuidado* seria um modo afetivo que nos ajuda a imaginar mundos. Bellacasa (2017) se junta a outras feministas, como a própria Haraway, ao se voltar para o ontológico para reimaginar o ético e pensar a condição da vida na Terra como interdependente e relacional. Assim, ela explora como uma ética mais que humana pode e deve ser, sobretudo em suas reflexões sobre o solo e as práticas de agricultura e nos mais que humanos envoltos nela. O objetivo é especular sobre como as coisas poderiam ser diferentes não apenas se cuidássemos de uma variedade maior de seres e coisas, mas também se nos envolvêssemos em seus *tornar-se* – é o *tornar-se com* proposto por Haraway. O que ela assinala é uma teoria da mudança transformativa, que é igualmente um projeto político (Bellacasa 2017: 17).

É no projeto político do *cuidar* que se apoia a luta do ecofeminismo contemporâneo das bruxas neopagãs californianas e seu movimento Reclaiming, em que o *cuidar*, poderíamos dizer, é concebido como uma forma de *cura*. Isabelle Stengers lê os rituais das bruxas neopagãs como um experimento ético-estético-político que, ao invocar a Deusa, faz presente entre as praticantes uma causa sem uma representante, sem uma porta-voz que fale em seu nome (Tola 2016: 16). O que se apresenta aqui, na invocação da Deusa na dança espiral, é uma redefinição da agência política: o poder de transformar não pertence a sujeitos limitados, e sim a um entrelaçamento mais que humano que permite a coletivos pensar e inventar (Tola 2016: 16). Miriam Tola (2016)

3 O título faz também referência ao *Matters of Fact*, explorado por Bruno Latour.

chama esses movimentos de "política feminista de *compor com* a Terra", ou simplesmente "política feminista da Terra". Aqui, as ontologias feministas da vida e as tendências ecofeministas são relevantes para articular projetos políticos no presente, mas também para repensar o excepcionalismo humano e o antropocentrismo inerentes à maneira ocidental, hierárquica, de conceber as relações com outros seres. O que aprendemos então com as bruxas neopagãs é que *não estamos sozinhas*.

No mundo jarawara, aquilo que poderíamos pensar como "magia" não foi excluído do conhecimento, da prática agrícola e da relação com os seres. Isso faz toda a diferença para as dimensões do cuidar, que são por si sós, neste mundo, indicações de que as mulheres jarawara não estão sozinhas, bem longe disso. Bem antes das bruxas neopagãs, pensar o cuidar como algo exclusivamente humano sempre foi impensável para minhas amigas, assim como pensar o cuidado como algo que não exija esforços fenomenais para cultivar relações na diversidade e muitas vezes na dissidência (Bellacasa 2017: 79).

Como nos lembra Bellacasa, pensar com cuidado apoia-se na consciência dos esforços necessários para cultivar relações na diversidade, o que significa também construir um conhecimento que não nega a dissidência (Bellacasa 2017). Relações com "outros significativos" exigem mais do que acomodar a diferença, coexistir ou tolerar. Como nos ensina Haraway, em seu *Manifesto das espécies companheiras* ([2003] 2021), *pensar com* não humanos deve sempre ser *viver com*, consciente das relações incômodas e procurando uma alteridade que transforme aqueles envolvidos na relação e nos mundos em que vivemos (Bellacasa 2017: 83). Segundo Gilles Deleuze, conhecer não é sobre profecia e controle, mas sobre "ficar atento ao desconhecido batendo em nossa porta" (Deleuze 1989: 193 apud Bellacasa 2017: 91). Não posso deixar de pensar no tingui que bateu em minha porta no primeiro sonho com as almas das plantas jarawara.

Lembro também que ele me derrubou. Enfim, mundos trazem questionamentos para os quais nem sempre estamos preparadas. E se, como diz Donna Haraway, "nada vem sem seu mundo", talvez a arte de especular seja um exercício que nos prepare para mundos que encontraremos em nossas práticas etnográficas.

13 VEGETALIDADE HUMANA E O MEDO DO OLHAR FEMININO

KAREN SHIRATORI

Chieko descobriu que as violetas floresceram no tronco do velho bordo. [...] *Trinta centímetros separavam as violetas de cima das de baixo. Chieko, que chegava à plenitude da mocidade, às vezes perguntava a si mesma se elas se encontrariam algum dia. Será que se conheciam?, pensava ela. O que significaria, entretanto, "encontrar-se" e "conhecer-se" para as violetas?*

— YASUNARI KAWABATA, *Kyoto*

ÁRVORE-FLAMA[1]

"Eu acredito que os humanos deveriam ser plantas" é o verso do poeta modernista Yi Sang que inspira o romance *A vegetariana*, da sul-coreana Han Kang. Para ela, aproximar-se das plantas é negar uma humanidade violenta, a partir de uma perspectiva feminina feita, a um só tempo, da renúncia obstinada de comer carne, acompanhada do espanto e do sadismo masculinos, e da transformação da mulher em árvore, ou melhor, árvore-flama. Para o poeta Yi Sang, por seu turno, aproximar-se das plantas é a expressão de uma escolha pacifista, um afastamento dos

1 Agradeço a Ana Gabriela Morim de Lima e Beatriz de Almeida Matos pelas leituras generosas e preciosos comentários. E também ao apoio da Fapesp pelo financiamento desta pesquisa.

horrores perpetrados pelo colonialismo japonês do início do século XX; os humanos são fonte de violência, e as plantas, na perspectiva masculina, o refúgio do horror imperial e possibilidade de reconciliação.

Para a vegetariana, protagonista do romance de Han Kang, tudo se inicia com um sonho que retorna insistente, despertando-a de assalto, e a leva a jogar fora, em gestos maquinais e movidos por uma repulsa da sensação de ter eventualmente matado, tudo o que continha carne em sua geladeira. De início a história é narrada pela voz do marido, que discorre estupefato sobre a mudança incompreensível dos hábitos alimentares da mulher, ou melhor, de como os sonhos a fizeram uma esposa inadequada para ele, antes acostumado em não ver nela nada de especial, nenhum defeito em particular, tampouco qualquer encanto. O romance prossegue numa segunda parte cujo foco é a mancha mongólica que a vegetariana conserva em seu corpo. Uma flor azul desabrochando, uma grande pétala azul sobre a pele ou, quiçá, uma marca verde como um resquício de fotossíntese; a mancha mongólica é qualquer coisa de vegetal anunciando uma existência cada vez mais forasteira, que não se podia mais dizer humana, contudo, nem por isso animal; antes, era alguma coisa incerta, indefinida em seus contornos. As flores que desabrocham em sua pele indicam uma fusão sem volta, e ela, coisa mutante, passa a buscar a companhia do sol e dos seres vegetais.

A imagem da transformação do corpo da mulher em árvore é precisamente o tema que este texto introduz, ao refletir sobre o devir-planta: "Nem metáfora, nem metamorfose, um devir é um movimento que desterritorializa ambos os termos da relação que ele cria, extraindo-os da relação que os definiam para associá-los através de uma nova 'conexão parcial'" (Viveiros de Castro 2015: 184). Liberação do modelo antropomórfico, abertura à herborização.

OS EXCESSOS DO SANGUE

A despeito das diferenças, ou em virtude delas, lembro-me do medo do olhar feminino manifestado pelos homens jamamadi, medo de serem vistos por uma mulher ou, mais especificamente, de serem atingidos por seus olhos quando estes estão marcados pelo excesso da potência advinda do sangue menstrual. Para esse povo indígena de língua arawá que habita o sul do estado do Amazonas (Shiratori 2018), a alteração do olhar é o índice de um devir-planta feminino a ser estabilizado, tal como ocorre durante a fabricação do corpo xamânico ao longo da qual essa alteração deve ser produzida. Se "[n]a Amazônia, o sangue é uma substância psicoativa, provavelmente a mais forte" (Belaunde 2006: 232), ele é também uma substância venenosa cuja toxicidade neutraliza os potentes *curares*, os venenos de caça, e despotencializa a agência masculina. Assim, entre os Jamamadi, as mulheres ficam com o olhar envenenado, *noki koma*, espécie de medusa indígena; todavia, seu perigo se restringe aos homens que podem ser condenados a uma morte horrível, vertendo todo o seu sangue, se vistos por uma menina reclusa durante a menarca.

O problema de fundo expresso pelo medo da exposição masculina ao olhar das mulheres é o da relação entre a produção das diferenças de gênero, seus efeitos perspectivos e a constituição dos corpos (Belaunde 2006; Matos 2019; Lima 1996). Se o olhar do outro é constitutivo do modo como uma pessoa se vê – leia-se, sua humanidade é relativa ou conjugada ao olhar de outrem –, as políticas da visibilidade nos mundos ameríndios são decisivas no delineamento dos contornos humanos, que não constituem uma qualidade inerente, e sim relativa a um observador externo ou determinada no confronto dentro do campo visual. Nas frestas entre o que vemos e o que nos olha está uma humanidade instável, sobre a qual Tânia Stolze Lima escreveu algumas das mais elucidativas linhas:

> A visibilidade ou invisibilidade de um corpo não depende de uma característica própria a ele mas de uma capacidade visual do observador. Se não vejo um espírito é por incapacidade de meus olhos. Se um espírito me vê, só vê aquilo que de mim eu própria não posso ver: minha alma, a qual representa todo o meu corpo para ele, toda a minha pessoa. Além disso, um observador capacitado para ver espíritos, como o xamã, vê o que os espíritos veem, situa-se, portanto, no seu campo visual (Lima 2002: 4).

Se a primeira menstruação provoca um sentimento de profundo constrangimento na menina, impelida a se afastar e se esconder tão logo o sangue menstrual se torne evidente, para os homens, ela desperta o temor da possível confrontação perigosa com seu olhar, o que os mantém afastados de onde a menina ficará em reclusão, afinal, quem fica sob a mira do outro está fadado a assumir sua perspectiva. Já para as mulheres mais velhas, a menarca é fonte de grande alegria, novidade a ser celebrada e difundida nas conversas entre as parentas, pois a elas caberá a tarefa de preparar e fabricar adequadamente o futuro corpo de mulher: de operar a passagem do corpo *demo* (menina impúbere) para *atona* (moça).

Essas meninas são mantidas com os olhos vendados ou ocultos por uma espécie de máscara ou chapéu, guardadas dentro de casinhas afastadas ou escondidas sob várias camadas de mosquiteiros na penumbra das próprias casas. Se o objetivo da iniciação xamânica é fabricar um corpo masculino como um corpo-veneno de xamã, duro / amargo / venenoso (Shiratori 2019), na reclusão pubertária feminina, inversamente, o corpo alterado deve amadurecer à semelhança das frutas postas numa cesta, onde passam do estado *borehe*, imaturo / verde / não desenvolvido, para o estado *hasa*, maduro / mole / desenvolvido. Em conformidade com essa concepção de desenvolvimento do corpo feminino à semelhança das frutas, a gravidez é o ápice do processo, evidenciada pelo escurecimento dos mamilos, *hahasa na*, ser preto / pretejar, no sentido de estar completamente desenvolvido / maduro. O desenvolvimento corporal pleno e o término da reclusão feminina manifestam-se com o aparecimento dos seios.

A relação entre homem: veneno: amargo e mulher: frutas: doce remete ao aspecto vegetal constituinte da humanidade jamamadi. Isso significa dizer que o calor e a escuridão de seu abrigo de reclusão pubertária são como cestas nas quais as frutas terminam o seu desenvolvimento? Não basta considerar essa correlação – aliás, muito recorrente – como uma metáfora para ilustrar o processo de transformação do corpo feminino. Amargo e doce, duro e mole, alimentos e antialimentos conjugam-se enquanto princípios opostos que são agenciados na diferenciação dos gêneros durante os processos de fabricação corporal. As afecções vegetais são incorporadas na constituição dos corpos permitindo seu amadurecimento e fortalecimento e a aquisição das capacidades e conhecimentos desejados aos homens e mulheres jamamadi.

Para essa filosofia do sangue ou hematologia (Belaunde 2006), a menstruação é um comutador perspectivo, à semelhança das substâncias psicoativas, em sua capacidade de promover aberturas a outros pontos de vista através da metamorfose corporal; nesse sentido, entre os Jamamadi a fabricação do corpo envenenado do xamã está entrelaçada ao processo de controle do fluxo do sangue feminino durante a reclusão, dado que o sangue é uma forma de veneno das mulheres.

A periodicidade (a alternância entre dia e noite, a sazonalidade, a duração etc.) e a moralidade são dois temas que caminham juntos nas *Mitológicas*, em particular no terceiro volume, *A origem dos modos à mesa* (Lévi-Strauss 1968), em mitos que tratam das descontinuidades espaço-temporais. O tempo do cosmos é marcado no corpo, os ciclos de vida e a sucessão temporal estão entrelaçados aos problemas de etiqueta e comportamento (Sztutman no prelo). Da reclusão pubertária dependem o bom ordenamento das estações, a harmonia entre tempo e universo, pois o excesso do sangue menstrual altera o olhar da menina reclusa; se mal contido, colocaria em risco o mundo e sua periodicidade. Entre os Jamamadi e outros povos arawá, a articulação entre o calendário agrícola, o ciclo das águas e o ritual pubertário é central para compreender o medo masculino, os cuidados imprescindíveis nesse momento liminar para as mulheres, que implicam o seu afastamento da vida comunitária e inúmeras interdições.

Tão logo a menina percebe as primeiras manifestações da menarca, ela se refugia no mato, longe da casa dos parentes, e aguarda até que alguém vá buscá-la. Ao encontrar sua mãe, ela avisa: *amakoboneni*, "meu sangue chegou". Nos primeiros meses, contudo, ela não pode olhar nem mesmo sua mãe nos olhos; seu olhar é dirigido para as outras mulheres somente quando seu sangue diminui. A instabilidade do seu corpo impõe-lhe uma dieta bastante restrita: nenhuma caça abatida com veneno pode ser consumida, dado o risco de tornar ineficazes os venenos das flechas ou aqueles que constituem os corpos masculinos. Portanto, não se trata apenas de um azar na caça; o homem panema é aquele cujo corpo perdeu sua potência venenosa, aspecto agentivo resultado da incorporação paulatina de venenos vegetais dos quais provém a eficácia de sua ação como caçador.

Muito embora o período de reclusão varie segundo a decisão dos pais da menina e do estágio de desenvolvimento de seu corpo – meninas magras precisam ficar mais tempo para engordar –, é comum que permaneçam por quase um ano dentro do *wawasa*, uma casinha feita de palha, construída próximo à casa dos pais, de onde ela só sai eventualmente, e acompanhada **[FIG. 21]**. Dentro do *wawasa*, a menina permanece com um "chapéu", *doba*, para tapar-lhe os olhos; em alguns casos, nos primeiros dias de sua primeira menstruação ela poderá ficar vendada.

Somente as mulheres podem vê-la; os homens, por sua vez, temem circular perto de seu *wawasa*, e os meninos são alertados a evitar brincar por ali, porque o olhar da menina é extremamente patogênico para os homens, que, se o mirarem, serão acometidos de uma doença chamada *ama komini*. Entre os Suruwaha, também de língua arawá, a alteração do olhar feminino caracteriza a condição da menina na menarca:

> O nome dado ao ritual feminino é *zubuni taharu* "aquela que cobre os seus olhos" porque as iniciandas, ao perceber que começaram a sangrar (*ama-*), devem imediatamente cobrir seus olhos com um pedaço de envira de amapá (*kaza ymy*) e então são orientadas por suas mães a deitar-se na sua rede. O olhar das moças que menstruam a primeira vez é dito ser contaminante *gagy-* (como o olhar dos rapazes durante a iniciação). Mas enquanto o olhar dos rapazes que estão prestes a receber o suspensório peniano é "perigoso" para todas as pessoas (homens e mulheres) porque ele é "excessivamente destrutivo"/"predador" e pode transformar os olhados em presas de animais peçonhentos, o olhar das moças menstruadas é "perigoso" apenas para os homens porque ele evoca a fertilidade e a geração de novas vidas: Homens olhados por moças menstruadas perderiam suas habilidades na caça (seu "poder mortífero") além de ser acometidos por vários tipos de eczemas. As moças permanecerão deitadas com os olhos vendados na rede e não poderão comer carne enquanto estiverem sangrando. Quando a menstruação termina passam a "ver novamente as pessoas", são levadas para o igarapé mais próximo por algumas amigas, mergulhadas (*kubudy-*) na água, pintadas de urucu e então têm seu cabelo raspado. (Huber 2012: 351)

A casinha ou o mosquiteiro, outra opção para a reclusão, são pequenos justamente por terem a intenção de limitar a movimentação em seu interior. Logo no início do trabalho de campo em

2013, espantei-me com o calor e a escuridão do ambiente abafado no qual L. estava reclusa, tendo permanecido por quase um ano sob três mosquiteiros sobrepostos, de tecido grosso escuro, dentro da casa da irmã. Sua pele alva e o rosto, que perdera os traços de criança, sugeriam que em breve seria organizada a caçada coletiva que antecede o ritual *ayaka* de saída da moça. Durante esse período, a menina permanece fazendo colares de miçanga, costurando roupas, fazendo adornos plumários sentada em sua rede, pisando o menos possível no chão, pois é importante mantê-la longe da terra.

Mesmo a falta de consenso na família em manter a menina em reclusão, divergência frequente entre os Jamamadi convertidos ao pentecostalismo, não é suficiente para evitar o medo causado por seu estado liminar. O pai de O., homem viúvo, por pressão religiosa hesitava manter a filha reclusa por tantos meses; sua justificativa consistia no fato de que nem ele nem os filhos poderiam garantir os cuidados necessários de sua dieta restrita. A área onde vivia a família acabou ficando isolada, não se via homem ou menino circular nas imediações da casa em que O. residia; envergonhada, ela acabara iniciando sua autorreclusão sozinha, em seu mosquiteiro. Aos primeiros sinais da "doença do sangue" sentidos por seu pai, manifestada por febre alta, dor de cabeça e no corpo, os irmãos decidiram que O. não poderia ficar "solta", e para tanto encarregaram uma tia materna, *amise*, dos cuidados da reclusão.

Conta-se que antigamente, *hibatiya*, no tempo dos antepassados míticos, era o sol, *mahi*, que menstruava. O vermelho do sangue menstrual remete à luminosidade solar e é um índice dos eventos nos quais o sol ensinou às mulheres as tarefas que lhes são próprias, bem como a importância de evitar olhar para os parentes durante as regras: "Bahi tinha medo de olhar as pessoas. Ele estava ensinando as moças. 'Não olhem as pessoas. Vocês devem fazer o que estou fazendo no futuro', ele disse. 'Vocês não devem olhar o seu pai, a sua mãe, nem os seus irmãos mais velhos. Não deixem os seus irmãos mais velhos ficar doentes por causa do sangue nos olhos de vocês', ele disse" (Vogel 2019: 1041).

Quando E. menstruou, seus pais estavam viajando. Foi sua tia paterna, *aso*, quem a colocou dentro do mosquiteiro, em sua própria casa, e cortou bem curtinho seus cabelos para que ela pudesse ser iniciada à reclusão. O cabelo foi cortado rente ao couro cabeludo para marcar a passagem do tempo; a reclusão só terminaria quando seus cabelos crescessem e chegasse o próximo verão, época do início dos trabalhos agrícolas e de abundância de cultivares.

O ciclo de vida humana está estritamente associado ao ciclo cosmológico e à sazonalidade. O procedimento é feito longe das casas, numa distância segura, suficientemente apartada dos homens. Cada mecha de cabelo é guardada com cuidado dentro de uma sacolinha, descartada somente ao fim do ritual que encerrará sua reclusão. Na noite em que o cabelo de E. foi cortado, as mulheres se reuniram no terreiro da casa de seus pais para cantar o *yowiri*, gênero de canto feminino. Os parentes ofereceram comida a fim de estimular e alegrar as cantoras. Os rapazes e homens mais velhos acompanharam tudo a uma distância segura, sem engajar-se diretamente. A menina tampouco estava presente nesse momento, apenas no término de sua reclusão ela voltaria a conviver com os demais. Fora de seu mosquiteiro, os olhos de E. eram mantidos vendados com um tecido – em geral uma saia ou outra vestimenta de modo a cobrir todo o rosto. Os pais estavam felizes e desejavam mantê-la muitas luas dentro do mosquiteiro, até que seu corpo pudesse ter a força necessária para carregar os pesados cestos de mandioca e trabalhar no roçado sem preguiça.

Ao término da reclusão, a família da menina organizaria uma grande festa, *ayaka* ou *marina*, para a qual seriam necessários preparativos que envolveriam uma extensa rede de parentes, humanos e não humanos, notadamente de almas de parentes falecidos, *ai korimari*, e de plantas, *yamata abono*, que são convidadas para cantar durante as noites do ritual **[FIG. 24]**. Em virtude do recorte deste texto, não abordarei as etapas e os detalhes do ritual; o que interessa salientar é a centralidade da participação das almas celestes de plantas, que vêm partilhar as comidas oferecidas pelos Jamamadi, cantar e aprender seus cantos e, fundamentalmente, soprar rapé nos homens, substância através da qual as pedras xamânicas – semelhantes ao breu vitrificado das árvores – e seus conhecimentos são transmitidos.

Há alguns anos, as meninas jamamadi voltavam a olhar para seus parentes só quando eram açoitadas, ato que encerrava o ritual. Cabia aos afins masculinos açoitar o corpo da menina, estendida de bruços sobre toras com as mãos e pernas atadas, até que a varinha de pau-mulato (*Calycophyllum spruceanum*), *awa yori*, empregada para tal fim, se partisse. Em seguida, as mulheres se vingavam dos homens, que já embriagados pelo efeito das bebidas e do rapé, tinham que escapar das mulheres que os caçavam para queimá-los com suas varinhas em brasa. Ao término do ritual, aqueles que não conseguiam se esconder, ganhavam várias queimaduras pelo corpo. As profundas feridas deixadas pelo açoite eram curadas com as pedras xamânicas introduzidas nas costas das meninas; atualmente, apesar de não serem açoitadas, elas seguem recebendo tais cuidados dos pajés.

A gravidez também altera o olhar feminino, tornando-o perigoso sobretudo para as pessoas enfermas. Quando falam em português, os Jamamadi dizem que as mulheres ficam *remosas* quando engravidam. Foi o que aconteceu com K., jovem que mantinha sua gravidez escondida por ser solteira. Ao visitar um tio, vítima de um acidente ofídico, seu olhar o fez piorar repentinamente: a ferida que estava quase cicatrizando voltou a inflamar e seu tio teve a perna amputada.

Ao longo da vida, a aproximação do humano ao vegetal é uma atração incontornável que se manifesta nessa conjugação heteróclita, produtora da humanidade dos Jamamadi *com* e *pelas* plantas. Isso se dá justamente por haver uma lógica comum, um modelo de vida também proveniente das plantas, não equivalente a uma operação predicativa. A seguir, a fim de explicitar a centralidade das plantas na socialidade e na cosmologia jamamadi, volto-me para os ciclos de vida e o desenvolvimento dos corpos humanos e vegetais. Na sequência, teço alguns comentários a respeito da onomástica Jamamadi.

DEVIR-PLANTA, DEVIR-HUMANO

Raramente os Jamamadi realizam suas tarefas cotidianas sem uma longa caminhada, não por serem necessariamente grandes as distâncias, mas em decorrência do apreço que cultivam por andar e observar as plantas do percurso. Tanto é assim que, muitas vezes, saem para caminhar "apenas" para *kakatoma*, "olhar as plantas". O olhar pode ser dirigido para buscar frutas maduras, palhas para a cobertura das casas, cipós para a cestaria, copaíba para extrair o óleo, remédios etc. No entanto, a caminhada não tem sempre uma utilidade prática, e, mesmo sendo esse o caso, não se restringe a ela, dado que esse olhar, em nada prosaico, se interessa igualmente em observar a variedade do crescimento das plantas, em identificar quem as plantou – se um parente ou espírito *inamadi* – ou apenas em apreciar as relações e a companhia das "amizades vegetais", contemplando a beleza do seu desenvolvimento. A floresta guarda as marcas das atividades das pessoas que ali viveram nas gerações passadas e, quando elas são reconhecidas durante as caminhadas, invariavelmente com enorme prazer, as plantas funcionam como registro dessa proximidade silenciosa.

Não se trata, por certo, de transferir aos Jamamadi a imagem do filósofo que, encantado pela botânica, imputa uma inocência apaziguadora ao mundo vegetal, espécie de sucedâneo terapêutico ou artifício que permite a uma só vez distrair-se e retomar a introspecção ensimesmada. Aqui, a profusão e a exuberância vegetais são entendidas como imagens potentes da diferença que não conduzem à contemplação plácida de um olhar neutro ou à plena transparência de um saber não mediado; pelo contrário, são índices de agências humanas e não humanas que, se ignorados, são potencialmente fatais.

O crescimento das plantas é abordado com verdadeira predileção pelos Jamamadi. Comenta-se que um buriti ainda é rapaz, *yifo yetene*; que os filhos de Lobi, *Lobi ka bidi*, estão começando a cair – nesse caso, os ouriços da castanheira plantados por ela; que os filhos da pupunha, *yawida ka ewe*, já estão visíveis no solo – essa etapa do desenvolvimento vegetal, o broto, é descrita como semelhante àquela do recém-nascido, *ewe*; que os cultivares-criança, *yamata madehe*, estão chorando de sede no roçado; que as macaxeiras não estão maduras e ainda são crianças de colo, *ewe borehe*; que as espigas de milho, *kimi*, estão felizes porque se tornaram adultas e terminaram sua formação, *kimi hawa tohini*.

As categorias mobilizadas para tratar o crescimento vegetal são as mesmas utilizadas para o desenvolvimento do corpo humano, de modo que uma criança de colo é chamada de *ewe borehe*, pessoa imatura como um fruto verde ou um broto que acabou de se fazer visível no solo; os filhos são os pequenos de alguém, *bidi*, como os brotos que germinaram das sementes que caem de uma planta; as crianças, quando começam a andar, passam a ser chamadas de *madehe*, assim como as plantas um pouco maiores, mas ainda não maduras; os rapazes solteiros são referidos com o termo *yetene*, tal como o buriti do exemplo acima; as meninas que não passaram pela reclusão pubertária são chamadas de *demo* e, após o ritual da menarca, quando seus seios aparecem e o excesso do seu sangue seca, são chamadas de *atona*, como o exemplo da bananeira cujos frutos maduros perdem o líquido viscoso, *adone*, dito ser seu sangue; quando rapazes e moças se tornam pessoas formadas / completas, seu crescimento está terminado, *hawa toha*, à semelhança de uma planta que atingiu a maturidade e pode frutificar.

O que se conclui da coincidência ou correspondência entre as etapas dos ciclos de desenvolvimento e crescimento humano e vegetal? Tratar-se-iam de imagens vegetais, de valor metafórico, mobilizadas para refletir sobre o crescimento e a morfologia dos humanos combinados a um antropomorfismo analógico para expressar o desenvolvimento vegetal? São abundantes os exemplos em diferentes línguas que vão nessa direção: "cabeça de alho", "pé de alface" e "olho de batata" são algumas expressões metafóricas mas de uso bastante circunscrito e sem repercussões ontológicas significativas, da mesma maneira que dizer "*oreilles en feuilles de chou*" (orelha de abano), mão de alface, "*poil de carotte*" (ruivo) ou "*ginger hair*" (cabelo ruivo) tampouco implica outra coisa além de imagens vegetais em comparações de valor figurado.

Por outro lado, a intercambialidade das categorias para expressar tanto o crescimento humano como o das plantas tem consequências distintas aqui, não limitadas ao sentido ordinário que a ideia de metáfora pode assumir, uma vez que é indecidível de partida determinar se tais categorias são propriamente humanas ou vegetais, ou seja, a bananeira sem peitos é moça impúbere ou a moça impúbere é uma bananeira sem peitos? Estamos entre a antropomorfização das plantas e a metaforização vegetal do humano – um "totemisto poético mal definido" para recuperar a expressão de Cesarino (2018: 55) em sua análise dos cantos marubo e as metáforas vegetais? Deparamos com um complexo emaranhado de plantas e humanos, pois, embora possa soar prosaica a aproximação das etapas de desenvolvimento humano e vegetal, um dos efeitos produzidos nessa relação é o que permite a ativação ou o desdobramento da face vegetal oculta do humano – lembrando que, "ali onde toda coisa é humana, o humano é toda uma outra coisa. E ali onde toda coisa é humana, ninguém pode estar seguro de ser humano incondicionalmente, porque ninguém o é – nem nós mesmos" (Viveiros de Castro 2015: 895). A categoria *demo* é usada, portanto, indistintamente tanto para a menina que não passou pela reclusão pubertária como para a bananeira não madura. Ao pressupor o caráter representativo, fundado em uma realidade estável e objetiva, das relações entre plantas e humanos, deve-se evitar o risco de repor os limites dos domínios da natureza e da cultura, com seus conteúdos subjacentes e estatutos ontológicos correlatos.

A onomástica jamamadi, ou seja, os nomes e os modos de denominar, se origina das almas de plantas, dos mortos e dos brancos. Cada pessoa possui vários nomes: alguns são esquecidos ou deixam de ser usados; outros não *pegam* e acabam substituídos; outros ainda são usados contextualmente por algumas pessoas ou em âmbito familiar. Os nomes recebidos das almas das plantas, considerados *de verdade* ou *nomes de alma*, jamais figuram nos registros oficiais ou documentos por não serem adequados ao contexto das relações com os brancos, com os quais eles lidam valendo-se de seus nomes "de branco".

Caso o *nome de alma* seja o mais utilizado no cotidiano, ele acaba sofrendo modificações, no mais das vezes reduções, para não ser explicitada a relação da qual provém, já que em sua forma original o nome de alma se refere sempre à experiência xamânica de um pajé com uma alma de planta cujo nome pode ter sido emprestado, ou pode também fazer menção a um evento envolvendo o pajé ou presenciado por ele em seus deslocamentos para os patamares celestes e subterrâneos. Assim, Ninifaha é chamada apenas de Nini, Awawaiya transforma-se em Bonowaiya, Bonoidiha é conhecida somente por Bono.

Os "nomes de verdade", *oni yokana*, ou "nomes de alma", *madi ka oni*, podem ser recebidos de um pajé que, em troca de sementes ou brotos de cultivares, rapé e adornos corporais, pede a uma alma de planta para que ela empreste seu nome. Ao contrário do que se poderia supor, os nomes de almas de plantas, em geral, não são aqueles que denominam as espécies correspondentes de planta, de modo que não há ninguém chamado *sibati*, banana, e sim Atiweyelinaha, que é o nome de uma alma feminina particular de banana, ou Monikiwarimini, nome de uma alma da árvore *yoha* (muratinga).

Os nomes de planta não redundam em vínculos privilegiados que confeririam aos portadores humanos os atributos da espécie vegetal epônima; não há uma necessária continuidade interespecífica substancial que justificaria a nominação. Portanto, não há um ritual específico de nominação – embora, em alguns, haja um momento para que isso aconteça –; ocorre que, por ocasião da visita das almas, alguém pode apreciar o nome do/a visitante e perguntar se seu filho/a ou neto/a pode ser chamado pelo mesmo nome, sem que isso implique consubstanciação, transmissão de características ou capacidades particulares daquela planta. Diz-se que as pessoas carregam seus nomes, como alguém que leva um cesto às costas; trata-se do mesmo verbo, *weye na*.

Além dos nomes recebidos durante as visitas das almas às aldeias terrenas, há aqueles, como dito, que descrevem ou remetem de forma cifrada a um evento presenciado pelo pajé em seus deslocamentos pelo cosmo. Os nomes sempre vêm de fora, das viagens e encontros dos pajés com as almas de plantas cultivadas e não cultivadas, por conseguinte evocam uma relação externa ou expressam uma perspectiva acerca desse "fundo de alteridade vegetal". O uso desses nomes é geralmente restrito ao âmbito do grupo local, em alguns casos a uns poucos membros; ademais, as pessoas evitam pronunciar os próprios nomes, alegando desconhecê-los ou pedindo que se pergunte a seus pais ou a um parente mais velho. Afinal, quem usa o nome são os outros.

Ao fim da reclusão pubertária, após o ritual de açoitamento ou após a revelação aos parentes da face oculta da menina, ela também recebe um novo nome, trazido do céu ou trocado pelo xamã com uma alma de planta. Sabira recebeu o nome da alma Bahifaitititiwaini; sua irmã Bidama ganhou o nome da alma feminina do veneno Iha (*Strychnos solimoesana*), Bonobidaha (essa alma, em visita à casa de seu pai, assim se apresentou a ele: *Bida iha ama owa oni*, "eu me chamo o amargo *iha*"). Sua irmã Beterina foi assim nomeada devido a uma alma de *Jarafana*, mulher branca, do céu. Por fim, sua irmã mais nova, Bowina, passou a ser chamada de Awanaira (árvore não identificada). Durante muito tempo tentei descobrir o novo nome de Damaris, porém fui alertada de que somente seu avô paterno o conhecia. Depois do ritual, a menina adotou um apelido, sem nenhum compromisso de permanecer com ele por muito tempo. Finalmente, soube que as almas visitantes de sua festa deram ao avô um novo nome para a neta: *Maiisinarisini*, em uma tradução livre, "perfume das frutas maduras".

Feito este percurso, o contraste com o devir-planta da *Vegetariana* se revela: a reconexão com o solo da mulher transformada em árvore deita suas raízes para afastar-se, leia-se, resistir às violências e aos silenciamentos patriarcais tornando-se frondosamente alheia; as mulheres jamamadi, por seu turno, manejam desejos, afetos e pensamentos em laços de cuidado e predação envolvidos no seu devir-planta. Essas são ações essenciais para o pleno desenvolvimento feminino que, a um só tempo, fabricam adequadamente os corpos e estabilizam o cosmos.

Espero que essas imagens do desenvolvimento do corpo feminino em devir-planta possam ter instigado a imaginação conceitual de outro espaço de existência para o humano e sua vegetalidade.

PARTE 4

COLHENDO FRUTOS

MITO E RITUAL, CICLOS DE VIDA E INTERAÇÕES MULTIESPÉCIES

Eu quero ver o que o canto ensina a ver.
Curiosa capacidade das plantas de iluminarem o cantar
e assim fazerem o que não sabem fazer: cantar.

— Júlia de Carvalho Hansen, *Seiva veneno ou fruto*

14 O MUNDO NUM OURIÇO DE CASTANHA

A MITOPOÉTICA DOS ÍNDIOS APURINÃ E O ESPÍRITO ANCESTRAL DAS CASTANHEIRAS (*BERTHOLLETIA EXCELSA*)

MARIO RIQUE FERNANDES

Que nunca sejam triviais pra mim os castanheiros.
GUIMARÃES ROSA, "Diário em Paris", *Ave palavra*

No fundo de cada coisa, há toda coisa real ou possível.
GABRIEL TARDE, *Monadologia e sociologia*

Guimarães Rosa, que tanto cantou em verso e prosa a natureza das *terras brasilis*, desta feita se referia aos castanheiros europeus (*Castanea sativa*). Mas o espírito que anima o verso na epígrafe bem se aplica às nossas castanheiras (*Bertholletia excelsa* Humb. & Bonpl.) e àquilo que alenta este ensaio. A *Bertholletia* é uma das mais emblemáticas e carismáticas espécies de árvores da flora brasileira, não apenas por suas características biofísicas e estéticas notáveis, mas, sobretudo, por sua estreita ligação com a história e o destino dos chamados "povos da floresta" – indígenas, quilombolas, extrativistas e ribeirinhos – ao compartilharem a condição de *habitantes* da floresta, ou seja, de viverem *na*, *da* e *com* a floresta. Nos dias de hoje, na região do Médio Rio Purus, na Amazônia central, sul do estado do Amazonas, a "quebra da castanha" constitui a principal atividade de diversos coletivos indígenas durante os primeiros meses do ano, marcados pelas volumosas chuvas do inverno amazônico. Centenas de famílias se dirigem aos recônditos da floresta, onde habitam as castanheiras nativas, e ali se ajoelham, agachadas aos seus pés, como num tipo de ritual anual e secular, em busca de suas valiosas amêndoas. Dado seu valor econômico, a castanha constitui uma importante fonte de renda provinda da floresta, e esse é um momento em que os indígenas acumulam capital para investir no consumo de bens duráveis, como motores de popa, roupas, sapatos, relógios, ferramentas, espingardas, material escolar etc.

Mas o que significa tudo isso? Seria simplesmente uma prática extrativista, como certa vez ouvi de uma colega apurinã na cidade, em que as pessoas vão à mata, coletam, quebram e voltam para casa? Seria a castanheira apenas madeira e frutos? Uma árvore tão emblemática, que há tempos imemoriais vem servindo como substancial fonte de alimento para esses povos, não poderia se resumir a um simples objeto passivo, neutro ou mudo na paisagem. Pensar assim seria projetar sobre essa prática uma concepção simplista, que vê a floresta apenas como uma fonte de recursos naturais passível de exploração. Essa é, infelizmente, uma das perspectivas que orientam boa parte do senso comum e do discurso científico e político sobre a Amazônia. Sabemos, porém, que essa noção contrasta com a atitude básica das culturas indígenas, em "que as relações entre uma sociedade e os componentes de seu ambiente são pensadas e vividas como relações sociais, isto é, relações entre pessoas" (Viveiros de Castro 2007: 7). E se, em vez de olhar para o extrativismo da castanha sob a categoria paradigmática da "produção", buscássemos olhá-lo sob a categoria da "reciprocidade", da comunicação entre sujeitos humanos e não humanos, árvores que se interconstituem *no* e *pelo ato* da troca? (Viveiros de Castro 2007: 7).

Questões como essas borbulhavam em minha mente ao acompanhar meus anfitriões apurinã, ex-seringueiros e grandes castanheiros do Purus indígena, por entre os intricados caminhos de água e terra que constituem o mundo dos seus castanhais. Muito aprendi nessas minhas andanças, como o aspecto pragmático, nada romântico, da questão. A quebra da castanha é um trabalho árduo, duro, perigoso. Exige uma série de habilidades, experiência, além de força e resistência físicas. Em outras palavras, é uma prática *aprendida*. As expedições para esse fim fazem parte da educação indígena, do aprender a habitar a floresta. Entre outras coisas, envolvem saber conduzir canoas nos caminhos d'água emaranhados e tortuosos em meio à floresta; manusear e consertar motores, terçados e espingardas. Além disso, implicam resistência para a caminhada de quilômetros na mata, com paneiro de castanhas de dezenas de quilos nas costas, atravessando igarapés, barreiros e lamaçais em troncos escorregadios e das mais diversas espessuras. Exigem a formação de um corpo imune a todo tipo de *poeira* da mata – partículas de folhas, cipós e lagartas –, que, em contato com a pele, podem causar severas alergias; corpos resilientes à chupada de carapanãs e carrapatos, ferroadas de mutucas e *cabas*, formigas e outras espécies de insetos que habitam aos milhares a atmosfera e o chão da floresta. Não é por acaso que desde a mais tenra idade as crianças são levadas a acompanhar os pais nos castanhais com seus paneirinhos; também não é por acaso que essa atividade geralmente envolve todo o agregado doméstico – o casal, os filhos e filhas, às vezes os genros, noras, cunhados e afins, senão mesmo toda uma aldeia.

Outra perspectiva importante tirada dessas experiências nos castanhais com os Apurinã é que eles não "pensavam" da mesma forma que eu. A ancestralidade ou a historicidade dessas paisagens estava plenamente integrada à paisagem cotidiana. Todas aquelas leituras sobre ecologia histórica, domesticação e construção de plantas e paisagens obviamente não passavam pela cabeça dos meus anfitriões; tais questões podem fazer sentido para quem vê a floresta de fora, no papel, abstraída, teorizada, mas para quem vive nela tudo isso é parte constituinte da vida, do tempo, do *habitar* (Gow 1995). As pessoas com quem eu conversava não pensavam nos castanhais como pensam os arqueólogos e os ecologistas históricos, mas isso não significa que essas paisagens não existam. É aquilo que o geógrafo cultural Augustin Berque revela: "Pensar a paisagem não necessariamente é um indicador de que exista uma identidade entre o fato de pensar a paisagem e o fato de existirem paisagens". Essa última relação é o que o autor chama de "pensamento paisageiro", isto é, a construção de paisagens sem necessariamente concebê-las como tal (Berque 2013).

A castanheira é considerada uma árvore importante na história cultural dos povos que vivem na floresta, mas o achado mais interessante dos estudos de ecologia histórica na Amazônia é que a sua história cultural trouxe consequências para a história evolutiva da espécie, contribuindo, sobretudo, para a ampliação de sua área de distribuição e para a formação dessas paisagens antropogênicas emblemáticas (Balée 1989a, 2006; Neves 2016; Shepard & Ramirez 2011; entre outros). Nessa perspectiva, olhar os castanhais com base no conceito de paisagem supõe a existência de uma relação de *constituição* entre esses lugares e a vida dos seres humanos que os habitam. Como bem define Balée (2008): "Paisagens são encontros de pessoas e lugares cujas histórias estão impressas na matéria, incluindo matérias vivas". Nesse sentido, se tomarmos, a título de exemplo, a conexão dos Apurinã com a *Bertholletia*, é possível que, em uma escala de longa duração – estamos falando aqui em centenas, quiçá milhares de anos –, em algum momento as trilhas ou linhas de vida entre pessoas e árvores se cruzaram, se interpenetraram, criando um campo de relações e troca de substâncias, possibilitando, assim, ao longo do tempo, a emergência dos castanhais.

Em termos antropológicos e etnológicos, contudo, seria interessante e necessário perguntar aos indígenas o que pensam sobre o assunto ou o que lhes dizem essas paisagens. Pois, se para os cientistas a paisagem conta uma história, ou melhor, é considerada a *própria* história, o mesmo vale para os indígenas (Ingold 2000: 189). Se, para os cientistas, a floresta amazônica é uma "floresta humanizada", certamente o mesmo vale para os indígenas. Há de se ressaltar, no entanto, que, por mais que os recentes desenvolvimentos da arqueologia e da ecologia histórica tenham propiciada a formação de uma nova imagem sobre a Amazônia – assumindo a historicidade da floresta e o entrelaçamento entre a paisagem humana e natural –, tais imagens, como aponta Mendes dos Santos (2010: 126), ainda guardam uma matriz comum de pensamento, isto é, "a dicotomia conceitual (ou par dicotômico) entre natureza e cultura como dois domínios irredutíveis e ontologicamente separados". E o que as teorias etnológicas afirmam, tendo em vista o que devem aos indígenas, é que o conhecimento indígena se distingue tanto na forma como no conteúdo do saber tradicional científico. A diferença, diz o autor, é epistemológica e pode ser resumida na ideia de que a "[noção de] sociedade não é algo em contraposição à natureza, mas, antes, que a natureza é interpenetrada por uma humanidade imanente a ela própria" (Mendes dos Santos 2010: 126). Não se trata, portanto, de abdicar das verdades científicas, e sim de adotar uma posição simétrica, assumindo que os indígenas possuem pressupostos próprios e formas de compreensão desses processos, que suas *explicações* são tão reais ou verdadeiras quanto as nossas.

Portanto, importa saber sobretudo *o que dizem as castanheiras* aos Apurinã. Qual o modo apurinã de compreender *a historicidade* dos castanhais? É interessante observar que, quando eu perguntava aos mais velhos (*totys*) se a *castanheira tinha espírito*, buscando saber se atribuíam a elas uma interioridade / intencionalidade humana imanente, eles apenas diziam: "A castanheira tem história" **[FIG. 5]**. De início não compreendi o real significado dessa afirmativa. Nada de obviedades ou respostas fáceis. Foi só quando passei a levar mais a sério suas narrativas míticas de origem que comecei a me dar conta desses sentidos. Ali estavam as pistas, expressas ou codificadas não por categorias abstratas, mas por uma "lógica do concreto" (Lévi-Strauss 1952), para aquilo que eu procurava em termos etnográficos, isto é, especular *o que são (ou quem são) as castanheiras para os Apurinã.*

Neste ensaio, apresento os resultados dessa leitura e análise dos mitos dos Apurinã, com o objetivo de compreender a *Bertholletia* valendo-me dos seus postulados de conhecimento. Não busquei encontrar correspondências entre o que é dito nessas narrativas e os fatos históricos, nem utilizá-las como forma de comprovação de fatos científicos, mas, antes, experienciar o *pensamento paisageiro* dos Apurinã por intermédio do seu *pensamento selvagem*. Mais do que pensar *sobre*, o que talvez os mitos permitam fazer é pensar *com* as castanheiras. Quem sabe assim possamos nos aproximar, o mínimo que seja, daquilo que os *totys* nos ensinam, ou seja, pensá-las não como entidades discretas e compartimentadas, e sim como um emaranhado de histórias, descrições e observações, em linhas de relações e transformações (Ingold 2012).

CASTANHA MÍTICA (OU A BERTHOLLETIA SELVAGEM)

A castanheira é mencionada em várias passagens da *História de Tsorá*, o mito que versa sobre a origem do mundo. Ela pode ser considerada a história mais importante para os Apurinã, pois narra o tempo das origens, tempo de geração de tudo o que existe hoje (Schiel 2004: 225). Guardadas as diferenças, os Apurinã costumam comparar Tsorá com Deus e sua história com a Bíblia, em alusão à religião cristã ocidental. De Tsorá conta-se a narrativa completa – o que poderia levar dias ou noites – ou pequenos episódios em referência às coisas criadas no tempo mítico. Schiel (2004: 225–30) observa que contar a história de Tsorá é uma *habilidade* de pessoas versadas na língua, "profissionais", sinal de muito conhecimento. Em que consiste essa habilidade? Saber contar a história, além de conhecer a língua, é saber contar na sequência certa, sem esquecer, mudar ou confundir episódios. Além disso, leva-se em conta a performance do narrador:

os gestos, as expressões faciais, as alterações de voz – quando o narrador passa da terceira para a primeira pessoa e vice-versa –, a forma como imita as vozes e os ruídos dos personagens e dos entes animados etc. Ao acompanhar uma dessas performances, a autora chegou a compará-la com o ato de assistir a um filme: "cinema daqui" (Schiel 2004: 163). Vale notar ainda que essas histórias costumam aflorar em meio às rodas de *katsupary* ou *ipadu*.[1] Para os Apurinã, portanto, ouvir e contar tais narrativas, que estão longe de constituírem representações metafóricas *sobre* o mundo, como diria Ingold (2000: 190), são formas de se envolver poeticamente *com* ele, um modo de guiar a atenção *para dentro dele*.[2]

A narrativa conta a saga do herói Tsorá e seus irmãos, desde a sua concepção e nascimento até sua partida para o mundo celeste. Ao longo de sua trajetória pela *T/terra*, entre encontros e desencontros com diferentes tipos de personas, os heróis vão criando ou transformando – ou melhor, *congelando* – as formas dos seres e das coisas, vegetais e animais, no que hoje constitui a paisagem e os ambientes de vida dos Apurinã. A *Bertholletia* é mencionada em três episódios importantes da narrativa. Seguindo a versão mais completa que temos em mãos, deparamos com ela nas seguintes passagens: 1. quando os heróis se vingam

1 O ingrediente principal do *katsupary* são as folhas da coca (*Erythroxylum coca*), ou variedades dessa espécie, cultivada nos arredores dos roçados apurinã. As folhas são cozidas no vapor e misturadas com a casca de *itixi matari* – um cipó silvestre, mas também cultivado – e com as cinzas da casca de uma espécie de cacaueiro nativo. Mascar *katsupary* é um costume muito antigo, um tipo de ritual para os Apurinã, que perdura até os dias de hoje. Trata-se de uma substância que atua como mediadora e catalisadora dos discursos e narrativas dos conhecedores, agentes de transmissão de conhecimento.

2 Como escreve Ingold, sempre desafiando os limites da tradução: "*What the anthropologist calls cosmology is, for the people themselves, a life-world*" (2000: 14).

dos pajés que mataram e comeram sua mãe, Yakonero; 2. quando os irmãos fogem da surra da velha Majũpira, mãe dos pajés assassinos; 3. por fim, no episódio em que Tsorá se transforma em sucuriju, a mística Cobra-grande (Schiel 2004: 211–224). Vejamos cada uma dessas situações.

Os eventos que narram a vingança dos heróis são em geral assassínios com todas as feições de uma emboscada: aquela em que o caçador aguarda a presa próximo de uma árvore com frutos – em cima de um jirau ou atrás da vegetação –, sabendo que o animal vai aparecer ali para se alimentar. Verifica-se com a *Bertholletia* a mesma estratégia; nesse caso, são as castanhas que servem para cativar a presa. De todas as mortes por vingança, essa é a menos impetuosa. Primeiro os heróis convidam um dos pajés assassinos a comer castanha; depois, o persuadem a enfiar um pedaço da amêndoa na narina. Como num feitiço, ao fazer isso, a castanha encarna-se na venta do pajé e ele se transforma num mutum (*irãka*).[3]

À maneira de Lévi-Strauss, pode-se perguntar aqui: por que o mutum e a castanha? Qual é a relação entre a castanheira e essa ave galiforme que vive na floresta? A primeira e mais evidente é a semelhança do bico do mutum com uma amêndoa de castanha quebrada. O bico branco ou vermelho dessa ave se destaca de seu corpo preto retinto, constituindo sua característica morfológica mais notória. Quem vê o mutum à maneira apurinã fica convencido que de fato alguém pregou uma amêndoa de castanha quebrada em sua venta. E tem mais, assim como a *Bertholletia*, o mutum habita o interior e as bordas das florestas densas e de capoeiras altas; pode tanto caminhar no chão da mata quanto

3 Aves galiformes da família Cracidae. Uma das espécies do gênero que possui o bico branco (muito parecido com um pedaço de castanha) é o mutum-poranga (*Crax alector*). Habita florestas densas e de capoeira alta (cf. wikiaves.com.br).

empoleirar-se em árvores e voar entre os galhos mais altos da copa da floresta. A correspondência aqui talvez esteja relacionada com as práticas antigas de coleta de castanhas. Dizem os Apurinã que antigamente se costumava não esperar os frutos caírem no chão, como se faz hoje. Subia-se na castanheira por entre os cipós emaranhados em seu tronco e derrubavam-se os frutos imaturos, cujo pericarpo é mole, mais fácil de abrir. Dessa forma, assim como o mutum é uma ave terrestre e aérea, habitante dos estratos inferiores e superiores da floresta, na perspectiva mítica os frutos da castanheira também possuiriam essa característica.

Outra correspondência ainda entre a castanha e o mutum deve ser interpretada no contexto da história. Enquanto nesse episódio o pajé se transforma em um animal, nas demais mortes por vingança os heróis não apenas comem os corpos dos inimigos como também plantam suas vísceras, que se transformarão em árvores frutíferas silvestres, num típico processo de *encorporamento* da paisagem (Ingold 2000: 193). No entanto, não é preciso ir muito longe para saber que o mutum é uma das aves de caça mais apreciadas pelos Apurinã. Nesse sentido, a metafísica canibal que subjaz ao ato de consumo dos corpos que se transformam em frutas permanece virtualmente latente. Vale notar que, em sua culinária tradicional, os Apurinã costumavam usar o leite e o óleo das amêndoas de castanhas para "temperar" carnes de caça, peixe e, em alguns casos, carne humana.

A castanheira aparece de maneira mais discreta, porém não menos significativa, na passagem em que os demiurgos fogem da velha Majũpira. Segundo o mito, Tsorá tinha muitas feridas cutâneas espalhadas pelo corpo, o que o deixa para trás dos irmãos durante a fuga. A maneira que ele encontra para escapar da surra da velha é jogar suas perebas no tronco de uma castanheira. Dizem os Apurinã que a isso se deve a resina tão peculiar no tronco dessas árvores. Há de se perguntar qual o significado desse fenômeno aparentemente tão trivial. Lembro-me de uma conversa que tive enquanto navegava pelo Purus com um jovem professor apurinã. Estava ainda em meu primeiro trabalho de campo e conversávamos sobre a minha pesquisa com a castanha. Eu dizia que a castanheira era uma árvore conhecida e utilizada ancestralmente na Amazônia etc. e fiquei tocado pela observação dele, feita com a maior seriedade. Ele disse que, para os Apurinã, a *Bertholletia* está presente "desde o início do mundo". Não seria essa uma das finalidades da passagem em questão, a resina da castanheira como um *testemunho*, não diria sólido, mas *substancial* da história e / ou da passagem de Tsorá pela T/terra?

Fato curioso é que, no contexto da narrativa, a existência da *Bertholletia* é mencionada como algo *dado* na paisagem, ou seja, o mito não explica como ela surgiu ou a partir de quê, ou de quem, se metamorfoseou. Em outras palavras, a *Bertholletia* foi a única frutífera silvestre mencionada no mito não plantada pelos heróis – ela já habitava a *terra-floresta* nos tempos míticos. Entretanto, em razão de se situar no contexto de transformação de restos de corpos humanos em alimentos de origem vegetal e animal, pode-se especular se também não seria esse o caso. Apenas pelo mito não podemos afirmar nada nesse sentido, ainda que a etnografia mostre que os Apurinã tracem analogias antropomórficas entre o corpo da *Bertholletia* e o corpo de Tsorá, como a existência do "umbigo da castanha".[4] Se nos guiarmos pelo mito, a existência do nosso umbigo está relacionada ao episódio em que a arirambinha (*paratxari*)[5] fura a barriga da Co-

4 Trata-se de um orifício de mais ou menos um centímetro de diâmetro que se forma no tempo de maturação do fruto, quando a placenta se encolhe e puxa o "umbigo" (opérculo) para dentro. Em outras espécies de lecitidáceas, o opérculo cai, liberando as sementes, o que não acontece com a *Bertholletia* (cf. Young 1911).

5 Aves da família Alcedinidae, mais conhecidas como martim-pescador. Não é possível precisar a espécie indicada pelo mito, apenas que se trata de uma *arirambinha*, o que leva a pensar no martim-pescador-miúdo

bra-grande – o próprio corpo de Tsorá –, constituindo a marca concreta e real do umbigo humano e uma marca simbólica da origem da humanidade.

Chegamos assim à parte em que Tsorá é engolido pela Cobra--tapiti que ele próprio tece em seu corpo. Antes de se transformar na Cobra-grande, ou na Cobra-Tsorá, há um pequeno prelúdio, que constitui uma das passagens mais populares da narrativa. Trata-se do momento em que o herói vai buscar água no igarapé para dar aos irmãos, enquanto estes comem castanhas aos pés de uma castanheira. No episódio, o herói lança migalhas de castanha na água, atraindo assim as piabinhas, as quais, ao comê-las, "dizem" com a boca: "*maki, maki, maki*". Tsorá, então, nomeia a castanha de *maki*. Os professores apurinã costumam interpretar essa cena como uma ilustração do poder de Tsorá de nomear as coisas e os seres do mundo (Ferreira 2014), interpretação que, contudo, só é passível de ser feita quando se remove a cena do contexto narrativo. Qual seria a razão da mudança do nome da castanheira no mito? Como vimos, a *Bertholletia* já era conhecida antes desse episódio e, aliás, com um nome bem interessante: *Mitatakury*, árvore das folhas e / ou dos frutos grandes. Ademais, ao levar em consideração outras versões disponíveis, nota-se uma pequena diferença que pode ser a chave para decifrar essa questão. Em uma delas, esse episódio não ocorre antes, mas após a transformação do corpo de Tsorá em corpo da Cobra-grande (Fernandes 2018). Aqui são os irmãos do herói que lançam as castanhas na água e escutam as piabinhas dizendo "*maki*". Se atentarmos para o contexto mítico, isso acontece quando os heróis tentam decodificar os sinais dos animais indicando a localização de Tsorá em sua viagem pela Cobra-grande. E o inte-

(*Chloroceryle aenea*). Esse pássaro habita as margens de cursos d'água com vegetação densa, de onde observa suas presas – peixes, crustáceos e anfíbios – antes de dar seu mergulho característico (cf. wikiaves.com.br).

ressante é verificar que *makyripi* é um dos nomes em Apurinã dados a uma espécie de sucuriju mais perseguidora. Supõe-se assim que os peixes estavam sinalizando aos heróis que Tsorá havia se transformado em / sido engolido pela cobra.

Com isso, a questão a se apresentar é se não haveria uma correspondência entre a *Bertholletia* e a Cobra-grande. Pode-se conjeturar a homologia entre elas com base nas características sensíveis dos seus corpos. Mais uma vez, não por acaso é a posição da primeira em relação à segunda. Se partirmos do princípio de que a cobra que engole o herói Tsorá constitui uma metamorfose do próprio corpo, e que o nosso umbigo foi criado em decorrência da flechada da ariramba na barriga da Cobra-Tsorá, qual seria a razão de os frutos das castanheiras terem umbigo? Por que Tsorá joga as perebas do corpo no tronco da *Bertholletia*? Se lembrarmos as características sensíveis de seus corpos, observa-se que as qualidades mais notórias de ambos são o tamanho avantajado e a solidez. De fato, a *Bertholletia* e a sucuriju podem ser consideradas grandes, senão os maiores exemplares das espécies dos reinos vegetal e animal, respectivamente, que habitam a floresta. Além disso, uma das principais características da Cobra-grande descrita no mito é seu couro "duro como uma pedra" – fazendo com que os heróis convoquem todos os pássaros de bico e animais roedores para tentar furá-la. Podemos conjeturar, portanto, uma homologia entre o couro da sucuriju e a extrema dureza dos lenhosos e pesados frutos da *Bertholletia*: como revela o mito no episódio que narra as sucessivas tentativas de furar a barriga da Cobra-grande, pouquíssimos animais são capazes de tal feito – situação similar aos ouriços de castanha.

"O ouriço da castanha tem uma ciência", disse-me certa vez uma senhora paumari enquanto preparava beijus em sua casa na cidade de Tapauá, no Amazonas. O mito de Tsorá parece apontar exatamente nesta direção: o tronco e os frutos da *Bertholletia* têm uma "ciência". Os frutos e as amêndoas da *Bertholletia* consistem não apenas em uma rica fonte ancestral de alimento aos Apurinã; suas características sensíveis ecoam no pensamento indígena – assim como nas explicações científicas sobre a origem dos castanhais. No caso dos Apurinã, o significado simbólico do umbigo da castanha é uma questão que dá margem a interpretações. É como se os ouriços esféricos das castanheiras contivessem mundos / universos dentro de si. Aliás, o poderoso bico do *pajé ariramba*, capaz de perfurar o duro couro da Cobra-grande, me faz lembrar dos ossos de animais (*mixikanos*) utilizados pelos pajés para aspirar rapé (*awiri*) – em geral dispostos esfericamente na palma das mãos. Também me traz à lembrança uma antiga crença entre os Apurinã: quando se derruba uma castanheira carregada de frutos novos, temos que *assoprar* nos pés e para os lados antes de colocar a primeira castanha na boca, para evitar a temida ferroada da arraia da próxima vez que entrarmos no igarapé. Se já não estou indo longe demais, poderíamos assim fazer a seguinte correlação:

> Bico da ariramba : *mixikano* : ferrão da arraia : couro da sucuriju : tronco / ouriço da castanheira : corpo humano.

OSSOS CULTIVADOS

Levando mais adiante essa análise da castanha mí(s)tica, foi possível ainda estabelecer uma curiosa correlação entre a *Bertholletia* e as plantas cultivadas – doravante chamadas de PCs – baseada na qualidade sensível da *dureza*. Notamos que, no mito de Tsorá, o *duro* está para *consanguinidade* e *ancestralidade*, assim como para *longevidade*, enquanto o *mole* está para a *afinidade potencial* e a *vida breve / mortalidade*. Vejamos como isso acontece.

A primeira *imago mundi* que se apresenta no mito se insinua como um grande roçado. A história se inicia fazendo referência a um incêndio que devasta a T/terra. Sobrevivem apenas duas irmãs, que se salvam em cima de uma árvore de jenipapo. Em seguida, Mayoruparu, uma *velha-urubu-canibal* com dentes enormes, desce à terra e começa a coletar os restos dos corpos em decomposição. O que para as irmãs são os restos de corpos carbonizados são, para Mayoruparu, sementes ou estacas que ela colhe para cultivar em seu roçado. Ela as bota no paneiro para plantar os ossos das "pessoas obedientes", porque estes são "duros" e "purificados". Já os ossos das "pessoas desobedientes", que "respondiam aos pais", são "moles", e logo comidos.

Não há dúvida de que, para os Apurinã, Mayoruparu é a mais importante provedora das PCs.[6] Mas o fato é que elas são provenientes dos ossos humanos que restaram do grande incêndio e, ademais, dos ossos das "*pessoas obedientes aos pais*". A correlação entre PCs e corpos humanos e a oposição entre *duro* e *mole* não são aleatórias, mas só pode ser compreendida se fizermos uma leitura vertical do mito baseada na oposição estabelecida entre PCs e silvestres. Vimos que estas últimas provêm das vísceras dos corpos dos afins potenciais dos heróis demiurgos. Retomemos, neste momento, o fato de as PCs terem sido criadas dos ossos das "pessoas obedientes aos pais". A etnografia pode ilu-

6 *Mayoruparu* (subst. "*mayory*", urubu; sufixo "*-ru*", ela) é a mãe do trovão. Os temporais fortes estão associados ao seu hábito cruel de passar pimenta nos olhos do filho "só cabeça e dentes", cujos gritos são o estrondo dos trovões na T/terra. Os Apurinã antigamente produziam fogo com pequenas pedras, chamadas *coriscos*. No saber dos antigos, estes são provenientes dos grandes raios e tempestades e são encontrados à flor da terra, nos roçados ou em clareiras na floresta. São candentes e, dizem, possuem a forma de uma machadinha. Antigamente, os roçados apurinã (*tukuri*) eram formados / feitos aproveitando-se pequenas clareiras no interior da floresta, oriundas das tempestades (Chagas Filho 2017: 77). Além de constituírem um elo com seus ancestrais, o significado mítico das PCs aponta para uma ligação entre o céu e terra.

minar melhor o significado disso. Vale mencionar aqui a visita que fiz ao roçado de dona Elza, uma anciã apurinã centenária e uma das minhas principais informantes. Visitei-a um dia depois de ela ter me contado a história de Tsorá, para que me mostrasse como mantinha as plantas legadas por Mayoruparu. Chegando lá, compreendi o que no dia anterior uma de suas netas havia comentado em tom de brincadeira: que sua avó "plantava tudo num buraco".

O roçado de dona Elza era uma pequena área – talvez pouco mais de dez metros quadrados – escondida em meio aos roçados dos/das filhos/as, netos/as, noras e genros; como se destacava pela diversidade das PCs, mais parecia um jardim que um roçado. Havia de tudo um pouco: variedades de batata-doce, macaxeira, mandioca, abacaxi, banana e outros tantos vegetais úteis escondidos ali pelo meio. Cada planta tinha um nome e uma história, que ela havia aprendido com a mãe e as avós, e muitas suponho que ela apenas guardava. Dona Elza me contou o que fazia para "o roçado não ficar feio", locucionando uma espécie de *encantação*, entoada logo após o plantio. Segundo ela explicou, estava chamando os nomes das plantas ali cultivadas para não adoecerem e para o roçado ficar "bonito" e "animado" e, assim, não sair à procura de outro dono.

Nessa breve descrição do roçado de dona Elza, podem-se observar questões como a da imagem do roçado como uma pessoa. Pelo que entendi, dona Elza mostrou como se conversa com o espírito do roçado logo após o seu cultivo. Não ficou muito claro se ela se dirigia ao "espírito" do roçado ou aos víveres ali cultivados. De toda forma, quando narrou o mito, ela me explicou que Mayoruparu juntou e emendou os fragmentos dos corpos das pessoas mortas na queimada, sugerindo assim que o roçado como um todo seja tomado como imagem/forma de um corpo humano completo, em que cada espécie de planta constitui uma parte do corpo. Temos assim uma imagem daquilo que Descola (2016) batizou como um processo de transfiguração *in situ* da paisagem: o roçado de dona Elza não seria apenas um pedaço do ambiente de floresta suprimido; ao ser criado, ele se transformaria num signo de outra coisa que não ele mesmo. Ou seja, é um lugar destinado ao cultivo de víveres e, ao mesmo tempo, de corpos humanos.

Observa-se assim a mesma lógica no processo de origem de PCs e silvestres, corpos sendo transformados em espécies vegetais alimentícias, porém em contextos diferentes. O mito narrado pela própria dona Elza relata que as plantas cultivadas em seu roçado são transformações dos corpos das pessoas que morreram no grande incêndio, mas há uma condição essencial para que isso pudesse acontecer: apenas os ossos das *pessoas obedientes aos pais* se transformam em alimentos cultivados. Seria essa uma analogia da relação de consanguinidade entre as PCs, os roçados e seus donos? No caso de dona Elza, nota-se que existe um parentesco entre ela e as plantas de seu roçado: cada vegetal tinha um nome e uma história, legados ancestrais que ela mantinha e parecia tratar com zelo e carinho maternos. Trabalhando para manter viva essa herança vegetal transmitida de geração a geração, dona Elza estaria sendo obediente aos seus ancestrais? Seria esse o ensinamento do mito? Seria esta a condição posta por Mayoruparu ao prover as PCs aos Apurinã, as pessoas terem que trabalhar *duro* para manter esse legado deixado por ela?

Isso não é tudo. Falta investigarmos o sistema de oposições que coloca, de um lado, a *obediência* e a *desobediência* aos pais e, de outro, as qualidades sensíveis do *duro* e do *mole*. Temos aqui duas "categorias do sensível" que remetem a um tema clássico do pensamento ameríndio: o problema filosófico da duração terrestre da vida humana, ou a "origem da vida breve" (Lévi-Strauss [1964] 2004: 177–95).

Certamente não é por acaso que o mito traça uma correspondência entre PCs, dureza e ancestralidade. Em primeiro lugar, porque as PCs mencionadas no mito – todas tuberosas e de reprodução vegetativa – são uma comprovação empírica de que a vida é capaz de se *regenerar* ao longo de gerações e gerações, mantendo sua matriz original. Segundo, porque ao relacionar as PCs com a qualidade da dureza e com as "pessoas obedientes aos pais", o mito aponta em termos positivos uma solução para a longevidade / regeneração da vida na T/terra: ser obediente aos pais, ou seja, ser obediente aos seus antepassados. Esse problema ressoa em outro conjunto de mitos cujo tema é a "saída da terra sagrada" (Schiel 2004: 229–67); neles, a condição do prolongamento da vida humana ou a imortalidade na terra é exposta em termos negativos, ou seja, os Apurinã não deveriam ter "atendido ao chamado da madeira podre", para usarmos os termos de Lévi-Strauss. Vejamos uma versão abreviada de um desses mitos registrados por Schiel (2004: 242–44):

> A SAÍDA DA TERRA SAGRADA
>
> Durante uma rodada noturna de *katsupari* em *Kairiko*,[7] os pajés / chefes do grupo dos *Otsamenery* e do grupo dos Apurinã resolvem partir ao amanhecer para *Potxowaro Wenyte*. Durante a viagem de muitos dias os Apurinã vão se apegando às *frutas* que iam encontrando pelo caminho – patauá, anajá etc. A vontade de comer faz com que demorem mais nos lugares de paragem. Os *Otsamenery*, contudo, ignoram essas tentações e continuam a jornada, se distanciando cada vez mais dos Apurinã, que a partir de então passam a encontrar apenas os rastros dos seus parceiros. Ao chegarem a *Potxowaro Wenyte*, os *Otsamenery* aguardam a chegada dos Apurinã por alguns dias, mas cansados de esperar atravessam o rio sozinhos. Com a partida dos *Otsamenery*, um

7 Dizem os Apurinã que *Kairiko* se localiza numa grande pedra ou região de pedra, possivelmente nas cabeceiras do rio Ituxi, no atual estado de Rondônia. *Potxowaro Wenyte* traduz-se como "'rio doce" (*potxowa*, "doce", "açúcar"; *wenyte*, "rio").

mundo perigoso começa a se descortinar para os Apurinã. Chefes e crianças são flechados por espíritos *encantados* e conhecem a doença. Os pajés fazem de tudo para curá-los, mas a morte prevalece. Os Apurinã perdem o caminho da terra sagrada e ficam nesta terra sujeitos à doença e à morte.

Temos agora melhores condições de interpretar o significado cultural da "obediência aos pais" no episódio de origem das PCs. No caso dos mitos sobre a saída da "terra sagrada", os chefes protagonistas da história, que comandavam dois grupos, eram de clãs ou metades opostas / complementares – *Meetymanety* e *Xiwapurynyry*. Ou seja, dentro do sistema dualista de parentesco apurinã, eram grupos de afins efetivos (cunhados) ou virtuais (cognatos cruzados, afins terminológicos). Portanto, dentro do *dégradé* de afinidade potencial característico da sociologia ameríndia, os parceiros *Otsamenery* estavam mais próximos da *consanguinidade* do que da *afinidade*. Nesse sentido, em seus mitos de origem os Apurinã são condenados a uma vida breve na T/terra por não terem sido *obedientes* – ou por serem "inconstantes", "fracos"... – aos seus parentes afins ancestrais, atendendo ao chamado da madeira podre. É interessante notar que o motivo que os leva a perder o caminho dos *Otsamanery*, tornando-se mortais, foi terem se mostrado receptivos às plantas frutíferas silvestres, que, como vimos, são originárias dos corpos de seus afins potenciais.

Voltando, então, à correspondência mítico-ontológica entre a *Bertholletia* e as PCs, verificamos algumas equivalências codificadas pela lógica das qualidades do sensível: a *dureza* dos frutos das castanheiras seria compatível com a *dureza* dos ossos das "pessoas obedientes", associadas às PCs. Além disso, vimos que a qualidade do que é *duro* está relacionada à longa duração e à imortalidade, ao imputrescível, em oposição ao podre, à vida breve e à mortalidade. A dureza se apresenta como uma categoria sensível coligada à ancestralidade, ao parentesco e à consanguinidade. Ademais, a *Bertholletia*, única das frutíferas silvestres mencionadas no mito que não se origina dos corpos dos afins inimigos, é parte / parcela do corpo de Tsorá. Não é originária dos *ossos duros* dos ancestrais apurinã, mas compartilha conosco a marca real e simbólica de origem dos humanos, o nosso umbigo, umbigo do mundo.

Há milhares de anos as castanheiras constituem uma rica fonte de alimento para os povos indígenas da floresta amazônica. No caso dos Apurinã, essa conexão ancestral com a *Bertholletia*, mais particularmente com seus frutos e amêndoas, *incorporou-se* em seu pensamento mítico. Uma das coisas mais importantes na minha experiência com esses indígenas foi a possibilidade de acessar a *Bertholletia* pela perspectiva deles. O mito de Tsorá mostra que essa árvore não é boa apenas para comer, mas também para pensar, e nos permite acessar a perspectiva que seus ancestrais tinham sobre a castanheira antes da era do aço e dos terçados. Vimos como a dureza dos pesados e lenhosos frutos da *Bertholletia*, que devia ser um problema sério na época, foi incorporada em uma matriz mais ampla de compreensão filosófica da natureza do mundo e da humanidade. Ora, a *Bertholletia* é parte / parcela do corpo de Tsorá, o que é muito significativo. O umbigo de Tsorá, marca do nascimento da humanidade, umbigo do mundo, se encontra num ouriço de castanha. Aqui não se tem o "universo numa casca de noz", dos físicos / cosmólogos ocidentais, e sim o "mundo num ouriço de castanha", dos xamãs apurinã. Eis o modo indígena de expressar reflexivamente a ancestralidade dessa árvore "que vem do começo do mundo". Vale lembrar aqui um dos postulados do filósofo e sociólogo Gabriel Tarde, exposto na epígrafe que nos inspirou ao longo de todo o ensaio: "No fundo de cada coisa, há toda coisa real ou possível".

15 OS MODOS DE VIDA, CRIAÇÃO E REPRODUÇÃO DAS FLORESTAS DE CASTANHAIS NO ALTO TROMBETAS, ORIXIMINÁ (PA)

IGOR SCARAMUZZI

A população remanescente de quilombos da bacia do rio Trombetas está estabelecida nesse rio e também nos rios Erepecuru, Acapu e Cuminá.[1] É constituída dos descendentes dos escravizados que fugiram na primeira metade do século XIX das fazendas e das propriedades que exploravam o cacau e a pecuária nas regiões dos atuais municípios paraenses de Óbidos, Santarém, Alenquer e Belém (Andrade 1995). Atualmente, com uma população de cerca de 10 mil pessoas, os quilombolas de Oriximiná estão organizados em 35 comunidades, partilhando um território de aproximadamente 600 mil hectares.[2]

Desde a formação dos antigos quilombos até os dias de hoje, o extrativismo comercial da castanha (*Bertholletia excelsa*) é a principal modalidade de intercâmbio comercial praticada pe-

1 Neste ensaio, utilizo os dados etnográficos apresentados no capítulo 2 da minha tese de doutorado (Scaramuzzi 2016), orientada pela professora Nádia Farage e financiada pela Agência Fapesp, Fundação de Amparo à Pesquisa do Estado de São Paulo.

2 A formação dos mocambos ou quilombos na bacia do rio Trombetas foi documentada por uma série de fontes históricas escritas, analisadas na tese de doutorado (1995) e em uma série de artigos posteriores (1999, 2004, 2007, 2009) do historiador Eurípedes Funes; no livro a respeito da escravidão e da formação dos quilombos na região de Acevedo & Castro (1998), e em trabalhos que tratam da história da escravidão na Amazônia e no estado do Pará de forma mais genérica, como Salles (1988). Informações atuais sobre os dados de população e as comunidades foram retiradas dos *sites* da ONG Comissão Pró-Índio de São Paulo: cpisp.org.br/quilombolas-em-oriximina.

los quilombolas de Oriximiná com outros segmentos regionais.[3] A produção historiográfica sobre a região aponta que o ramo castanheiro foi fundamental para os quilombolas, tanto para garantir a autonomia econômica e política no tempo da escravidão como para promover a continuidade da ocupação do mesmo território até os dias de hoje (Funes 1995).

As concepções quilombolas sobre os modos de vida, a criação e a reprodução das florestas de castanhais foram elucidadas pelo esforço de fazer, em minha tese de doutorado, uma etnografia do extrativismo da castanha com ênfase na vida das castanheiras tal como a concebem os quilombolas e de acordo com as formas pelas quais, na prática extrativista, eles se relacionam com essas árvores. Como se verá a seguir, essas concepções evidenciam que entre humanos e castanheiras no Alto Trombetas há uma relação de parceria inserida em uma rede mais ampla de relações. Nessa rede, os quilombolas não ocupam o papel de protagonistas e contam com outros parceiros animais e vegetais na tarefa de ajudar os castanhais a se criarem e reproduzirem. As relações desses diferentes sujeitos com as castanheiras são baseadas na parceria, e os envolvidos atuam nas distintas etapas do ciclo anual da árvore, configurando nesse contexto uma

3 O termo "extrativismo", como salienta Almeida (2012: 125), pode ser associado a um tipo de economia florestal predatória, ligada a relações sociais de dependência e dominação dos tempos em que os produtos florestais amazônicos estavam em alta no mercado internacional, na primeira metade do século XX. Pode também, tal como é usado pelo autor, estar associado a um modo de vida florestal no qual a venda de produtos da floresta, como a castanha, é uma das atividades integradas a um sistema amplo de atividades, que conformam modos de uso e ocupação territorial de "baixo impacto ambiental" e que viabilizam, no longo prazo, a existência, a dignidade e a convivência das populações humanas com grande diversidade de vida.

socialidade sem princípios hierárquicos e sem a presença de relações de dominação.[4]

UM POUCO DA VIDA DAS CASTANHEIRAS

A castanheira é uma árvore nativa da Amazônia, de grande porte e longevidade, que se encontra distribuída de maneira descontínua em todo o bioma amazônico, notadamente em florestas de terra firme. No Alto Trombetas, como em outros lugares onde habitam, elas vivem em ambientes com alta densidade populacional de sua espécie, conhecidos como castanhais. As sementes das castanheiras – as castanhas –, abrigadas em fruto lenhoso – o ouriço –, são altamente nutritivas, de agradável sabor e muito apreciadas no mercado nacional e internacional. Sabe-se que são utilizadas por populações indígenas desde os tempos pré-colombianos, e que desde o século XIX até os dias de hoje sua comercialização ocorre em larga escala (Ramires & Shepard 2011).

Parte significativa dos pesquisadores da espécie destaca que as castanheiras, por possuírem um desenvolvimento inicial mais rápido e adaptado à presença de luz solar abundante (espécie heliófila, nos termos da botânica), crescem mais rapidamente em clareiras abertas na floresta por perturbações naturais, como ventos e tempestades, e pela abertura de roçados por populações indígenas e tradicionais (Mori & Prance 1990; Scoles 2010). Muitos pesquisadores advogam que a habitação

4 Além de *parceria* e *cooperação*, outro termo que pode ser utilizado para descrever essas relações é *ajuda mútua*, presente na obra de Kropotkin (2009), na qual se argumenta que, mais do que a competição, são a cooperação e a solidariedade intra e interespecíficas os mecanismos determinantes no processo de evolução dos seres vivos. Uma abordagem pioneira de Kropotkin na antropologia no Brasil, e que me inspirou a usar suas ideias neste ensaio, se encontra nos trabalhos de Nádia Farage (2012; 2013).

da castanheira em aglomerados com grande densidade populacional da espécie está interligada ao manejo humano florestal, principalmente àquele relacionado ao sistema agrícola de corte e queima que é a base da agricultura praticada pela maior parte das populações indígenas e tradicionais da Amazônia.[5]

A castanheira teria assim se beneficiado durante centenas ou mesmo milhares de anos das clareiras provocadas pela abertura de roçados, que criam ambientes de maior incidência de luz solar e um solo mais fértil do que os ambientes florestais devido ao corte e à queima de biomassa. Para muitos pesquisadores, castanhais seriam, nesses termos, florestas antropogênicas, paisagens resultantes da ação humana no ambiente, em que formas particulares de manejo da biodiversidade interferem na composição de espécies, bem como em sua distribuição e permanência no decorrer do tempo (Balée 1989a).[6]

Na região do Alto Trombetas, pesquisas sobre as relações ecológicas e os processos de reprodução dos castanhais foram desenvolvidas por Ricardo Scoles (2010; 2016), e seus resultados corroboram esse argumento. Segundo Scoles, no perímetro da Reserva Biológica (REBIO) Trombetas (unidade de conservação de proteção integral sobreposta ao território dos quilombolas),

5 O sistema agrícola, também conhecido como agricultura itinerante ou agricultura de coivara, pode ser definido como "qualquer sistema agrícola contínuo no qual clareiras são abertas para serem cultivadas por períodos mais curtos de tempo do que aqueles destinados ao pousio" (Pedroso Júnior, Murrieta & Adams 2008:154).

6 O papel do manejo humano na demografia e na dispersão de espécies vegetais e sua influência na composição florística das paisagens na Amazônia são temas de muitos trabalhos científicos. Um estudo comparativo, com diversos autores e bastante abrangente no que diz respeito ao número de localidades e à influência de diversas espécies vegetais manejadas pelos humanos na composição de florestas e paisagens na Amazônia, foi recentemente publicado na revista *Science* (Levis et al. 2017).

em razão de o manejo ligado às atividades agrícolas não ocorrer em vários lugares, os castanhais estão envelhecidos e o processo de regeneração não ocorre da mesma maneira que nos castanhais onde ele é frequente.

Para meus interlocutores de pesquisa, "castanhal" é um tipo de floresta de variável extensão territorial em que há expressiva concentração de castanheiras, as quais, pela maior altura em relação às outras árvores, ocupam, com suas enormes copas, a parte mais alta ou o dossel da floresta. O termo costuma ser utilizado pelos extrativistas em referência a uma população de castanheiras muito ampla e de forma genérica. Na maior parte das vezes, os castanhais, em decorrência de sua grande extensão, não são conhecidos em sua totalidade por indivíduos, famílias ou grupos domésticos extrativistas.

Além de "castanhal", os extrativistas do Alto Trombetas empregam outros termos para designar coletivos de castanheiras; o mais importante deles e também o mais usado por meus interlocutores de pesquisa é "ponta de castanha". Trata-se de porções de terra circunscritas, geralmente de menor extensão em comparação com os castanhais, povoadas quase em sua totalidade por castanheiras. Suas características principais são a extensão menor que a dos castanhais, limites definidos e o fato de sempre terem, desde que frequentadas por alguém, um nome próprio. Entre meus interlocutores de pesquisa, é sobre as pontas de castanha que o conhecimento sobre as castanheiras se desenvolve no âmbito da atividade extrativista. Atualmente, as pontas de castanha não apresentam nenhum tipo de exclusividade formal de uso por indivíduos ou famílias quilombolas. Em linhas gerais, o critério principal para a frequentação de determinada "ponta de castanha" é o conhecimento sobre o acesso até ela e sobre as qualidades produtivas das castanheiras que nela habitam.

Quando um bom castanheiro diz que "entende" uma mata de castanhal, ele está se referindo a um conjunto de pontas de castanha e com isso quer dizer que sabe em detalhes os melhores acessos às castanheiras, por terra e por água, assim como a localização e a produtividade de muitas dessas árvores, os locais mais apropriados no entorno para a caça e/ou pesca e para a coleta de outras espécies vegetais, os nomes das pontas de castanha, suas histórias e onde elas "começam ou terminam" em várias direções. As pontas de castanha têm como limites elementos dos mais diversificados, tais como morros, pés de morros, castanheiras específicas, estradas e caminhos. Do mesmo modo, seus topônimos podem não ser estáveis e seus limites, muito variáveis, pois castanheiros diferentes que trabalham em uma mesma ponta podem delimitá-la de modos distintos e lhe dar nomes diferentes de acordo com suas experiências particulares atreladas a esses lugares.

REDE DE PARCERIA E COOPERAÇÃO COM AS CASTANHEIRAS

Para os castanheiros com os quais realizei minha pesquisa de campo, é fato que castanheiras e castanhais podem nascer e prosperar nos ambientes manejados pelos humanos, mas, como será explicado a seguir, isso também acontece nos ambientes de "mata bruta", floresta com árvores de grande porte. É o que nos conta Dona Vó (DV), moradora da comunidade Mãe Cué:

> **DV:** Olha, as castanheiras, o pessoal briga por causa do castanhal, mas quem faz o castanhal para nós, quem faz é a cutia. Porque, senhor, presta atenção: a cutia agarra o ouriço de castanha e vai embora. Ela come e enterra o resto. Aonde ela enterra, lá nasce uma castanheira, às vezes duas, já adiante ela leva o outro e enterra. Quando apodrece, nasce castanha.
> **IGOR:** Isso acontece na mata alta?
> **DV:** Na mata alta! [...] É embaixo da mata, onde tem castanhal, pode você ir, onde tem castanhal que a cutia carrega e enterra,

> pode ir lá que está nascendo a castanha. [...] a castanha quem planta é a cutia; o brasileiro, ele planta castanha, ela nasce..., mas não é como o bicho do mato que leva a castanha. Por exemplo, tem essa castanheira aqui, uma cutia agarra o ouriço, vai embora na mata, leva para onde não tem castanha. Quando o senhor passa lá no outro ano, com uns três, quatro anos, o senhor passa, pode reparar, não tem um pé de castanha perto, mas tem uma castanha, está nascendo lá onde ela largou, porque ela enterra.

Na concepção local, o responsável pelo povoamento e pela dispersão das castanheiras é, sem dúvida, a cutia (roedor da família *Dasyproctidae*), que é quem as "planta". Entre os seres não humanos que habitam os castanhais, as cutias são os únicos animais capazes de romper com grande efetividade os frutos lenhosos, os ouriços, para se alimentarem das sementes. Por essa razão elas são consideradas, tanto pelos pesquisadores da espécie como pelos povos tradicionais e indígenas, os principais dispersores das sementes da castanheira (Baider & Peres 1997). É notório que as cutias têm o costume de armazenar as sementes não consumidas para alimentação posterior enterrando-as. O hábito de enterrar, ou, como dizem os quilombolas, de "plantar" as sementes, gera condições para que elas germinem, e isso contribui para a renovação e a dispersão das castanheiras. Como ressalta Dona Vó, no fragmento reproduzido, "os brasileiros" também podem plantar castanheiras, mas são as cutias as detentoras da engenhosidade para o manejo de áreas de maior magnitude. Além de "plantar" a castanha, é habilidade da cutia levar as sementes para onde não há castanheiras, expandindo suas áreas de ocorrência. Muitos castanheiros não a consideram uma competidora da atividade de coleta, tendo em vista que ela se alimenta das sementes da castanheira; muitos deles deixam parte dos frutos coletados das árvores na floresta para a cutia se alimentar e assim continuar a "plantar" o castanhal.

Com relação aos insetos, os quilombolas observam a grande frequência de abelhas, principalmente, nas flores das castanheiras. A literatura é unânime em afirmar a importância delas para o processo de frutificação (Mori & Prance 1979; Maués 2002). São abelhas de médio e grande porte, conhecidas como carpinteiras e mamangavas (das famílias Apidae e Anthophoridae) (Maués 2002), que as frequentam; esses insetos, assim como outras espécies de abelhas, são designados pelos extrativistas pela categoria "aramã".

Há diversos argumentos locais sobre as relações dos "aramãs" com as castanheiras. Um deles me foi relatado com maiores detalhes por um dos extrativistas mais experientes do Alto Trombetas e é considerado válido por vários quilombolas com quem realizei minha pesquisa de campo. Trata-se de Seu Tinga (ST), também da comunidade Mãe Cué, já falecido.

> **ST:** [...] O aramã, ele vai fazer a festa naquelas flores e vai lamber aquela aguinha, e vai vedar aquela flor para vingar; e se, a castanheira, ela é distante de outra madeira, ele não tem sustância de voar, ele sente o cheiro aqui embaixo: "Ô, mas eu queria ir ali", mas ele não tem sustância de voar para chegar lá. Aí, o que ele faz? Se tem madeira perto, ele voa para a aquela, daquela ele voa para aquela outra e daquela ele chega lá. Opa, aí vocês ouvem "vum-vum, vum-vum, vum-vum", parece uma voadeira, estão festejando, aí vai vingar a castanha.

Alguns castanheiros, tal como explicou Seu Tinga, argumentam que os "aramãs" possuem, como a cutia, uma relação de parceria com a castanheira e desempenham um papel importante para a transformação das flores em frutos: ao se alimentarem da "água" das flores, eles isolam com a saliva a umidade contida no interior da flor, que será, posteriormente, o substrato para sua transformação em fruto. Sem esse isolamento, a flor "pecaria" e não "vingaria".

Além do papel na geração dos frutos, alguns aspectos importantes da vida dos "aramãs" são destacados no argumento de Seu Tinga. Ele aborda a capacidade de voo e a maneira como eles vão "festejar" nas castanheiras. O "aramã" não consegue chegar às copas sem o apoio das árvores menores da vegetação de sub-bosque, as "madeiras": seu voo rumo a essas árvores gigantes precisa de paradas e pontos de apoio. Essa característica ressalta que a vegetação de sub-bosque dos castanhais é fundamental para a reprodução e a vida nesse ambiente. Assim, tal como as cutias e os "aramãs", essas espécies vegetais também são consideradas parceiras das castanheiras. Outro aspecto salientado no relato revela algo sobre o mundo perceptivo desses animais: o cheiro das flores que os atraem a se aventurar em grandes alturas. Também fica claro que os "aramãs" se esforçam tanto para se alimentarem como para "festejarem". É motivo de alegria a abundância das flores, e milhares deles rumam para o topo da floresta; ao se juntarem, fazem um grande espetáculo sonoro que rege o "festejar".

Como no caso dos "aramãs", são múltiplas as abordagens do papel dos humanos nos processos de reprodução das árvores e na formação e regeneração dos castanhais. De modo geral, a maior parte das pessoas com quem tive contato na pesquisa de campo reconhece que, por suas formas particulares de relação com as castanheiras e com seus ambientes, os humanos também são responsáveis pela criação de condições favoráveis ao desenvolvimento dessas florestas.

Alguns de meus interlocutores, bem como alguns pesquisadores da castanheira, consideram o manejo derivado do sistema agrícola coivara um fator que cria condições favoráveis ao desenvolvimento das castanheiras e à formação de castanhais. Como explicam esses pesquisadores, para alguns quilombolas a maior incidência de luz solar e a presença mais abundante de nutrientes no solo, que ocorre em consequência da derrubada e da queima da floresta para a feitura das roças, configuram ambientes mais propícios para que as castanheiras se desenvolvam mais rapidamente no seu estágio inicial, em comparação com as paisagens florestais sem esse tipo de manejo.

Embora alguns entendam que tal manejo possa favorecer a formação dos castanhais, meus dados de pesquisa não me permitem afirmar que os extrativistas veem essa interação como absolutamente fundamental para a reprodução e a regeneração dos castanhais. Eles apresentam muitos argumentos para justificar essa posição. O fato é que, para a maior parte dos castanheiros com quem realizei pesquisa de campo, o papel dos humanos na reprodução das florestas de castanhais está relacionado sobretudo à frequência e ao contato humano com as castanheiras nos castanhais já estabelecidos.

Cheguei a essa conclusão quando, durante a pesquisa de campo, me foram explicados os fatores que, segundo a maior parte dos quilombolas, seriam a razão do declínio crescente da produtividade dos castanhais, o que nas últimas décadas vem sendo notado por muitos extrativistas. Para compor as explicações, os quilombolas elencam fatores que poderíamos classificar como de ordem "natural", de ordem política e social.

Os fatores de ordem "natural", que não serão detalhados aqui, são vários e estão ligados principalmente a aspectos do tempo e da sazonalidade. Os quilombolas argumentam que eles atuam de forma descontínua ao longo do tempo; em uma safra (anual) ou em uma sequência de safras, um ou mais fatores podem influenciar a produtividade das castanheiras, mas isso também pode não acontecer.

Os fatores que influenciam a produtividade dos castanhais contínua e progressivamente ao longo do tempo se ligam, para parte de meus interlocutores, às relações entre os diversos coletivos humanos que estão na região, incluindo os próprios quilombolas. Esses fatores estão interligados às dinâmicas de relações sociais que nas últimas décadas têm resultado no declínio da frequência e do trabalho humano nos castanhais, o que seria, para parte significativa dos castanheiros com quem convivi, a maior causa da baixa produtividade das castanheiras no Alto Trombetas.

O pressuposto que sustenta essa hipótese é o de que as castanheiras necessitam do "cheiro" e do "calor" dos pés e dos corpos dos "cristãos", tal como se referem aos humanos, para se sentirem "animadas" a produzir frutos; a frequência humana no castanhal seria necessária para as árvores produzirem com fartura. Segundo castanheiros com quem conversei de forma mais sistemática a esse respeito, as castanheiras ficam tristes na ausência dos humanos, ao verem a maior parte de suas sementes, que nesse contexto são denominadas "filhos", apodrecerem na floresta. Quando há humanos no castanhal, elas ficam "alegres" por terem suas sementes coletadas, e, quando não há, ficam "tristes" por saberem que as cutias não são capazes de plantar uma grande produção de frutos, de maneira que a maior parte dos "filhos" se "estraga" e elas ficam "desanimadas" para produzir nas safras seguintes. Esse postulado sobre a produção das castanheiras e a relação com os humanos se explica e comprova por alguns exemplos do comportamento das árvores. Além do "cheiro" e do "calor" humanos, há na frequência humana a dimensão do "cuidado": os atos, por exemplo, de tirar os cipós que se hospedam e incomodam as castanheiras e de limpar os acessos e o entorno das árvores das ervas daninhas ou dos "matos feios" ajudam-nas a se manterem produtivas ao longo das safras.

Os conflitos, especialmente os que surgiram depois da implantação da REBIO Trombetas em 1979, sobreposta a uma parte significativa dos castanhais do território quilombola, são identificados como a principal causa da diminuição da frequência humana nos castanhais nas últimas décadas. Muitos castanheiros argumentam que as restrições e as proibições relacionadas ao manejo da flora e da fauna, impostas durante a safra da castanha pelo órgão estatal responsável por essa unidade de conservação, foram elaboradas e implantadas de modo autoritário, e elas os impedem de praticar o extrativismo da forma que julgam mais adequada e correta. De acordo com grandes castanheiros com quem convivi, para que haja boa relação com as árvores e o ambiente e, principalmente, para que essa atividade seja rentável, o extrativismo comercial da castanha tem que ocorrer atendendo a formas específicas de trabalho e de prática que não podem ser executadas com as proibições e restrições existentes. Com a implantação da unidade de conservação, os modos quilombolas de realizar o extrativismo comercial da castanha foram totalmente proibidos durante um bom tempo; depois, para continuarem a existir, tiveram de ser modificados. Os quilombolas não concordam com a maneira como isso foi estabelecido e, desde então, muitos desistiram de frequentar os castanhais, que estão ficando cada vez mais solitários.[7]

7 Como já foi salientado, o extrativismo comercial da castanha foi importante para a emancipação dos quilombolas no tempo da escravidão, no século XIX. Ele assumiu grande amplitude durante boa parte do século XX, no tempo dos "patrões", e nos anos 1970, com a implementação da REBIO Trombetas, foi proibido em parte do território dos quilombolas. A partir do ano 2000, ele foi regulamentado por acordos denominados "termos de compromisso", previstos na legislação para contextos de sobreposição de unidades de conservação de proteção integral com territórios de populações tradicionais. No Brasil, os termos de compromisso são instrumentos legais que visam "regulamentar" a permanência e o uso de recursos naturais por populações tradicionais que residem ou possuem algum tipo de vínculo territorial com espaços sobrepostos a unidades de conservação de proteção integral. Segundo a Instrução Normativa nº 26, de 4 de julho de 2012, termo de compromisso é um "instrumento de gestão e mediação de conflitos, de caráter transitório, a ser firmado entre o Instituto Chico Mendes e populações tradicionais residentes em unidades de conservação onde a sua presença não seja admitida ou esteja em desacordo com os instrumentos de gestão, visando garantir a conservação da biodiversidade e as características socioeconômicas e culturais dos grupos sociais envolvidos". Nos castanhais localizados na área de sobreposição com a REBIO Trombetas existem atual-

Dentre os exemplos que me foram narrados, um que elucida esse pressuposto ocorreu em um castanhal no entorno do lago do Erepecu, onde realizei boa parte de meu trabalho de campo. Foi relatado que havia um homem que não era quilombola, mas que trabalhou em um conjunto específico de pontas de castanha por muitas safras. Há alguns anos, por conflitos locais, ele parou de coletar castanha nesse lugar. A partir da safra em que esse castanheiro não compareceu para a coleta, as árvores situadas onde ele costumava trabalhar deixaram de produzir e estão assim até hoje. O local ficava muito próximo do acampamento estabelecido pelo extrativista que eu acompanhei por duas safras. Nesse período, nunca sequer visitamos esse lugar, pois, segundo meu interlocutor, era "perda de tempo", as castanheiras haviam deixado de produzir. Conforme o relato de alguns que também trabalham há muito tempo na região, elas continuarão improdutivas definitivamente. Algo interessante que elucida esse exemplo é que as castanheiras parecem ter afeição pelo "calor" dos pés e pelo "cheiro" não somente de humanos no sentido genérico, mas daqueles castanheiros com quem elas se relacionam por um longo tempo.

Castanheiros também argumentam a favor da relação entre a frequência humana e a produtividade, comparando as safras dos castanhais das matas da "beira" – próximas aos lugares mais visitados e habitados – e do "centro", distantes dos lugares habitados e dos cursos d'água conhecidos. A maior parte dos castanhais atualmente frequentada se situa na "beira", pois as pessoas vão cada vez menos aos castanhais "centrais", bem mais

mente, por via de um termo de compromisso específico (ICMBio 2011), regras especiais para a coleta e a comercialização da castanha e regras específicas para o manejo da fauna e da flora que devem ser cumpridas pelos extrativistas no tempo da coleta. Parte dessas regras é interpretada pelos quilombolas como restrições que muitas vezes impedem a realização do extrativismo comercial da forma que consideram mais adequada.

distantes. A maior parte das expedições em matas "centrais" tem como objetivo, no presente, a busca do óleo da copaíba (*Copaifera langsdorffii*), não da castanha. É comum nessa busca o trânsito pelas matas de castanhais "centrais". Pude notar, em 2013 e 2014, que esses castanhais, pelos quais passamos durante viagens em busca do óleo de copaíba, não haviam produzido um fruto sequer, contrariamente àqueles localizados na "beira".

Podemos observar que essa hipótese dos quilombolas se explicita na comunicação entre eles e as castanheiras. Árvores comunicam sua "alegria" aos humanos produzindo frutos em abundância; castanheiros comunicam sua satisfação pela produção das castanheiras por meio do cuidado, do apreço pelos lugares e pela afeição pelas árvores com que se relacionam, em muitos casos, por toda a vida. Isso evidencia algo ainda pouco explorado na antropologia no campo dos estudos de natureza e cultura, que são os modos de comunicação entre os seres humanos e os não humanos. O trabalho contemporâneo mais proeminente e conhecido que explora em detalhes esses modos de comunicação é o de Eduardo Kohn (2013), que, baseado nos escritos do filósofo Charles Peirce e do antropólogo Gregory Bateson, propõe (apoiado na incursão etnográfica entre o povo indígena Runa, da Amazônia equatoriana, e na investigação das relações desse povo com as plantas, animais e paisagens) que, para expandir sua área de atuação às outras formas de vida, a análise antropológica deve abarcar modos de comunicação que se situam fora do campo da linguagem simbólica, exclusivo dos humanos. Segundo o autor, isso torna possível vislumbrar outros meios pelos quais os humanos se relacionam com os seres não humanos (e vice-versa) e também dos seres não humanos entre si.

O postulado que associa a frequência humana nos castanhais a uma maior produtividade das castanheiras sem dúvida insere os extrativistas em uma relação de parceria com essas árvores. Contudo, compreendo que, embora se considerem sujeitos de relevância para a reprodução dos castanhais e para a existência no longo prazo dessas florestas, parte dos castanheiros do Alto Trombetas acredita que os diferentes sujeitos atuantes nesse processo, incluindo eles mesmos, possuem um grau de importância equivalente nessa rede de relações, como afirma Seu Tinga com belas palavras:

> **ST:** A natureza, ela fala, ela grita, é a natureza. A terra, ela grita, ela espoca, ela quebra; tudo através da natureza. No caso, a madeira (a árvore): a madeira quando ela esbarra uma para outra, quando vão conversar, ela grita "ahhhhhhh", aquilo lá é uma alegria dela, sei lá, uma conversa dela, ela tem que esbarrar em um galho com outro; estão se comunicando. E fora disso, estão cantando, se divertindo através da própria –olha como elas estão ali agora –, mas espia só como elas estão, estão cantando, olha! E aí? Olha aí como elas estão, olha as folhas delas como estão; sorrindo, porque dá o vento nela e aí ela se alegra; se não dá o vento nela, ela fica triste ali olhando, igual a nós, quando estamos com fome. Quando estamos com fome, nós não temos prazer, quando a gente enche a barriga, dá para conversar, dá para brincar [...] você não pode deixar uma castanheira longe das outras madeiras, porque nós temos o quê? Nós temos o aramã, que ele que faz a festa com as flores [...]. E se você faz uma queimada, faz uma derrubada que ela fique solteira lá, ela não vai dar flor, não vai.

Para parte dos castanheiros com quem convivi, os castanhais apresentam uma socialidade específica que só adquire sentido diante de seu conjunto de relações. Os "aramãs" em seus "estrondos" e "festejos" se alimentam da "água" das flores e as vedam com sua saliva, preservando a umidade que possibilita sua transformação em frutos. A vegetação de sub-bosque ajuda os "aramãs" a chegarem às copas das castanheiras. Há também o persistente ato de "plantar" das cutias, o manejo agrícola e a frequência humana percebida pelas castanheiras através do "calor" e do "cheiro" que as "alegra" e incentiva a produzir seus frutos. Para os extrativistas, o castanhal é onde se trabalha para a sobrevivência, e eles têm a tarefa de não tratar esses lugares de qualquer maneira, pois a manutenção de sua existência depende do respeito a esse conjunto de relações e aos sujeitos nela envolvidos. Entendo, portanto, que a postura adotada pelos quilombolas é a de participar em conjunto com tais agentes na vida da floresta, uma vez que a vida própria do castanhal, sua existência e reprodução como ambiente, acontece somente quando há os agenciamentos desses diferentes sujeitos.

Na coleta da castanha não se fazem necessárias, como na caça, na pesca e em outros tipos de extrativismo, a intervenção violenta sobre as vidas, a ação direta sobre o corpo das árvores e a busca de agenciamentos externos, como os "remédios", para a busca de maior sucesso ou a desfeita de má-sorte. Se forem povoados por outras arvores e frequentados por "aramãs", cutias e extrativistas, os castanhais produzirão frutos, que estarão disponíveis para serem coletados.

Na relação com as castanheiras, os quilombolas não se interessam por ter poder de decisão sobre os modos como devem viver essas árvores. Eles levam em conta a vida das castanheiras para tomar decisões a respeito de onde podem habitar e realizar atividades e empreendimentos futuros em seu território. Da parte das castanheiras, vemos uma atitude de parceria, comunicando "alegria" pela produção de frutos, quando notam a frequência e os cuidados humanos. Com efeito, para alguns castanheiros do Alto Trombetas não há possibilidade de conservação e de existência desse tipo de floresta por longo prazo sem a rede de parceria constituída pelas cutias, pelos "aramãs", pelos humanos e por outros tipos vegetais habitantes dos castanhais.

Creio que essa rede de relações explicitada do ponto de vista de alguns castanheiros do Alto Trombetas expõe uma maneira menos antropocêntrica de convivência com outras formas de vida e um modo de socialidade que, pelos valores que expressa, pode servir de aprendizado para que possamos futuramente assegurar a permanência e a conservação da vida nesses lugares em sua plenitude, com dignidade e liberdade, respeitando também a diversidade que lhe é própria.

16

HISTÓRIAS E CANTOS DO MILHO KRAHÔ

AS MUITAS VOZES DO CERRADO[1]

ANA GABRIELA MORIM DE LIMA,
CREUZA PRUMKWYJ KRAHÔ E VERONICA ALDÉ

SEMENTES E HISTÓRIAS DE VIDA: MEMÓRIA E ESQUECIMENTO

"A gente planta as sementes pra deixar pros filhos, netos e bisnetos... Escutem bem..." Assim costumava repetir o mestre ritual Olegário Tejapôc Krahô **[FIG. 23]**. Em sua pequena cabaça, ele guardava as poucas sementes que ainda lhe restavam do *põhypej*, o milho "belo e bom", uma variedade local muito apreciada pelos Krahô, embora bastante rara nos dias de hoje. Conservamos ainda a lembrança do velho Tejapôc semeando o milho na roça, com seu caminhar lento e preciso, apoiando-se num bastão de madeira com o qual também abria as covas e enterrava as sementes. Num incessante ir e vir, traçando linhas retas em desenhos de roça, a imagem do ancião envergado, caminhando, cavando, plantando e cantando.

Guardamos também a lembrança da forte presença de Olegário Tejapôc na execução de importantes rituais do povo Krahô. Alguns desses ritos vêm sendo esquecidos pelos mais jovens, como é o caso do *Pohypre*, a festa de colheita do milho, que deixou de ser

1 A etnografia apresentada neste ensaio foi anteriormente desenvolvida no artigo "As festas do milho krahô: cantando sementes e semeando cantos", publicado na revista *Anuário Antropológico*, 2020 (3). O presente ensaio, entretanto, focaliza outros problemas e questões, enveredando por uma reflexão distinta e complementar àquela realizada no artigo anterior.

realizada em muitas aldeias à medida que o milho *põhypej* foi desaparecendo das roças krahô ao longo dos últimos anos. Tejapôc era um dos únicos mestres rituais que ainda sabia como conduzir essa festa, seus cantos, danças e principais ações. Por isso mesmo ele insistia na importância de multiplicar as sementes e espalhar seus cantos, cuidando para que não se perdessem por completo.

Em março de 2017, Olegário Tejapôc faleceu e seu espírito passou a habitar a aldeia dos mortos ou, talvez, algum pé de árvore, assumindo formas corporais de outros seres do Cerrado, como especulam os Krahô. As escassas sementes de milho que Tejapôc plantava e guardava todo ano ainda persistem, brotando e frutificando para seus parentes. Da mesma forma, seus conhecimentos estão potencialmente vivos entre todos aqueles que se abriram à escuta dos cantos e histórias por ele entoados, como os que apresentaremos ao longo deste ensaio.

HISTÓRIAS COEVOLUTIVAS: MILHOS E SUAS GENTES, CICLOS DE VIDA E MORTE

A história do milho (*Zea mays* ssp. mays L.) começa aproximadamente 9 mil anos atrás no sudoeste do México, quando seu ancestral selvagem, atualmente conhecido como teosinto, caiu no gosto de pequenos grupos de povos "nômades" que começaram a manipulá-lo, selecioná-lo e, consequentemente, de forma intencional ou involuntária, a modificá-lo (Blake 2015: 17). Os humanos foram de tal maneira envolvidos pela planta que suas sucessivas intervenções acabaram por resultar na perda da capacidade de autopropagação dos descendentes do teosinto, pois as sementes maduras se tornaram incapazes de se separar da espiga e se libertar da casca que a envolve. Ao mesmo tempo, as trocas estabelecidas com seus dispersores humanos fizeram com que o milho se espalhasse praticamente por todas as regiões do mundo.

Nesse longo processo coevolutivo e, por que não dizer, de "codomesticação", o milho passou a depender dos humanos para garantir sua sobrevivência contínua, enquanto estes também passaram a depender dele, assim como de muitas outras plantas cultivadas que mudaram a biologia humana e influenciaram importantes transformações sociopolíticas e culturais. Nesse sentido, o processo de "domesticação" não é unidirecional, forjado pelo excepcionalismo humano que molda uma natureza antes selvagem (Ingold 2000). Podemos perceber, ao contrário, que nas interações entre humanos e cultivares ambos são constituídos e transformados, afetam e são afetados (Haraway 2003; Van Dooren 2012).

No que se refere mais especificamente à sua propagação na América do Sul, evidências genéticas, linguísticas, arqueológicas e paleoecológicas sugerem que o sudoeste amazônico foi um importante centro de melhoramento do milho, que teria chegado ao local apenas parcialmente domesticado. De acordo com estudos recentes de Kistler et al. (2018), depois da chegada de um protomilho ao sudoeste Amazônico por volta de 6 500 anos atrás, os povos indígenas que ali habitavam deram continuidade ao seu processo de domesticação e, dessa região, ele se difundiu para a Amazônia oriental há aproximadamente 4 300 anos. Uma segunda grande expansão teria ocorrido ainda entre 1 200 e mil anos atrás, com a propagação de aldeias circulares no sul da Amazônia, no Cerrado e na costa atlântica (Kistler et al. 2008: 4). Esse processo de domesticação se deu, portanto, mais de uma vez e em mais de um local, como resultado de múltiplas ondas de dispersão mediadas pelas trocas humanas, que influenciaram igualmente no incremento da diversidade.

Existe uma espécie de consenso de que o milho e as culturas de cereais de maneira geral, em função principalmente de seus modos de conservação e estocagem, teriam tido um papel fundamental no desenvolvimento da agricultura intensiva, que, por sua vez, teria propiciado o surgimento de sociedades hierárquicas, com poder centralizado e produção escravocrata.[2] Não há, entretanto, do ponto de vista biológico, nada intrínseco ao milho que implique a emergência da "forma-Estado". A questão é o modo como o milho é incorporado num sistema social específico, quer dizer, o modo como os humanos compõem com ele.

No caso dos povos das terras baixas da América do Sul, a introdução do milho não substituiu outros cultivos; pelo contrário, ele foi incorporado às estratégias de manejo de sistemas agroflorestais que, combinando plantas domesticadas e não domesticadas, geravam (e ainda geram) hiperdiversidade (Kistler et al. 2018; Neves & Heckenberger 2019; ver Furquim, cap. 7 deste volume). A cultura do milho tampouco possibilitou o desenvolvimento de uma "forma-Estado", tendo em vista a recusa desses povos em desenvolver mecanismos de centralização do poder e em fazer uso coercitivo dele (Clastres 1974).

Tal compreensão nos leva a desconstruir gradientes evolutivos lineares e deterministas acerca das relações entre esses povos e seus ambientes, em particular a visão que pressupõe uma passagem necessária da domesticação das plantas à intensificação da agricultura e que anula a dimensão das experiências históricas específicas, de modos de vida particulares e de escolhas políticas autônomas (Rival 1998). O pressuposto etnocêntrico implicado nessa visão está igualmente presente no discurso desenvolvimentista ainda bastante recorrente, que prega a substituição da diversidade de práticas agrícolas existentes no mundo por uma agricultura "moderna" e "racional" (Santonieri 2015).

O milho é uma das três maiores culturas produzidas em larga escala no mundo e, nesse cenário, se tornou uma mercadoria

2 Haudricourt (1962, 1964) foi um dos primeiros a ressaltar as diferenças entre os "cultivadores de cereais" e os "cultivadores de tubérculos", contraste que foi retomado por diversos autores em suas reflexões críticas, por exemplo, Panoff (1982) e Scott (2017).

essencial para o desenvolvimento da agricultura industrial, da indústria alimentar e também do setor energético (Blake 2015: I). Por meio da aliança entre o mercado e o conhecimento científico, observa-se, a partir dos anos 1980, a proliferação de sementes de milho geneticamente modificadas e patenteadas pelas grandes corporações multinacionais e, com elas, dos insumos e defensivos químicos necessários para seu desenvolvimento (ver Cabral de Oliveira, cap. 4 deste volume). Os organismos geneticamente modificados (OGM) possuem forte apelo comercial em função do alto rendimento, da resistência aos competidores, da uniformidade e da aparência atraente de seus produtos. Ao fim do ciclo da monocultura industrial, porém, restam as paisagens devastadas e abandonadas, num ativo processo de empobrecimento ambiental e social.

Um problema bastante atual é o da perda de espécies e variedades tradicionalmente cultivadas por muitos povos indígenas e comunidades locais, assim como de seus saberes associados, transmitidos ao longo de várias gerações (Santilli 2009). No caso dos Krahô, por exemplo, entre os diversos fatores de ordem política, econômica e ambiental que vêm comprometendo a agrobiodiversidade local, as políticas governamentais implementadas entre os anos de 1960 e 1970 tiveram papel crucial (Dias et al. 2007) nesse desaparecimento. Com base nos paradigmas da revolução verde, a concepção dominante na época era a de que os indígenas deveriam substituir suas práticas produtivas tidas como "primitivas" pela incorporação de métodos mais "modernos", como a mecanização da agricultura e a prática da monocultura (Londres et al. 2014: 14). Com vistas a aumentar a produtividade agrícola, os agentes dessas políticas públicas introduziram novas variedades entre os Krahô, como as de milho híbrido e arroz, o que, no entanto, agravou o problema da erosão do solo e da perda de variedades locais, assim como de suas práticas e conhecimentos. Soma-se a isso o avanço das atividades agropecuárias e das cidades no entorno da Terra Indígena Krahô, que se configura atualmente como uma "ilha" de Cerrado ainda preservado no estado do Tocantins. O Cerrado é hoje um dos biomas mais afetados pelo desmatamento, um dos *hotspots* da biodiversidade mundial.

Diante dessa narrativa dominante, movida por práticas de controle e mercantilização da vida produtoras de ambientes arrasados e modos de vida impactados, optamos aqui por reverberar histórias "outras", isto é, contadas e cantadas a partir de diferentes pontos de vista, humanos e não-humanos.

OUTRAS HISTÓRIAS: O MILHO PÕHYPEJ E O POVO KRAHÔ

Os Krahô (povo Timbira da família linguística Jê) se autodenominam *mẽhĩ*: "nossa carne" ou "nós, pessoas, humanos". O milho *põhypej* é um alimento essencial para os Krahô, especialmente nas práticas de resguardo realizadas em situações liminares ligadas ao ciclo de vida da pessoa. A vivência dos resguardos é igualmente importante para o desenvolvimento de certas habilidades perceptivas, como a escuta, a atenção e a capacidade de memória, das quais depende a aquisição de determinados conhecimentos (Borges & Niemeyer 2012; Prumkwyj Krahô 2017). Nesse sentido, o milho *põhypej* possui uma agência central na fabricação dos corpos humanos, por meio da "*en*corporação" de qualidades que lhe são próprias, como a beleza, a leveza e a dureza. Um dos objetivos dos resguardos do pós-parto e da iniciação guerreira, por exemplo, é justamente fazer com que as crianças e os jovens "fiquem de pé", cresçam e amadureçam rápido, floresçam *impej* ("belos e bons"), como os pés de milho.

Para os Krahô, a importância do milho e das plantas cultivadas, de modo geral, não se reduz a uma função alimentar; tampouco ele é percebido como passivo ao controle e às necessidades humanas. Ao contrário, os vegetais, como os animais, são concebidos como sujeitos sociais, pensantes e sencientes, que possuem hábitos, vontades e desejos específicos. Na medida em que as plantas são "cultivadas", seus donos humanos também são por elas "aparentados", por meio de um engajamento corporal e afetivo que envolve uma série de cuidados. Do contrário, as plantas não crescem e nada dão para os agricultores desatenciosos; em vez disso, mudam-se para outras roças e podem até mesmo se vingar provocando doenças (Morim de Lima 2016, 2017).

No caso do milho, seu plantio, crescimento e colheita são marcados por elaborados rituais que atualizam uma série de relações de gênero e parentesco entre humanos e não humanos. Os Krahô chamam suas festas de *amjĩkin*, que em sua língua significa, literalmente, "alegrar-se" (Melatti 1978: 14). Para além de uma dimensão utilitária, as diversas atividades de "subsistência", como os plantios e as colheitas na roça, são movidas pela produção desse estado de ânimo específico: "alegrar-se" é também estar em movimento, cantar, correr com toras e compartilhar refeições, ações que contribuem para a construção de corpos "belos, fortes e saudáveis". Simultaneamente, o "bem viver" das pessoas, humanas e não humanas, é concebido como produto dessas relações sociais prazerosas, alegres e festivas.

Neste ensaio, nosso foco recai sobre o *Põhypre*, o ritual de colheita do milho que, como dissemos anteriormente, deixou de ser realizado em muitas aldeias à medida que o milho *põhypej* também foi se tornando cada vez mais raro nas roças. O saudoso Olegário Tejapôc se dedicou em vida a semear e multiplicar as sementes de *põhypej*, assim como suas histórias e festas. E foi a pedido dele, um dos últimos mestres rituais que ainda sabia como conduzir o *Põhypre*, que nós realizamos o registro, a transcrição e a tradução para o português de seus principais cantos, junto a outros relatos míticos e pessoais.[3]

3 Esse trabalho foi realizado pelas coautoras deste artigo junto aos mestres rituais, cantores(as) e agricultores(as) krahô por meio do subprojeto

Cabe ressaltar que a ideia da domesticação, segundo a qual os humanos controlam os ciclos reprodutivos de algumas plantas e criam para elas um mundo separado e paralelo (Van Dooren 2012), é totalmente alheia às concepções e teorias krahô. Uma série de outros agentes intervém nesse processo, como o sol, a água, a lua, o fogo, o vento, outras plantas, animais e espíritos de parentes mortos e seres do Cerrado. Os corpos humanos e vegetais emergem, assim, de um emaranhado de relações que envolvem humanos, não humanos e outras agencialidades, como poderemos vislumbrar nas práticas de resguardo, nos cantos e performances rituais associados à cultura do milho.

A HISTÓRIA DA ÁRVORE DO MILHO

Os Krahô contam sobre o tempo em que só se alimentavam de pau puba e barro de cupinzeiro. Foi com *Caxêkwyj*, a Estrela-mulher que desceu do céu para se casar com um jovem *m˜ehĩ*, que os antigos aprenderam a comer as frutas do Cerrado, como a bacaba e o buriti. Antes de voltar para o céu, a Estrela-mulher trouxe a mandioca, a batata-doce, a fava, o amendoim e a abóbora, dentre outras plantas cultivadas. Olegário Tejapôc nos contou ainda que antigamente existia uma grande árvore de milho que guardava todas as subvariedades de *põhypej* em si: *tycre* (pretinho), *jakare* (branquinho), *catõc pejre* (pipoca), *toh capêere* (rajadinho), *tohromre* (azuladinho), *auxêt japy* (rabo de peba), *intepre* (vermelhinho) ou *caprêcti* (vermelhão), *ihtahtapre* (amarelinho) e *caxati*

"A cultura do milho: narrativas míticas, cantos e objetos rituais krahô", ligado ao projeto-piloto "O trabalho da memória através dos cantos", coordenado pela profª. dra. Rosângela Pereira de Tugny, no âmbito do Projeto de Documentação das Sonoridades Indígenas / Programa de Documentação de Línguas e Culturas (ProdocSon Museu do Índio / Unesco).

(estrelão) (Morim de Lima 2016, 2018). Os antepassados se banhavam nas sementes coloridas do milho, caídas no ribeirão, sem saber que eram comestíveis. Foi a Estrela-mulher que os ensinou a cultivar o milho e preparar o paparuto, um bolo cerimonial feito de massa de milho ralado e recheado de carne que é enrolado em folhas de bananeira e assado embaixo da terra. Assim, os antigos aprenderam que o milho não servia apenas como alimento para periquitos, mas que se tratava igualmente de "comida de gente".

Como narrou Olegário Tejapôc, a derrubada da grande árvore de milho é um evento importante, que ressalta como sua diversidade se propagou pelos diferentes povos de língua Jê. Os antigos *mẽhĩ* convidaram outros povos parentes para participar da derrubada da árvore do milho, que, quando tombou no chão, espalhou todas as variedades que continha em si. Cada povo pegou uma variedade específica e seguiu um caminho distinto. A difusão e a diversidade do milho estariam, portanto, associadas à diferenciação linguística e cultural entre esses povos.

PLANTANDO: O MILHO E SUAS INTERAÇÕES MULTIESPECÍFICAS

O plantio do milho abre a semeadura na roça nova anteriormente queimada, ocorrendo logo após a chegada das primeiras chuvas, entre os meses de outubro e dezembro. Nos plantios que acompanhamos nos anos de 2012 e 2013 na aldeia Pé de Coco, os homens foram para a roça ornamentados e pintados de urucum, animados por uma série de cantos que motivavam os agricultores humanos em seu trabalho ao mesmo tempo que animavam suas sementes para que crescessem belas e fortes. Cabe ressaltar que o plantio ritual do milho é uma atividade masculina e que somente em condições muito especiais as mulheres podem participar.

Cada agricultor tem uma vivência própria de roça, pois é na interação com cada planta que se aprende sobre seus comportamentos e gostos particulares. Não existem regras que prescrevam um modo "correto" de cultivar: o conhecimento emerge de uma experiência situada, de um engajamento prático, e, embora certas práticas consolidadas sejam transmitidas ao longo das gerações, elas são dinâmicas e estão sempre se renovando. Além do fogo e da chuva, a lua interfere no plantio: Olegário Tejapôc, por exemplo, gostava de plantar o milho na lua crescente. De modo geral, as sementes de milho são plantadas pelos homens em fileiras, ao desenharem traços lineares que atravessam a roça, em contraste com o plantio circular de outras plantas, como o da batata-doce cultivada pelas mulheres (Morim de Lima 2016). Pelo fato de o milho *põhypej* ser bastante raro nos dias de hoje, as sementes restantes nunca são plantadas junto ao milho híbrido adquirido dos não indígenas, pois, se ficarem próximos, "eles gostam de namorar", e a reprodução sexuada por meio da polinização cruzada faz com que se misturem, acarretando contaminação e eventual perda do *põhypej*. Frequentemente o plantio do arroz sucede o do milho. Já a fava é considerada "companheira" do milho e eles podem ser plantados bem próximos um do outro, tendo em vista que ambos se reforçam mutuamente.

Uma das principais formas de cuidado dos agricultores krahô para com seus cultivos se manifesta por meio de práticas de resguardo específicas, realizadas ao longo do plantio e do crescimento de cada planta. No caso do milho, aqueles que o cultivam não podem comer tatu, tamanduá, macaco nem guariba depois do plantio, pois esses animais são fracos para ficar em pé e, como eles, o milho não se sustentaria e logo cairia. Se comerem raposa ou seriema, a espiga do milho ficará fina, como a perna desses animais. Se comerem tatu novo, o vento quebrará e derrubará as espigas. Se comerem fígado, coração ou outras vísceras animais, o milho murchará ou não produzirá boas sementes. O contato com o mel faz com que o milho seque, e o mesmo ocorre se a pessoa tecer algo com os talos da palmeira de buriti. Pegar em coco-babaçu, coco-piaçava, coco-macaúba ou qualquer gordura em geral pode criar doença no milho, atraindo lagartas e cupim, que gostam de roer as folhas e o pé (Morim de Lima 2016: 100; Prumkwyj Krahô 2017: 82).

Além disso, na ocasião do plantio e do crescimento do milho é realizada a festa do *Põhyjõcrow*, "a tora do milho", inserida num ciclo ritual mais amplo que marca a passagem da estação da seca / verão para a chuvosa / inverno, quando a metade ritual associada às chuvas (*Catàmjê*) assume o governo da aldeia, antes liderada pela metade do verão (*Wakmejê*).[4] As corridas de revezamento de toras são realizadas pelos Krahô em praticamente todos os seus rituais, e cada tora possui um repertório de cantos específicos. As toras do milho, que dão nome a essa festa, são confeccionadas com madeira de buriti e devem ser cortadas num tamanho análogo ao já atingido pelos pés de milho plantados na roça (Melatti 1978). Ao fim da corrida, os homens realizam o canto dos *Catàmjê*, associado às chuvas, ao mundo das águas e ao novo tempo que se inicia com o plantio do milho (Aldé 2013). Igualmente importante é o jogo de petecas de palha de milho (*põhyprỳ*), realizado após a corrida de toras e no qual apenas os homens participam: quanto mais tempo as petecas se mantiverem no ar, sem cair no chão, maior será a produção de espigas no alto do pé (Melatti 1978). Observamos, portanto, que o bom crescimento do milho e sua fertilidade dependem igualmente da eficácia dessas ações rituais que animam humanos e não humanos.

4 O pertencimento às metades cerimoniais sazonais é transmitido pelo nome pessoal. Cada estação do ano é governada pelos homens da metade respectiva, que escolherão dois líderes, chamados "prefeitos" (*hõmrẽn*), responsáveis pelas principais atividades e pela execução das decisões tomadas coletivamente.

COLHENDO: OS CANTOS DO MILHO E SUAS MÚLTIPLAS VOZES

O *Põhypre* ocorre geralmente no auge da estação chuvosa, entre os meses de fevereiro e março, quando o milho já começa a secar. Nesse sentido, o ritual é uma espécie de "terminação" do ciclo de vida do milho, finalizando o tempo de sua colheita. Apresentamos aqui uma etnografia das festas de que participamos na aldeia Pé de Coco, realizadas em março de 2013 e 2014 pelo mestre ritual Olegário Tejapôc.

No primeiro dia da festa, os homens da metade ritual do inverno (*Catàmjê*) pegaram o caminho da roça com as esposas dos homens da metade do verão (*Wakmejê*); no segundo dia, ocorreu o inverso. Acontece que, nessas ocasiões, é permitido que os homens pertencentes às diferentes metades rituais furtem as roças – e também as mulheres – uns dos outros. Além do milho seco, outras plantas que já se encontram maduras podem ser apanhadas. Ao contrário das colheitas de espigas realizadas cotidianamente pelas mulheres, nessa colheita ritual do milho seco os homens cortam o pé inteiro, reatualizando a derrubada mítica da grande árvore de milho mostrada pela Estrela-mulher.

Ao fim da tarde do terceiro dia, cada uma das metades fez seu próprio *põhypre*: um imenso artefato cuja forma imita as espigas do milho. Dentro deles, as plantas furtadas nas roças são acomodadas todas juntas e enroladas em folhas de bacaba, que se assemelham ao envoltório formado pela palha do milho. Finalizada a confecção, os *põhypre* foram fincados na terra em posição vertical, uma alusão ao corpo humano e à própria planta do milho, pois, como estes, os *põhypre* devem "levantar, ficar firmes, de pé". Além disso, os *põhypre* presentificam a grande árvore mítica de milho, guardando todas as variedades em si.

Ao longo da noite, teve lugar uma série de enfrentamentos rituais entre as metades cerimoniais sazonais ao redor dos *põhypre*, que ficaram lá de pé, na frente da casa mais a oeste, também associada à metade ritual do inverno. Durante a madrugada até o amanhecer, um "mensageiro" da metade do verão atravessava do pátio para a casa, num ir e vir ininterrupto, de leste a oeste. Segundo Olegário Tejapôc, esse mensageiro é a Andorinha, a quem a Coruja contou a mensagem que havia recebido da Sucuri, que é a dona das águas. A Sucuri dizia, entre outras coisas, que as crianças ficassem atentas na hora de se banhar na correnteza do lago ou na beira do rio durante o tempo das chuvas, para que chegassem com cuidado a esses ambientes. Ela, o espírito (*carõ*) da Sucuri, "chefe, corpo-dona" (*pahhi*) das cobras, poderia devorá-las a qualquer momento. Mandava, porém, um aviso prévio, cabendo aos humanos identificar seus sinais e interpretar sua mensagem. As mulheres não participaram dessa ação ritual, apenas escutavam atentamente de suas casas os bramidos de alerta.

Na manhã seguinte, os homens das metades sazonais arrancaram os *põhypre* da terra e correram com eles até o pátio central da aldeia (*kà*), onde eles foram então tombados. Em seguida, os *põhypre* foram reerguidos, dessa vez no meio do pátio. Os homens dançaram ao redor deles, em movimento circular anti-horário, liderados pelo mestre Olegário Tejapôc, que entoava o *wetre jarkwa*, o canto de uma espécie de lagartixa que vive no Cerrado, associada ao verão e ao ambiente seco.

Wetere cà cahxêtre	Lagartixa da pele coloridinha
He wetere cà cahxêtre	Lagartixa da pele coloridinha
Wetere cà cahxêtre	Lagartixa da pele coloridinha
Hõ jawa morõ xà mã te hê	No pé de árvore deixa seu rastro
Jawa te to japat te nã catêê hê	Indo atrás do inimigo
Wetere cà cahxêt	Lagartixa da pele coloridinha

Duas mulheres então se aproximaram, tocaram os *põhypre* e saíram rapidamente. Nesse exato momento, os homens encerraram sua dança. Na sequência, os *põhypre* foram definitivamente derrubados e abertos no meio do pátio central. As plantas "roubadas" das roças nos dias anteriores foram por fim redistribuídas entre os convidados da festa: os frutos serviram de alimento e as espigas secas foram conservadas para futuros plantios. Foi assim que, nessa festa, as sementes do milho *põhypej* plantadas na roça por Olegário Tejapôc, tal como contamos na abertura deste artigo, se espalharam com seus cantos, por meio da derrubada do *põhypre*, o grande "feixe-pé-árvore--espiga-ventre" de milho.

Cabe notar que as duas mulheres que tocaram os *põhypre* encarnam o personagem do *pytre*, uma espécie de inseto que "gosta de chupar a flor do urucum", como nos explicou Olegário Tejapôc: "É nesta mesma época do ano que aparece a flor do urucum, por isso o *pytre* está lá no meio chupando". Antigamente, o florescimento do urucum e o aparecimento desse inseto eram importantes indicadores sensíveis para a realização do ritual de colheita do milho. Assim, nos contou Tejapôc:

> O passarinho já convidou a lagartixa, que convidou o besouro, que está lá na casa vendo, só olhando, e resolveu vir também no pátio. E os *põhypre* estavam só lá esperando. O *pytre* gosta de ir na roça, mexer no resto do milho que sobra. Gosta de andar no meio da roça e por isso foi convidado. *Pytre* gosta de leite, açúcar da flor e do peito do *mẽhĩ* também.

Na parte da tarde, Tejapôc apresentou os demais cantos do repertório do *Põhypre*, acompanhado do maracá e pela cantora Waldeci Hacàc, sua esposa, que também conhecia os cantos.

Hikà ha jômo majũ rê hê	Minha pele esfarela
Ikà ha jômo	Minha pele esfarela
Hikà ha jômo majũ rê hê	Minha pele esfarela

Ikà ha jômo majũ rê hê	Minha pele esfarela
Hikà ha jômo majũ rê hê	Minha pele esfarela
Hikà ha jômo majũ rê hê	Minha pele esfarela
Ikà ha jômo	Minha pele esfarela
Majũ rê hê hô ha pànã	Lá onde vai a Arara cantando e bagunçando os frutos
hô ha pànã	Arara cantando e bagunçando os frutos
Majũ rê hê hô ha pànã	Lá onde vai a Arara cantando e bagunçando os frutos
Majũ rê hê hô ha pànã	Lá onde vai a Arara cantando e bagunçando os frutos
Majũ rê hê hô ha pànã	Lá onde vai a Arara cantando e bagunçando os frutos
Ija hyhyhyhy	[intervalo]
Jure herê hê	Para lá
He jure hêrê romo	Para mata
wa ha hajanẽ	Já vou indo
wa ha hajanẽ	Já vou indo
He jure hêrê hê	Para lá
He jure hêrê romo	Para mata
wa ha hajanẽ	Já vou indo
He jure hêrê hê	Para lá
Wa pari mã purê pjê he	Arrastando o talo de buriti
Wa pari mã purê pjê he	Arrastando o talo de buriti
Wa pari mã purê pjê he	Arrastando o talo de buriti
Crô jĩnĩ cràre	Caititu da bosta seca
Crô jĩnĩ cràre	Caititu da bosta seca
Wa pari mã purê pjê he	Arrastando o talo de buriti

Ipôc cô jaxà, hà ipô cô jaxà	Vento forte passando, Vento forte carregando
He ipôc cô jaxà	Vento forte limpando
Ipôc cô jaxà, hà icô cô jaxà	Vento forte passando, Vento forte carregando
Ipôc cô jaxà, hà icô cô jaxà	Vento forte passando, Vento forte carregando
Ipôc cô jaxà	Vento forte limpando
Ipôc cô jaxà	Vento forte limpando
Ipôc cô jaxà, hà icô cô jaxà	Vento forte passando, Vento forte carregando
Ipôc cô jaxà, hà icô cô jaxà	Vento forte passando, Vento forte carregando
Ipôc cô jaxà	Vento forte limpando

Càcàre hê	Periquitinho
Càcàre hê jatãcã cucwyrà	Periquitinho do passo ligeiro
Jatãcã jôpànã	Andando e correndo
Càcàre, càcàre	Periquitinho, Periquitinho
Càcàre he jatãcã cucwyrà	Periquitinho do passo ligeiro
Càcàre	Periquitinho
Jahyhyhyhyhy Xôxôxô hãyy	[vocalise]

Nesses cantos, ganham destaque certos agentes que consomem e / ou dispersam os frutos e as sementes de diferentes espécies vegetais do Cerrado, incluindo as frutíferas, centrais na alimentação Krahô. As sementes podem ser disseminadas por mamíferos, em geral após o consumo e defecação, e por diversos pássaros que as consomem ou simplesmente "bagunçam" os frutos, dispersando-as. Elas também podem ser transportadas pelo vento, especialmente as aladas ou com plumas, e ganham outros significados. A primeira estrofe também nos faz visualizar a ação de uma pessoa que, ao subir no tronco do *Cuwryre*, também conhecido como escorrega-macaco, "esfarela" sua casca. Trata-se de uma grande árvore encontrada nas matas de galeria, cuja casca se desmancha com facilidade. O canto brinca com um sentido contraditório ao seu casco liso e escorregadio, pois é muito difícil alguém conseguir subir pelo seu tronco. Com sua casca, as mulheres fazem um chá para tomar na hora do parto, o que ajuda a criança a "escorregar" com facilidade.

Quando Tejapôc e Hacàc encerraram sua apresentação, o pátio foi então invadido pelas mulheres, que portavam nas mãos algumas das espigas de milho distribuídas após a corrida e a abertura dos *põhypre*. Elas correram atrás dos homens a quem chamavam de "marido" (*ipijên*), isto é, seus maridos potenciais (não os efetivos), e neles atiraram as espigas de milho. Os homens escorraçados se retiraram em fuga e as mulheres tomaram conta do espaço, até então marcado pela presença masculina. Essa espécie de "guerra" ocorre em clima de descontração e brincadeira jocosa.

Enquanto isso, as crianças também faziam sua zoada. Elas recuperavam as espigas de milho caídas pelo chão, levando-as para as casas de suas famílias, pois se tornarão potenciais sementes para futuros plantios. As crianças são como os periquitos "encantados e felizes consigo mesmos, bagunçando as sementes", como diz outro canto krahô. Isso desde os tempos da Estrela-mulher, quando os humanos ainda não conheciam o milho *põhypej*, que era apenas comida de periquito.

MODOS DE VIDA QUE RESISTEM AOS FINS DE MUNDOS

O milho krahô é mais do que um organismo vivo: sua "cultura" é também um modo de vida, que entrelaça as histórias de vidas humanas, não humanas e de seus ambientes, não sendo possível traçar separações rígidas entre domínios naturais e culturais.[5] Além disso, "organismos bioculturais" são entendidos aqui como seres compósitos e relacionais, que agregam o múltiplo e o diferente, e não como totalidades autônomas e isoladas. O mesmo pode ser dito da grande árvore mítica de milho e do artefato ritual que a presentifica, o *põhypre*, que guardam a diversidade em si. Ou ainda dos cantos da festa do milho, por meio dos quais se manifesta uma multiplicidade de singularidades, com destaque para os agentes polinizadores e dispersores de espécies vegetais do Cerrado.

As sementes do milho krahô, suas narrativas, cantos, danças e festas são também dispositivos de memórias que, mesmo em face dos riscos de desaparecimento e esquecimento, persistem se perpetuando no tempo, atravessando as gerações. Outra dimensão importante é o modo como os conhecimentos indígenas se articulam a uma verdadeira política cósmica, que, baseada na negociação com diversos seres e agencialidades, inspira novas formas de pensar, agir e de resistir aos "fins de mundos" característicos do nosso tempo. Nos cantos e histórias do milho *põhypej* ecoam as vozes de muitos seres que coabitam o Cerrado, e através de suas festas e cantorias os Krahô ajudam a manter a respiração e a vitalidade do seu universo (Aldé 2013). Respiração que também é ritmo, pulso. O Cerrado insiste em respirar vivo, continuamente. Os povos do Cerrado, em respirar junto com ele, ritmicamente.

5 Ver a discussão sobre "*life forms*" e "*forms of life*" em autores como Van Dooren (2014) e Pitrou (2017).

17 # AS PLANTAS OUVEM A NOSSA VOZ

CANTOS E CUIDADOS RITUAIS KAIOWÁ

IZAQUE JOÃO KAIOWÁ

Meu nome é Izaque João, sou da etnia kaiowá e vivo na região da Grande Dourados. Antes de falar sobre o diálogo com *ytymbyry*, quero tratar brevemente da minha trajetória como indígena pesquisador. Minha família é grande. Na década de 1980, eu era uma criança e vivia com minha família, o pai e a mãe que são da etnia kaiowá. Não é etnia kaiowá guarani, é kaiowá. A gente participava dos rituais que aconteciam na comunidade e minha curiosidade sempre foi que, para chegar no ritual, existem várias regras que nós temos que obedecer. O pai falava isso antes de ir para o ritual, então a gente ia junto, chegava lá e participava, às vezes a noite toda, e a gente voltava no outro dia.

Com o passar do tempo, isso ficou na minha cabeça. Com a idade de dez anos a gente ia muito na roça, com o pai, com a mãe, trabalhávamos juntos, fazíamos uma atividade de cultivo de várias espécies de plantas. O pai sempre falava que nós temos que cuidar bem dessas plantas, falava que para cultivar determinadas plantas é preciso olhar a fase da lua, é preciso olhar a direção do vento, é preciso ficar atento ao canto dos pássaros. Mas nunca explicava por quê. Já adolescente, fui morar com o avô e aprendi bastante coisa. Ele começou a explicar por que, ao plantar, ao cultivar a mandioca, o milho, a batata, era preciso obedecer o período e explicava como eu devia cuidar. Ele sempre falava que as plantas ouvem a nossa voz. E essa curiosidade persistiu na minha cabeça. Chegou um determinado momento em que eu ia para o ritual que acontecia anualmente, chamado *Jerosy puku*. Esse ritual é um canto que não é fragmentado, tem um intervalo e uma continuidade, um intervalo e assim por diante, vai até o amanhecer. Com muita curiosidade eu participava ativamente e observava as coisas que aconteciam nesse ritual. Mas eu sempre lembrava a fala do meu avô: "As plantas ouvem a nossa voz".

Como pesquisador acadêmico, comecei a fazer isso, o aprofundamento, e dialogava frequentemente com as pessoas mais experientes que tinham esse conhecimento sobre as plantas. Nesse período comecei a entender por que todas as plantas têm o seu tempo e todas as plantas precisam ser muito bem cuidadas. Por que essas plantas no período depois da colheita precisam passar por um processo de ritualização? E com o passar do tempo, como pesquisador, fui atrás dessas informações, e elas são muito complexas para entender; no mundo dos Kaiowá existe uma série de regras com as plantas, mas essas regras, quem deu? Quem estabelece essas regras? Nesse período constatei que existe uma divindade que os Kaiowá chamam de *Jakaira*. No conhecimento dos Kaiowá, essa divindade foi quem no princípio criou todas as plantas, com uma regra específica para cada planta. E ao criar essas plantas também criou um diálogo especificamente para cada uma delas. Esse diálogo é um canto, um canto específico para cada planta.

Depois de muitas conversas com Ñanderu, que é uma pessoa muito experiente, eu queria entender muito, ele sempre falava de *ytymbyry*. *Ytymbyry* é a nossa língua. O que significa essa palavra, *ytymbyry*? É uma planta cultivada tradicionalmente que é batata, mandioca, milho, feijão de corda, bacucu... essas plantas. Eu sempre me pergunto isso: será que com o passar desse tempo eu aprendi bastante coisa sobre o *ytymbyry*? E sempre eu pesquiso a respeito do *ytymbyry*. Chegou um determinado momento, concluída a graduação, eu procurei fazer um trabalho na comunidade pesquisando sobre as plantas. Então tenho que fazer outras observações importantíssimas que constatei: é a prática de fazer a roça. Não se faz de qualquer jeito. Ao longo dos tempos fico olhando para uma comunidade indígena guarani kaiowá. Suas áreas são pequenas e a população indígena todo ano cresce, não há mais espaço suficiente para fazer a sua roça no modo tradicional. Porque no modo kaiowá de fazer uma roça, por exemplo, se eu quero plantar abóbora, milho de várias espécies, não posso plantar bem próximo da minha casa, ou por onde as pessoas circulam. Eu tenho que reservar um lugar isolado só para plantar o milho, a abóbora, a mandioca, que fique longe de casa. Fico observando nas comunidades kaiowá, se eu plantar perto de casa, o que pode acarretar? Como as plantas vão se desenvolver? Como as plantas vão ficar na sua fase de crescimento? Se vão crescer bem, essa é outra pesquisa que estou desenvolvendo. Sempre busco as informações principalmente com os rezadores, sou Kaiowá, procuro fazer as coisas conforme a minha etnia determina, não posso fazer fora disso. E se eu fizer fora disso, o que pode acarretar?

Eu tive a oportunidade de estar em outras comunidades da etnia kaiowá na região de fronteira. Eles sempre falam que é claro que, a partir do momento em que a gente planta de qualquer jeito e a planta não ouve mais a nossa voz, que é o canto, que isso acarreta vários tipos de doenças se eu for consumir essa planta. E nesse sentido eu fiquei refletindo que, no ano de 2002, na reserva de Dourados surgiram vários tipos de doenças que são decorrentes de uma desnutrição das crianças, e eu acho que vários pesquisadores naquele período foram para lá para fazer essa pesquisa. O que aconteceu naquele período? Fui observar também que a reserva indígena de Jaguapiru, localizada no município de Dourados, é uma área superlotada, não há mais espaço, e quando vão plantar uma pequena área de mandioca, por exemplo, é um espaço de certo tamanho que a gente precisa. E essa mandioca precisa passar por uma ritualização, mas muitas vezes não passa. O dono dessa roça, às vezes, consome de qualquer jeito e aí acarreta essa epidemia de desnutrição. Não só desnutrição, mas também

Diálogo entre *yvya'i* e *ytymbyry*

acarreta vários outros tipos de doenças que afetam os jovens, afetam os adultos. Então, nesse sentido, a reserva de Panambi, Panambizinho, que é localizada na região da Grande Dourados, faz todos os anos o *jerosy puku*. O que é o *jerosy puku*? O *jerosy puku* é uma ritualização de *ytymbyry*. Essas plantas precisam passar por esse processo. Elas precisam ouvir uma voz, um canto especificamente para elas, para que, quando plantadas na outra vez, comecem a se desenvolver bem na colheita e para consumo sem apresentarem nenhum risco para a saúde.

Também acho que já mencionei sobre *ytymbyry*. Toda ritualização tem uma série de regras, precisa ser ritualizado por pessoa experiente. Eu acho que no conhecimento de vocês, quando falam de Ñanderu, que é um grande rezador kaiowá ou guarani, todos são os conhecedores, mas para fazer uma ritualização de *ytymbyry*, que é uma planta, não são todos. Poucos são especialistas para fazer isso. Até porque para aprender a fazer isso leva

Participação de mulheres no início de ritual de *jerosy puku* em Panambizinho, Dourados (MS).

muitos anos, às vezes leva mais ou menos uns trinta ou quarenta anos para poder aprender. Para a pessoa aprender isso, tem que se dedicar muito, tem que frequentar muito a casa de rezador, tem que conhecer todas as regras de em que momento eles têm que cantar esse canto. Hoje eu considero que na comunidade kaiowá e guarani são poucos que ainda fazem essa ritualização. Eu acredito que em 2030, 2040, se não tiver mais pessoas para fazer, praticamente, esse ritual também vai desaparecer da comunidade kaiowá e guarani. Para poder falar para vocês, trouxe fotos.

Esse é um momento importante, que chamo de ritualização introdutória. Lá na frente tem vários *yvyra'i*, uma pequena madeira colocada em fileiras, já no recinto de uma casa. Diante delas tem um grupo que faz o canto, para cada uma dessas madeiras tem um canto específico. É uma forma de voc[illegible] gar para participar desse ritual, que é chamado d[illegible]

Nessa foto tem uma pessoa de idade mais avançada, é ela quem conduz esses cantos. Ela leva o grupo até esse local para poder realizar o ritual de *jerosy puku*, então essa é uma parte inicial.

Tem outras ritualizações com a participação das mulheres e seus instrumentos sagrados e os homens com os outros instrumentos. A participação das mulheres nesse ritual é muito importante, porque são elas que preparam todas as bebidas que serão consumidas naquele momento de ritual. Então, a participação das mulheres é imprescindível, têm que estar lá. Os homens não podem preparar nada, só as mulheres que preparam.

Agora eu quero falar especificamente sobre esse milho. Esse milho, no pensamento, no conhecimento dos Kaiowá, no pensamento kaiowá, é considerado uma planta que necessita muito de cuidado, que necessita muito de diálogo com ela, que necessita muito de diálogo constante na sua fase de crescimento e depois da colheita. É uma planta que também é uma base de alimento em todas as famílias tradicionais. Lá em Panambizinho, em Panamby, que é uma comunidade kaiowá, eles consomem bastante. Então precisa cuidar muito dessas plantas, precisa dialogar muito com essas plantas. E tem um rezador muito experiente, ele sempre fala que esse milho, que no conhecimento kaiowá a gente chama de "milho de Jakaira", porque ele foi criado pela divindade de Jakaira, quando ele é plantado de qualquer maneira produz muita praga e coloca em risco a organização social daquele grupo ou das famílias.

Tive a oportunidade de acompanhar no final da década de 1990 uma família que cultivava muito essas plantas, esse milho-branco, mas chegou determinado momento em que ela plantou bem próximo da escola, onde havia uma grande circulação de pessoas. Essa família foi alertada por um rezador experiente para que na próxima vez não plantasse mais naquele local. Essa família, que

Avati Jakaira, em Panambizinho, Dourados (MS).

não tinha condições de plantar em outro lugar, novamente plantou ali, e então aconteceu uma grande morte na família. Observei que haviam sido alertados por um grande e experiente rezador, o que não significa que não queriam obedecer, mas não havia outro espaço para poder plantar. Outro rezador novamente alertou: "Você pare de plantar!", e essa pessoa parou de plantar. Já tinha perdido a esposa, os filhos, as filhas... e aí aconteceu esse desastre na família. Esse milho-branco tem uma série de regras que precisam ser obedecidas, de acordo com regra da lógica dos Kaiowá.

Também quero mostrar aqui uma senhora com quem eu tive oportunidade de diálogo muito grande e constante. Essa senhora já é falecida e era uma das últimas que sabia fazer um canto específico para *ytymbyry*, para as plantas. Agora existe outra mulher, que ainda está viva lá no Panambizinho, que também sabe o canto. Essa senhora me passou várias informações, a

Kunha Potyju e bisneto.

base da alimentação dela, ela produz na sua roça. Ela que cuida das plantas. Elas não comem outros tipos de comida, sempre comem das plantas que produzem na sua roça. Eu me lembro que, dois meses antes da sua morte, quando fui na casa dela, ela estava lá na sua roça. Com uma idade de aproximadamente noventa anos, ela não conseguia mais fazer força para limpar sua roça, mas levava um banquinho e sentava lá e, onde sua mão alcançava, retirava os matos do meio da sua batata. Quando eu chegava lá, ela me chamava para que eu levasse água para ela, mas dizia que eu não podia ajudar. Mas por que eu não posso te ajudar? "Não, deixa que eu faço esse trabalho, mas traz a água pra mim que eu bebo." Isso significa que, quando uma pessoa cuida da sua roça, é ela quem entende perfeitamente das suas plantas. Como é que elas estão dialogando com suas plantas? Por ser kaiowá que eu cheguei lá, mas eu não conheço perfeitamente para dialogar com as plantas delas, então nesse momento eu fiz várias perguntas a respeito das plantas que ela havia plantado naquela roça, e aí ela falou para mim: "Esse daqui eu plantei tal período e já passaram vários dias, mas ainda não cresceu, eu acho que ele está anunciando minha morte", assim ela foi contando sobre cada uma das suas plantas.

Naquele momento tive muitas curiosidades, porque ela foi uma senhora que me ajudou muito também ao passar as informações de quando ela estava nova ainda, quando ela fez esse ritual. Essa senhora faleceu em 2019, e todos os ensinamentos que ela me passou, sempre procuro repassar para as outras gerações. Porque, no nosso sistema kaiowá, não é só apenas ser um pesquisador; se eu adquirir esses conhecimentos, não posso ficar com eles só para mim, tenho que repassar para o outro, tenho que repassar para várias pessoas esses conhecimentos. Eu não posso somente ficar comigo esses conhecimentos. Então todas as informações que ela passou para mim, repasso para as outras pessoas. E assim, nós convivemos lá na comunidade. Essa pessoa que está junto [na foto] é o bisneto dela. Eles estavam deitados na sua rede e aí eu cheguei lá e tirei foto deles.

Tem algumas imagens aqui que eu gostaria de também mencionar. No mundo kaiowá, para fazer toda a ritualização tem o instrumento certo para usar em determinadas plantas. Aqui tem vários, só tem um que quando se faz um ritual para as plantas pode ser utilizado. Eles pegam aquele determinado instrumento e levam para poder ser utilizado naquele local. Os demais instrumentos ficam nesse mesmo lugar. Agora, se existir uma necessidade de usar outro instrumento, eles podem até usar, dentro de uma certa delimitação. Na comunidade Panambizinho, onde ainda existe esse material, ele fica guardado dentro de uma oca. Nós chamamos de *kurusu, chyru, gua'a, yvyrá marangatu*. Esses objetos não são utilizados por qualquer pessoa, só o dono deles pode pegar, só o dono deles pode usar no ritual.

Também já falei um pouco aqui o que é o *jerosy puku*. Em 2008 eu tive a oportunidade de pesquisar intensamente o ritual de *jerosy puku*. Apesar de serem vários anos que eu estudo, eu busco entender como eles acontecem em uma comunidade kaiowá, ainda existem muitas coisas que eu preciso buscar. E até o momento o que eu sei é que existe uma série de cantos que vão no diálogo com as plantas. Um é que as plantas precisam do diálogo especificamente para que elas se desenvolvam sucessivamente. E há outros diálogos para que quando eu consumir essas plantas ou esse produto ele não me faça mal à saúde. E há outras que o diálogo é uma forma de oferecer para a divindade. Eu plantei, eu ritualizei essas plantas, mas agora eu estou oferecendo para essa divindade. E então o *jerosy puku* se divide nessas coisas. E, se não tiver o milho-branco, não se pode fazer esse ritual. É só com o milho-branco que eu posso fazer uma bebida que se chama *kaguĩ*. Com outros milhos eu não posso fazer. Mas com milho-branco eu posso fazer, para poder ritualizar essas plantas. Então, no nosso mundo, do qual eu faço parte, fazer uma roça não é apenas fazer uma roça de qualquer jeito. Mas eu preciso conhecer quais são as regras específicas para que eu possa produzir um alimento de qualidade, saudável e que quando eu consumir aquela planta ela não vá fazer mal. E quando eu colher essas plantas eu preciso levar para ritualizar, fazer outros diálogos, não mais com as plantas, mas diante de uma divindade. No nosso sistema, quando eu faço esse ritual de canto, as divindades estão presentes naquele espaço e diante delas que eu faço essa ritualização.

Quando eu fui convidado para escrever neste livro, que tem o título *Vozes vegetais*, eu fiquei pensando muito que os diferentes indígenas que existem aqui no Brasil têm uma forma de dialogar com as plantas. Têm uma forma de cultivar, fazer sua roça. No nosso modo kaiowá de dialogar, tem uma forma de você plantar, tem uma forma de você colher e tem uma forma de você consumir. Então eu considero que todos esses Kaiowá que estão

Objeto de uso exclusivo de Nhanderu Kaiowá.

cultivando não vão fazer por muito tempo. Porque existe muito forte o agronegócio. Também isso está indo para a comunidade indígena, que coloca na cabeça indígena que tem que plantar igual a eles, não mais do modo tradicional. Mas também existem os Kaiowá que são muito resistentes, que continuam fazendo a sua roça do seu jeito, da sua tradição. É isso que está acontecendo no estado de Mato Grosso do Sul. Eu tive uma oportunidade de andar vários municípios, nas comunidades indígenas. A Prefeitura, junto com a Embrapa, vai lá e diz: "Vocês têm que usar dessa forma, vocês têm que usar venenos para poder controlar as pragas". Diante disso, os que são mais experientes, o seu Atanásio, que nós consideramos um rezador muito experiente, ele já passou quase de noventa anos, diz: "No dia que nós plantarmos de qualquer jeito, o dia que nós não conhecermos mais como dialogar com as plantas, nós estamos expondo nossa vida". E isso ele sempre fala para nós. *Aguyjevete*! Muito obrigado!

BIBLIOGRAFIA GERAL

ACEVEDO, Rosa & Edna CASTRO
1998. *Negros de Trombetas: guardiães de matas e rios*. Belém: Cejup / UFPA-NAEA.

ACOSTUPA, Richard J. Huaranca; Jenny J. Armas BARDALES & Rubí M. Vigo TECO
2013. "Uso de las plantas medicinales en la comunidad El Chino del área de conservación regional comunal Tamshiyacu-Tahuayo, Loreto, Perú". *Conocimiento Amazónico*, v. 4, n. 2, pp. 77–86.

AGUIRRE-DUGUA, Xitlali, Luis E. EGUIARTE, Antonio GONZÁLEZ-RODRÍGUEZ & Alejandro CASAS
2012. "Round and large: morphological and genetic consequences of artificial selection on the gourd tree *Crescentia cujete* by the Maya of the Yucatan Peninsula, Mexico". *Annals of Botany*, v. 109, n. 7, pp. 1297–306. DOI: doi.org/10.1093/aob/mcs068.

AGUIRRE-DUGUA, Xitlali, Edgar PÉREZ-NEGRÓN & Alejandro CASAS
2013. "Phenotypic differentiation between wild and domesticated varieties of *Crescentia cujete* L. and culturally relevant uses of their fruits as bowls in the Yucatan peninsula, Mexico". *Journal of Ethnobiology and Ethnomedicine*, v. 9. DOI: doi.org/10.1186/1746-4269-9-76.

ALBERT, Bruce
1985. *Temps du sang, temps des cendres: Représentation de la maladie, système rituel et espace politique chez les Yanomani du sud-est* (*Amazonie brésilienne*). Tese de doutoramento. Paris: Laboratoire d'Ethnologie et de Sociologie Comparative – Université de Paris X.

ALBERT, Bruce & François Michel LE TOURNEAU
2007 (ago.). "Ethnogeography and resource use among the Yanomami: toward a model of 'reticular space'". *Current Anthropology*, v. 48, n. 4, pp. 584–92. DOI: doi.org/10.1086/519914.

ALDÉ, Verônica
2013. *Sustentando o Cerrado na respiração do maracá: Conversas com os mestres krahô*. Dissertação de mestrado. Brasília: Mestrado

Profissional em Sustentabilidade junto a Povos e Territórios Tradicionais – Centro de Desenvolvimento Sustentável – Universidade de Brasília.

ALMEIDA, Alfredo Wagner Berno de (coord.)
2013. *Nova cartografia social da Amazônia: arte na cuia, experiência tradicional do saber fazer*. Manaus: Universidade do Estado do Amazonas.

ALMEIDA, Alfredo W. B. de & Judith C. VIEIRA
2013. *Nova cartografia social da Amazônia: Arte na cuia, experiência tradicional do saber fazer*. Manaus: Universidade do Estado do Amazonas.

ALMEIDA, Mauro William Barbosa de
2012. "As colocações: Forma social, sistema tecnológico, unidade de recursos naturais". *Mediações: Revista de Ciências Sociais*, Londrina, v. 17, n. 1, pp. 121–52.

ALVES-PEREIRA, Alessandro; Charles R. CLEMENT et al.
2018 (14 mar.). "Patterns of nuclear and chloroplast genetic diversity and structure of manioc along major Brazilian Amazonian rivers". *Annals of Botany*, v. 121, n. 4, pp. 625–39. DOI: doi.org/10.1093/aob/mcx190.

AMOROSO, Marta R.
2013. "O nascimento da aldeia mura: Sentidos e modos de habitar a beira", in M. Amoroso & G. Mendes dos Santos (orgs.). *Paisagens ameríndias: Lugares, circuitos e modos de vida na Amazônia*. São Paulo: Terceiro Nome.
2016. "Impasses do ambientalismo no Baixo Madeira: O caso mura", in C. Fonseca, F. Rohden, P. Sandrine Machado & H. Salvatti Paim. *Antropologia da ciência e da tecnologia: Dobras reflexivas*. Porto Alegre: Sulina, 2016.

ANDRADE, Lúcia M. M. de
1995. "Os quilombos da bacia do rio Trombetas: breve histórico". *Revista de Antropologia*, v. 38, n. 1, pp. 79–99.

ANDRELLO, Geraldo
2010. "Escravos, descidos e civilizados: Índios e brancos na história do rio Negro". *Revista Estudos Amazônicos*, v. 5, n. 1, pp. 107–44. DOI: doi.org/10.26512/rbla.v11i02.26900.

ANTUNES, André P.; Glenn H. SHEPARD JR. & Eduardo M. VENTICINQUE
2014. "O comércio internacional de peles silvestres na Amazônia brasileira no século XX". *Boletim do Museu Paraense Emílio Goeldi. Ciências Humanas*, Belém, v. 9, n. 2, pp. 487–518. DOI: doi.org/10.1590/1981-81222014000200013.

ANTUNES, André P.; Rachel M. FEWSTER; et al.
2016 (12 out.). "Empty forest or empty rivers? A century

of commercial hunting in Amazonia". *Science Advances*, v. 2, n. 10. DOI: doi.org/10.1126/sciadv.1600936.

APARICIO, Miguel

2014. *Presas do timbó: Cosmopolítica e transformações suruwaha*. Dissertação de mestrado. Manaus: Museu Amazônico – Universidade Federal do Amazonas.

2015. *Presas del Veneno: Cosmopolítica y transformaciones suruwaha*. Quito: Editorial Universitaria Abya Yala.

2017. "A explosão do olhar". *Mana*, v. 23, n. 1, pp. 9–35. DOI: dx.doi.org/10.1590/1678-49442017v23n1p009.

2019. *A relação banawá, socialidade e transformação nos Arawá do Purus*. Tese de doutoramento. Rio de Janeiro: Museu Nacional – Universidade Federal do Rio de Janeiro.

APARICIO, Miguel & Verónica LEMA

2018 (ago.). "Hacia una teoría etnográfica de la contradomesticación: Críticas amerindias al concepto de floresta antropogénica". Simpósio temático no XVI Congresso da Sociedade Internacional de Etnobiologia. Belém.

ARANGO-ULLOA, Johanna; Adriana BOHÓRQUEZ; Myriam C. DUQUE & Brigitte L. MAASS

2009. "Diversity of the calabash tree (*Crescentia cujete* L.) in Colombia". *Agroforestry Systems*, v. 76, n. 3, pp. 543–53. DOI: doi.org/10.1007/s10457-009-9207-0.

ATHIAS, Renato

2007. "Kumuá, baiároá e yaís: Os especialistas da cura entre os índios do rio Uaupés-Am". *Somanlu: Revista de Estudos Amazônicos*, v. 7, n. 1, pp. 87–105.

ATWOOD, Margaret

[1985] 1998. *The Handmaid's Tale*. New York: Anchor Books. [ed. bras.: *O conto da aia*, trad. Ana Deiró. Rio de Janeiro: Rocco, 2017.]

AUBERTIN, C.

2000. "A ocupação da Amazônia. Das drogas do sertão à biodiversidade", in L. Emperaire (org.), *A floresta em jogo: O extrativismo na Amazônia Central*, trad. Paulo Cohen. São Paulo: Unesp / Imprensa Oficial.

AZEVEDO, Dagoberto Lima

2018. *Agenciamento do mundo pelos Kumuã Ye'pamahsã. O conjunto dos bahsese na organização do espaço Di'ta Nʉ hkʉ*. Manaus: Núcleo de Estudos da Amazônia Indígena / Edua (Coleção Reflexividades Indígenas).

BACHELET, Caroline

2014. "Pré-história no Cerrado: análises antracológicas dos abrigos de Santa Elina e da Cidade de Pedra (Mato Grosso)". *Fronteiras: Journal of Social, Technological and Environmental Science*, v. 3, n. 2, pp. 96–110. DOI:

doi.org/10.21664/2238-8869.2014v3i2.

BAIDER, Claudia & Carlos A. PERES
1997. "A seed dispersal, spatial distribution and population structure of Brazil nut trees (*Bertholletia excelsa*) in Southeartern Amazonia". *Journal of Tropical Ecology*, v. 13, n. 4, pp. 595–616. DOI: doi.org/10.1017/S0266467400010749.

BALÉE, William.
1989a (27 jun.). "The culture of Amazonian forests". *Advances in Economic Botany*, v. 7, pp. 1–21.
1989b. "Nomenclatural patterns in Ka'apor ethnobotany". *Journal of Ethnobiology*, v. 9, n. 1, pp. 1–24.
1993. "Biodiversidade e os índios amazônicos", in M. Carneiro da Cunha & E. Viveiros de Castro. *Amazônia, etnologia e história indígena*. São Paulo: NHII, USP.
1998. "Historical ecology: premises and postulates", in *Advances in Historical Ecology*. New York: Columbia University Press, pp. 13–29.
2008. "Sobre a indigeneidade das paisagens". *Revista de Arqueologia*, v. 21, n. 2, pp. 9–23. DOI: doi.org/10.24885/sab.v21i2.248.
2000. "Antiquity of traditional ethnobiological knowledge in Amazonia: The Tupi-Guarani family and time". *Ethnohistory*, v. 47, n. 2, pp. 399–422.

BALZAC, Honoré de
2008. *A pele de onagro*, trad. Paulo Neves. Porto Alegre: L&PM.

BELAUNDE, Luisa
2006. "A força dos pensamentos, o fedor do sangue: hematologia e gênero na Amazônia. *Revista de Antropologia*, n. 49, v. 1, pp. 205–43. DOI: doi.org/10.1590/S0034-77012006000100007.

BELLACASA, María Puig de la
2017. *Matters of Care: Speculative Ethics in More than Human Worlds*. Minneapolis / London: University of Minnesota Press.

BERNARDES, Keila; RUIVO, Maria et al.
2017. "Chemical attributes of archaeological black earth soils in Brazilian Amazon". *Australian Journal of Crop Science*, v. 11, n. 10, pp. 1334–38.

BERQUE, Augustin
2013. *Thinking through Landscape*. New York: Routledge.

BETANCOURT, Carla Jaimes
2011. "La cerámica de los afluentes del Guaporé en la colección de Erland von Nordenskiöld". *Zeitschrift für Archäologie Außereuropäischer Kulturen*, v. 4, pp. 311–40.

BITENCOURT, Ana Luisa Vietti & Patrícia Maria KRAUSPENHAR
2006. "Possible Prehistoric Anthropogenic effect on *Araucaria Angustifolia* (Bet.) O. Kuntze expansion during the Late Holocene". *Revista Brasileira de Paleontologia*,

v. 9, n. 1, pp. 109–16. DOI: doi.org/10.4072/rbp.2006.1.12.

BLAKE, Michael
2015. *Maize for the Gods: Unearthing the 9 000-year History of Corn.* Oakland: University of California Press.

BOËDA, Eric et al.
2016. "New Data on a Pleistocene Archaeological Sequence in South America: Toca do Sítio do Meio, Piauí, Brazil". *PaleoAmerica: A Journal of Early Human Migration and Dispersal*, n. 247, pp. 16–21. DOI: doi.org/10.1080/20555563.2016.1237828.

BONILLA, Oiara
2007. "Des Proies si désirables: Soumission et prédation pour les Paumari d'Amazonie brésilienne". Tese de doutoramento. Nanterre: Université de Paris X.

BONNEUIL, Christophe & Frédéric THOMAS
2009. *Gènes, pouvoirs et profits: Recherche publique et régimes de production des savoirs de Mendel aux OGM.* Paris: FPH/Quae.

BORÉM, Aluízio; Maria Teresa GOMES LOPES et al.
2012. *Domestication and Breeding Amazonian Species.* Viçosa: Universidade Federal de Viçosa.

BORGES, Júlio César & Fernando NIEMEYER
2012. "Cantos, curas e alimentos: reflexões sobre regimes de conhecimento krahô". *Revista de Antropologia*, v. 55, v. 1, pp. 255–90.

BRAIDOTTI, Rosi
2006. *Transpositions: On Nomadic Ethics.* Cambridge / Malden: Polity Press.

BRONDÍZIO, Eduardo
2008. *The Amazonian Caboclo and the Açaí Palm: Forest Farmers in the Global Market.* New York: The New York Botanical Garden Press.

BRONDIZIO, Eduardo; Josef SETTELE; Sandra DÍAZ & Hien NGO et al.
2019. "Summary for policymakers of the global assessment report on biodiversity and ecosystem services of the Intergovernmental Science-Policy Platform on Biodiversity and Ecosystem Services". Bonn: Science and Policy for People and Natures (IBPES). DOI: doi.org/10.5281/zenodo.2671522.

BROWN, Cecil H.; Charles R. CLEMENT et al.
2014. "The Paleobiolinguiscs of Maize (*Zea mays* L.)". *Ethnobiology Letters*, v. 5, pp. 52–64.

BUFFON, Georges-Louis Leclerc, conde de
[no prelo]. *História natural*, trad. I. Fragelli, P. Pimenta e A. C. Soliva. São Paulo: Unesp

BUTLER, Octavia
[1979] 2003. *Kindred.* Boston: Beacon Press. [ed. bras.: *Kindred: Laços de sangue*, trad. Carolina

Caires Coelho. São Paulo: Morro Branco, 2017.]
CABRAL DE OLIVEIRA, Joana
2006. *Classificações em cena: Algumas formas de classificação das plantas cultivadas pelos Wajãpi do Amapari (AP).* Dissertação de mestrado. São Paulo: Faculdade de Filosofia, Letras e Ciências Humanas – Universidade de São Paulo.
2008. "Social networks and cultivated plants". *Tipití*, Oxford, v. 6, n. 1–2, pp. 101–10.
2012. *Entre plantas e palavras: Modos de constituição de saberes entre os Wajãpi (AP).* Tese de doutoramento. São Paulo: Universidade de São Paulo.
2016. "Mundos de roça e floresta". *Boletim Museu Paraense Emílio Goeldi. Ciências Humanas*, Belém, v. 11, n. 1, pp. 115–31. DOI: doi.org/10.1590/1981.81222016000100007.
2018. "Saberes agrícolas entre os Wajãpi: desafios de uma cosmopolítica contemporânea", in J. Cabral de Oliveira et al. *Práticas e saberes sobre agrobiodiversidade: A contribuição dos povos tradicionais*. Brasília: Mil Folhas.
2019. "A sedução das mandiocas", in B. C. Labate & S. L. Goulart (org.), *O uso de plantas psicoativas nas Américas*. Rio de Janeiro: Gramma / NEIP.
CAETANO-ANDRADE, Victor Levy
2017. *A história humana através dos padrões de recrutamento e trajetórias de crescimento da* Bertholletia excels *em um castanhal da Amazônia Central.* Dissertação de mestrado. Manaus: Instituto Nacional de Pesquisas da Amazônia (Inpa).
CAETANO-ANDRADE, Victor L.; Bernardo M. FLORES et al.
2019. "Growth rings of Brazil nut trees (*Bertholletia excelsa*) as a living record of historical human disturbance in Central Amazonia", *PLoS ONE*, v. 14, n. 4. DOI: doi.org/10.1371/journal.pone.0214128.
CANGUILHEM, Georges
[1952] 1965. "Machine et organisme", in *La Connaissance de la vie*. 2. ed. Paris: Vrin.
CARDOSO, Domingos; Tiina SÄRKINEN & Sara ALEXANDER et al.
2017. "Amazon plant diversity revealed by a taxonomically verified species list", *PNAS*, v. 114, n. 40, 106095-10700. DOI: 10.1073/pnas.1706756114.
CARNEIRO DA CUNHA, Manuela & Mauro Barbosa de ALMEIDA
2002. *Enciclopédia da floresta: O Alto Juruá: Práticas e conhecimentos das populações.* São Paulo: Companhia das Letras.
CARVALHO, Luciana Gonçalves de
2011. "Artesanato e mudança social: Sobre projetos e comunidades em Santarém",

in L. G. de Carvalho (org.), *O artesanato de cuias em perspectiva*. Rio de Janeiro: Iphan / CNFCP, pp. 19–46.

CASTIBLANCO, Victor A. L.
2018. *Percepciones sobre el manejo de bebidas nativas y foráneas entre la gente de centro del resguardo Tikuna-Uitoto Km. 6–11, del Trapecio Amazónico colombiano*. Dissertação de mestrado. Leticia: Universidad Nacional de Colombia Sede Amazonia.

CESARINO, Pedro Niemeyer
2018. "Wenía: O surgimento dos antepassados: Leitura e tradução de um canto narrativo ameríndio (Marubo, Amazônia ocidental)". *Estudos de Literatura Brasileira Contemporânea*, n. 53, pp. 45–99. DOI: doi.org/10.1590/2316-4018533.

CHAGAS FILHO, Admilton Freitas das
2017. *A roça, a colheita e a festa: Uma etnografia dos roçados apurinã da aldeia Terra Nova*. Dissertação de mestrado. Manaus: Universidade Federal do Amazonas.

CLASTRES, Pierre
[1974] 2017. *A sociedade contra o Estado*, trad. São Paulo: Ubu Editora.

CLEMENT, Charles R.
1999. "1492 and the loss of Amazonian crop genetic resources. I. The relation between domestication and human population decline". *Economic Botany*, New York, v. 53, n. 2, pp. 188–202.

CLEMENT, Charles R.; Michelly CRISTO-ARAÚJO et al.
2010. "Origin and domestication of native Amazonian crops". *Diversity*, v. 2, n. 1, pp. 72–106. DOI: doi.org/10.3390/d2010072.

CLEMENT, Charles R.; Aluizio BORÉM & Maria Teresa LOPES
2012. "From plant domestication to breeding", in BORÉM, A. et al.

CLEMENT, Charles R.; William M. DENEVAN et al.
2015. "The domestication of Amazonia before European conquest". *Proceedings of the Royal Society B – Biological Sciences*, London, v. 282, n. 1812. DOI: dx.doi.org/10.1098/rspb.2015.0813.

CLEMENT, Charles R.; Doriane P. RODRIGUES et al.
2016. "Domesticação de plantas cultivadas na bacia do Alto Rio Madeira". *Boletim do Museu Paraense Emílio Goeldi. Ciências Humanas*, Belém, v. 11, n. 1, pp. 193–205. DOI: dx.doi.org/10.1590/1981.81222016000100010.

COELHO-FERREIRA, Márlia
2009. "Medicinal knowledge and plant utilization in an Amazonian coastal community of Marudá, Pará State (Brazil)". *Journal of Ethnopharmacology*, v. 126, n. 1, pp. 159–75. DOI: doi.org/10.1016/j.jep.2009.07.016.

COCCIA, Emanuele
2018. *A vida das plantas: Uma metafísica da mistura*, trad. Fernando Scheibe. Florianópolis: Cultura e Barbárie.

COOMES, Oliver T.; Shawn J. MCGUIRE et al.
2015 (out.). "Farmer seed network make a limited contribution to agriculture? Four commun misconceptions". *Food Policy*, v. 56, pp. 41–50. DOI: doi.org/10.1016/j.foodpol.2015.07.008.

COPÉ, Silvia M.
2015. "A gênese das paisagens culturais do planalto sul brasileiro". *Estudos Avançados*, v. 29, n. 83, pp. 149–71. DOI: dx.doi.org/10.1590/S0103-40142015000100007.

CORTELETTI, Rafael; Ruth DICKAU; Paulo DEBLASIS & José IRIARTE
2015 (jun.). "Revisiting the economy and mobility of southern proto-Jê (Taquara-Itararé) groups in the southern Brazilian highlands: starch grain and phytoliths analyses from the Bonin site, Urubici, Brazil". *Journal of Archaeological Science*, v. 58, pp. 46–61. DOI: doi.org/10.1016/j.jas.2015.03.017.

CUEVA, Fernando A.
2007. *Las antiguas plantaciones de Chilmá: Estudio arqueobotánico sobre la agricultura de un yacimiento pasto*. Dissertação de mestrado. Quito: Pontificia Universidad Católica del Ecuador.

DAGOGNET, François
1970. *Le Catalogue de la vie: Étude méthodologique sur la taxinomie*. Paris: PUF.

DALY, Lewis
2016. "Cassava spirit and the seed of history: The biocultural history of a staple crop in Amazonian Guyana". *Commodity Histories online*. The Open University.

DARWIN, C.
[1859] 2018. *A origem das espécies*, trad. Pedro Paulo Pimenta. São Paulo: Ubu Editora.

DE SOUZA, Jonas G.; Rafael CORTELETTI; Mark ROBINSON & José IRIARTE
2016. "The genesis of monuments: resisting outsiders in the contested landscapes of southern Brazil". *Journal of Anthropological Archaeology*, v. 41, pp. 196–212. DOI: doi.org/10.1016/j.jaa.2016.01.003.

DELAPORTE, François
1979. *Le Second règne de la nature: Essai sur les questions de végétalité au XVIIe siècle*. Paris: Plon.

DELÊTRE, Marc
2012. *Agrobiodiversity in Perspective: A Review of Questions, Tools, Concepts and Methodologies in Preparation of SEP2D*. Roma: Bioversity International.

DENEVAN, William M.
1992. "Stone vs. metal axes: The ambiguity of shifting cultivation in prehistoric Amazonia". *Journal of the Steward Anthropological Society*, v. 20, n. 1–2, pp. 153–65.

DESANO, Jaime D.
2019. "Wame: Gaapi, la bebida cósmica dos Desana". *Mundo Amazónico*, v. 10, n. 1. DOI: doi.org/10.15446/ma.v10n1.76159.

DESCOLA, Philippe
1992. "Societies of nature and the nature of society", in A. Kuper (org.). *Conceptualizing Society*. London: Routledge, pp. 107–26.
2004. "Le sauvage et le domestique". *Communications*, v. 76, pp. 17–39.
2016. "Landscape as Transfiguration". *Suomen Antropologi*, v. 41, n. 1, pp. 3–14.
2020 (21–22 maio). "Nous sommes devenus des virus pour la planète". *Le Monde*, p. 27.

DESPRET, Vinciane & Stengers, Isabelle
2015 (mar.). "Entrevista com Isabelle Stengers e Vinciane Despret: Entrevista concedida a Oiara Bonilla e Tatiana Roque". *Revista DR*, "Entrevista da Vez", ed. 1. Disponível em revistadr.com.br/posts/entrevista-com-isabelle-stengers-e-vinciane-despret-2.

DESTUTT DE TRACY, Antoine L.
2012. "Extrait raisonné d'idéologie, servant de table analytique", in Éléments d'idéologie: Oeuvres complètes, v. 3, ed. Claude Jolly. Paris: Vrin.

DIAS, Terezinha A. B.; Sandra B. B. C. ZARUR; Rosa B. N. ALVES; Ivo R. S. COSTA & Patricia G. BUSTAMANTE
2007. "Etnobiologia e conservação de recursos genéticos: O caso do povo Krahô", in L. L. Nass (org.). *Recursos genéticos vegetais*. Brasília: Embrapa Recursos Genéticos e Biotecnologia, pp. 654–75.

DIDEROT, Denis
[1754] 2005. *Pensées sur l'interpretation de la nature*, ed. Colas Duflo. Paris: Flammarion. [ed. bras.: *Da interpretação da natureza e outros escritos*, trad. Magnólia Costa Santos. São Paulo: Iluminuras, 1989.]

DUCKE, Adolfo
1946. "Plantas de cultura precolombiana na Amazônia brasileira. Notas sobre as espécies ou formas espontâneas que supostamente lhes teriam dado origem". *Boletim Técnico do Instituto Agronômico do Norte*, v. 8, pp. 1–25.

ELIAS, Marianne; Laurent PENET; P. VINDRY; Doyle MCKEY; Olivier PANAUD & Thierry ROBERT
2001. "Unmanaged sexual reproduction and the dynamics of genetic diversity of a vegetatively propagated crop plant, cassava (*Manihot esculenta* Crantz), in a traditional

farming system". *Molecular Ecology*, v. 10, n. 8, pp. 1895–1907. DOI: doi.org/10.1046/j.0962-1083.2001.01331.x.

EMPERAIRE, Laure
2005. "A biodiversidade agrícola na Amazônia brasileira: recurso e patrimônio". *Revista do Patrimônio Histórico e Artístico Nacional*, Rio de Janeiro, v. 32.
2017. "Saberes tradicionais e diversidade das plantas cultivadas na Amazônia", in B. Baptiste, D. Pacheco, M. Carneiro da Cunha & S. Diaz (org.). *Knowing our Lands and Resources: Indigenous and Local Knowledge of Biodiversity and Ecosystem Services in the Americas*. Paris: Unesco, pp. 41–62.
[no prelo]. "Les Savoirs locaux entre urgence écologique et mercantilisation". Atas do *workshop Musées et Connaissances traditionnelles: titiller le protocole de Nagoya*, Toulouse, 28–29 nov. 2019.

EMPERAIRE, Laure & Ludivine ELOY
2008. "A cidade, um foco de diversidade agrícola no rio Negro (Amazonas, Brasil)?". *Boletim do Museu Paraense Emílio Goeldi. Ciências Humanas*, Belém, v. 3, n. 2, pp. 195–211. DOI: doi.org/10.1590/S1981-81222008000200005.
2014. "Amerindian agriculture in an urbanising Amazonia (Rio Negro, Brazil)". *Bulletin of Latin American Research*, London, v. 34, n. 1, pp. 70–84. DOI: doi.org/10.1111/blar.12176.

EMPERAIRE, Laure & Nivaldo PERONI
2007 (dez.). "Traditional management of agrobiodiversity in Brazil: a case study of manioc". *Human Ecology*, v. 35, pp. 761–68. DOI: doi.org/10.1007/s10745-007-9121-x.

EMPERAIRE, Laure; G. S. MÜHLEN; et al.
2003. "Approche comparative de la diversité génétique et de la diversité morphologique des maniocs en Amazonie (Brésil et Guyanes)", in V. BRENUGAT, F. FRIDLANSKY, F. MARIE & M. MITTEAU (org.), *Le Patrimoine génétique: La diversité et la ressource*. Paris: BRG / Ministère de la Jeunesse, de l'Education Nationale et de la Recherche, pp. 247–67.

ERIKSEN, Love & Swintha DANIELSEN
2014. "The Arawakan matrix", in L. O'CONNOR & P. MUYSKEN (org.), *The Native Languages of South America: Origins, Development, Typology*. Cambridge: Cambridge University Press, pp. 152–76.

FARAGE, Nádia
2012. "De ratos e outros homens: resistência biopolítica no Brasil moderno", in C. Lepine, A. Hofbauer & L. K. Schwarcz (org.), *Manuela Carneiro da Cunha: o lugar da cultura e o papel da*

antropologia. Rio de Janeiro: Beco do Azougue, pp. 279–309.
2013. "No collar, no master: workers and animals in the modernization of Rio de Janeiro", in Model House Research Group (org.). *Transcultural Modernisms: Publication Series of the Academy of Fine Arts Vienna*. Viena: Sternberg, v. 12, pp. 110–27.

FAUSTO, Carlos
2001. *Inimigos fiéis: História, guerra e xamanismo na Amazônia*. São Paulo: Edusp.
2008. "Donos demais: Maestria e domínio na Amazônia". *Mana*, v. 14, n. 2, pp. 329–66. DOI: doi.org/10.1590/S0104-93132008000200003.

FAUSTO, Carlos & Eduardo G. NEVES
2018. "Was there ever a neolithic in the neotropics? Plant familiarization and biodiversity in the Amazon". *Antiquity*, v. 92, n. 366, pp. 1604–18.

FAVRET-SAADA, Jeanne
[1990] 2005. "Être affecté". *Gradhiva: Revue d'Histoire et d'Archives de l'Anthropologie*, v. 8, pp. 3–9. [ed. bras.: "Ser afetado", trad. Paula Siqueira. *Cadernos de campo*, n. 13, 2005, pp. 155–61.]

FERNANDES, Mario Rique
2018. *O umbigo do mundo: A mitopoética dos índios Apurinã e o espírito ancestral da floresta (AM)*. Tese de doutoramento. Manaus: Programa de Pós-Graduação em Antropologia Social – Universidade Federal do Amazonas.

FERREIRA, Ana Patrícia Chaves (org.)
2014. *Mitologias do povo Apurinã: origens e sentidos da vida e do mundo*. São Leopoldo: Oikos.

FEYT, Henri
2001. "La Protection de la propriété intellectuelle sur le vivant: historique et débats actuels autour des variétés végétales". *Oléagineux, Corps Gras, Lipides*, v. 8, n. 5, pp. 514–23. DOI: doi.org/10.1051/ocl.2001.0514.

FIGUEROA, Alba Lucy G.
2016. "Guaraná, a máquina do tempo dos Sateré-Mawé". *Boletim do Museu Paraense Emílio Goeldi. Ciências Humanas*, Belém, v. 11, n. 1, pp. 55–85. DOI: doi.org/10.1590/1981.81222016000100005.

FILENO, Fernando Augusto
2018. *No seio do rio: Linhas que casam, que curam e que dançam: Parentesco e corporalidade entre os Mura do Igapó-Açu*. São Paulo: Alameda.

FLORIDO, Marcelo
2013. *Os Deni do Cuniuá: Um estudo do parentesco*. Tese de doutoramento. São Paulo: Faculdade de Filosofia, Letras e Ciências Humanas – Universidade de São Paulo.

FONTENAY, Elisabeth
1998. *Le Silence des bêtes: La philosophie à l'épreuve de l'animalité*. Paris: Fayard.

FOUCAULT, Michel
1966. *Les Mots et les choses: Une archéologie des sciences humaines.* Paris: Gallimard. [ed. bras.: *As palavras e as coisas*, trad. Salma Tannus Muchail. São Paulo: Martins Fontes, 1981].
FOYER, Jean
2015. *Il Était Une Fois la bio-révolution: Natures et savoirs dans la modernité globale.* Paris: Le Monde/PUF.
FRISON, Christine
2018. "Mal Traitée, La Biodiversité agricole? Six principes invariables pour un 'commun global des semences'", in C. Hecquet, J. Hermesse & P. Stassart (org.), *Les Semences, approche multidimensionnelle de la biodiversité cultivée.* Paris: *Études* Rurales, pp. 56–75.
FULLER, Dorian Q.; Tim DENHAM et al.
2014 (29 abr.). "Convergent evolution and parallelism in plant domestication revealed by an expanding archaeological record". *PNAS*, v. 111, n. 17, pp. 6147–52. DOI: doi.org/10.1073/pnas.1308937110.
FUNES, Eurípedes A.
1995. *Nasci nas matas nunca tive senhor: história e memória dos mocambos do Baixo Amazonas.* Tese de doutoramento. São Paulo: Universidade de São Paulo.
1999. "Áreas das cabeceiras: Terra de remanescentes: Silêncio, Matá, Castanhaduba, Cuecé Apuí e São José". *Boletim da Comissão Pró-Índio*, São Paulo, v. 1, pp. 1–39.
2004. "Mocambos do Trombetas: história, memória e identidade". *EA. Virtual*, Barcelona, v. 1, n. 1, pp. 5–25.
2007. "Comunidades negras: Resistência e africanidade na Amazônia brasileira". *Territórios e Fronteiras*, v. 7, 47–72.
2009. "Mocambos: natureza, cultura e memória". *História Unisinos*, v. 13, n. 2, pp. 147–53.
FURQUIM, Laura
2015. "Análise cerâmica do Sítio São Miguel do Cacau: Um contexto funerário no lago Amanã (RDSA – AM)". *Revista do Museu de Arqueologia e Etnologia,* Suplemento n. 20, pp. 251–56.
2018. *Arqueobotânica e mudanças socioeconômicas durante o Holoceno Médio no sudoeste da Amazônia.* Dissertação de mestrado. São Paulo: Museu de Arqueologia e Etnologia – Universidade de São Paulo.
FURQUIM, Laura et al.
[no prelo]. "O testemunho da Arqueologia sobre a biodiversidade, o manejo florestal e o uso do fogo nos últimos 14.000 anos de história indígena", in CARNEIRO DA CUNHA, M. SANTOS. B. M. e ADAMS, C. (orgs). *Diagnóstico povos indígenas e comunidades locais tradicionais no Brasil: Contribuições para*

a biodiversidade, ameaças e políticas públicas.
GALAIS, André
2018. *Histoire de la génétique et de l'amélioration des plantes*. Versailles: Quae.
GALLOIS, Dominique T.
1988. *O movimento na cosmologia waiãpi: criação, expansão e transformação do universo*. Tese de doutoramento. São Paulo: Universidade de São Paulo.
1996. "Xamanismo waiãpi: nos caminhos invisíveis, a relação i-paie", in E. Jean Matteson Langdon (org.), *Xamanismo no Brasil: novas perspectivas*. Florianópolis: Editora da UFSC.
2012. "Donos, detentores e usuários da arte gráfica kusiwa". *Revista de Antropologia*, São Paulo, v. 55, n. 1.
GAN, Elaine; Anne TSING; Heather SWANSON & Nils BUBANDT
2017. "Haunted Landscapes of the Anthropocene", in Anne Tsing, H. Swanson, E. Gan & Nils Bubandt. *Arts of Living in a Damaged Planet*. Minneapolis: University of Minnesota Press, pp. 1–17.
GARNETT, Stephen T.; Neil D. BURGESS et al.
2018. "A spatial overview of the global importance of indigenous lands for conservation". *Nature Sustainability*, v. 1, n. 7, pp. 369–74.
GENTRY, Alwyn H.
1980. "Bignoniaceae: Part 1 (Crescentieae and Tourrettieae)", in *Flora Neotropica*. New York: New York Botanical Garden Press. Disponível em jstor.org/stable/4393736.
GIL, Laura P.
1999. *Pelos caminhos de Yuve: conhecimento, cura e poder no xamanismo yawanáwa*. Dissertação de mestrado. Florianópolis: Departamento de Antropologia Social – Universidade Federal de Santa Catarina.
GILBERT, Scott F.; Jan SAPP; Alfred I. TAUBER
2012. "A symbiotic view of life: we have never been individuals". *The Quarterly Review of Biology*, v. 87, n. 4, pp. 325–41. DOI: doi.org/10.1086/668166.
GOETHE, Johann W. von
[1790] 2019. *A metamorfose das plantas*, trad. Fábio M. Nolasco. São Paulo: Edipro.
GOLDMAN, Marcio
2012. "Antropologia pós-social, perspectivas e dilemas contemporâneos: entrevista com Marcio Goldman", concedida a Silvia Garcia Nogueira e Flavia Ferreira Pires. *Campos: Revista de Antropologia Social*, v. 13, n. 1, pp. 93–108. DOI: dx.doi.org/10.5380/cam.v13i1.32768.
GOSLINGA, Gillian
2011. "Embodiment and the metaphysics of Virgin birth in

South India: a case study", in A. Dawson (org.), *Summoning the Spirits: Possession and Invocation in Contemporary Religion*. London: I. B. Tauris, pp. 109–23.

GOW, Peter
1995. "Land, people and paper in Western Amazonia", in E. Hirsch & M. O' Halon (org.), *The Anthropology of Landscape: Perspectives of Place and Space*. Oxford: Claredon Press, pp. 43–62.

GRAEUB, B. E.; M. J. CHAPPELL; H. WITTMAN; S. LEDERMANN; R. B. KERR & B. GEMMILL-HERREN
2016. "The state of family farms in the world". *World Development*, v. 87, pp. 1–15. DOI: doi.org/10.1016/j.worlddev.2015.05.012.

GUIMARÃES JR., Paulo R.; Mauro GALETTI & Pedro JORDANO
2008. "Seed dispersal anachronisms: rethinking the fruits extinct megafauna ate". *PLoS ONE*, v. 3, n. 3, e1745. DOI: doi.org/10.1371/journal.pone.0001745.

HAN, Kang
2016. *The Vegetarian*. London: Portobello Books. [ed. bras.: *A vegetariana*, trad. Jae Hyung Woo. São Paulo: Todavia, 2018.]

HARAWAY, Donna
1995. "Saberes localizados: a questão da ciência para o feminismo e o privilégio da perspectiva parcial", in *Cadernos Pagu*, Campinas, n. 5.
[2003] 2021. *The Companion Species Manifesto: Dogs, People and Significant Otherness*. Chicago: Prickly Paradigm Press. [ed. bras.: *Manifesto das espécies companheiras*, trad. Jamille Pinheiro Dias. São Paulo: Ubu Editora, 2021, no prelo]
2016a. "Antropoceno, Capitaloceno, Plantationoceno, Chthuluceno: fazendo parentes". *Revista ClimaCom*, ano 3, n. 5. Disponível em climacom.mudancasclimaticas.net.br/?p=5258.
2016b. *Staying with the Trouble: Making Kin in the Chthulucene*. Durham / London: Duke University Press.

HARLAN, Jack
1975. *Crops and Man*. Madison: American Society of Agronomy.

HARRIS, David
2002. "The expansion capacity of early agricultural systems: a comparative perspective on the spread of agriculture", in P. Bellwood & C. Renfrew (org.), *Examining the Farming/Language Dispersal Hypothesis*. Cambridge: McDonald Institute for Archaeological Research, pp. 31–39.

HAUDRICOURT, André-Georges
1962. "Domestication des animaux, culture des plantes et traitement d'autrui". *L'Homme*, v. 2, n. 1, pp. 40–50.
1964. "Nature et culture dans la civilisation de l'igname:

l'origine des clones et des clans". *L'Homme*, v. 4, n. 1, pp. 93–104.

HAUGAASEN, Joanne M. T.; Torbjørn HAUGAASEN; Carlos A. PERES; Rogério GRIBEL & Per WEGGE
2010. "Seed dispersal of the Brazil nut tree (*Bertholletia excelsa*) by scatter-hoarding rodents in a central Amazonian forest". *Journal of Tropical Ecology*, v. 26, n. 3, pp. 251–62. DOI: doi.org/10.1017/S0266467410000027.

HECKENBERGER, Michael; J. RUSSELL; Joshua TONEY & Morgan SCHMIDT
2007. "The legacy of cultural landscapes in the Brazilian Amazon: implications for biodiversity". *Philosophical Transactions of The Royal Society B*, v. 362, n. 1478, pp. 197–208. DOI: doi.org/10.1098/rstb.2006.1979.

HECKENBERGER, Michael; J. RUSSELL et al.
2008. "Pre-Columbian urbanism, anthropogenic landscapes, and the future of the Amazon". *Science Reports*, v. 321, n. 5893, pp. 1214–17. DOI: 10.1126/science.1159769.

HEISER, Charles B.
1993. *The Gourd Book*. Norman: University of Oklahoma Press.

HELMERICH, Stefan & S. Eben KIRKSEY
2010. "The emergence of multi species ethnography". *Cultural Anthropology*, v. 25, n. 4.

HERMENEGILDO, Tiago; C. TAMSIN; Vera O'CONNELL; L. C. GUAPINDAIA & Eduardo G. NEVES
2017 (ago.). "New evidence for subsistence strategies of late pre-colonial societies of the mouth of the Amazon based on carbon and nitrogen isotopic data". *Forests of Plenty*, v. 448, pp. 139–49. DOI: doi.org/10.1016/j.quaint.2017.03.003.

HILBERT, Lautaro
2017. "Investigating plant management in The Monte Castelo (RO-Brazil) and Tucumã (PA-Brazil) Shell Mounds using phytoliths analysis". Tese de doutoramento. Exeter: University of Exeter.

HILBERT, Lautaro; Eduardo G. NEVES et al.
2017. "Evidence for mid-Holocene rice domestication in the Americas". *Nature Ecology & Evolution*, v. 1, n. 11, pp. 1693–98. DOI: doi.org/10.1038/s41559-017-0322-4.

HORNBORG, Alf
2005. "Ethnogenesis, regional integration, and ecology in prehistoric Amazonia: toward a system perspective". *Current Anthropology*, v. 46, n. 4, pp. 589–620. DOI: doi.org/10.1086/431530.

HUBER, Adriana
2012. *Pessoas falantes, espíritos cantores, almas-trovões: História, sociedade, xamanismo e rituais de autoenvenenamento entre os Suruwaha da Amazônia*

ocidental. Tese de doutoramento. Berna: Universidade de Berna.

HUBER, Jacques

1900. *Arboretum Amazonicum: iconographia dos mais importantes vegetaes espontaneos e cultivados da região amazônica. 1ª. década*. Zurique: Instituto Polytgraphico A. G.

HUGH-JONES, S.

2009. "The fabricated body: objects and ancestors in northwest Amazonia", in F. Santos-Granero (org.), *The Occult Life of Things: Native Amazonian Theories of Materiality and Personhood*. Tucson: The University of Arizona Press, pp. 33–59.

HUMPHREYS, Aelys M.; Rafaël GOVAERTS et al.

2019. "Global dataset shows geography and life form predict modern plant extinction and rediscovery". *Nature Ecology & Evolution*, v. 3, n. 7, pp. 1043–47. DOI: doi.org/10.1038/s41559-019-0906-2.

INGOLD, Tim

2000. *The Perception of the Environment: Essays on Livelihood, Dwelling and Dkill*. London / New York: Routledge.

2012. "Caminhando com dragões: em direção ao lado selvagem", in C. A. Steil & I. C. de M. Carvalho (org.), *Cultura, percepção e meio ambiente: diálogo com Tim Ingold*. São Paulo: Terceiro Nome, pp. 15–31.

IRIARTE, José & Hermann BEHLING

2007. "The expansion of Araucaria forest in the southern Brazilian highlands during the last 4 000 years and its implications for the development of the Taquara/Itararé Tradition". *Environmental Archaeology*, v. 12, n. 2, pp. 115–27. DOI: doi.org/10.1179/174963107x226390.

IRIARTE, José; MOEHLECKE COPÉ, Silvia et al.

2013. "Sacred landscapes of the southern Brazilian highlands: Understanding southern proto-Jê mound and enclosure complexes". *Journal of Anthropological Archaeology*, v. 32, n. 1, pp. 74–96. DOI: doi.org/10.1016/j.jaa.2012.10.003.

IRION, G.; W. J. JUNK & J. A. S. N. MELLO

1997. "The large central Amazonian river floodplains near Manaus: geological, climatological, hydrological and geomorphological aspects", in W. J. Junk (org.), *The Central Amazon Floodplain: Ecology of a Pulsing System*. Berlin: Springer, pp. 23–46.

JAMES, Clive

2009. *Global Status of Commercialized Biotech/GM Crops: 2009*. ISAAA Brief, n. 41. Ithaca: ISAAA.

JANZEN, Daniel H. & Paul S. MARTIN

1982. "Neotropical anachronisms: the fruits the Gomphotheres Ate".

Science, v. 215, n. 4528, pp. 19–27. DOI: 10.1126/science.215.4528.19.

JOÃO, Izaque Kaiowá [Jerosy Puku]
2013. *Piseagrama*, n. 6, pp. 15–17.
2011. *Jakaira reko nheypyrũ marangatu mborahéi: Origem e fundamentos do canto ritual jerosy puku entre os Kaiowá de Panambi, Panambizinho e Sucuri'y*. Dissertação de mestrado. Mato Grosso do Sul: Universidade Federal da Grande Dourados.

JOHNSON, Cheri
2019. *Forcer l'agriculture: Comment les organismes modifiés par forçage génétique pourraient renforcer l'agriculture industrielle et menacer la souveraineté alimentaire*. ETC Group/ Fondation Heinrich Böll.

JUNQUEIRA, André B.; Glenn SHEPARD JÚNIOR & Charles CLEMENT
2010. "Secondary forests on anthropogenic soils in Brazilian Amazonia conserve agrobiodiversity". *Biodiversity and Conservation*, v. 19, n. 7, pp. 1933–61. DOI: 10.1007/ s10531-010-9813-1.

KANT, Immanuel
[1781] 1978. *Crítica da razão pura*, trad. U. B. Moosburger e V. Rodehn. São Paulo: Abril (Coleção Os Pensadores).

KELLY, José Antonio & Marcos de Almeida MATOS
2019. "Política da consideração: Ação e influência nas terras baixas da América do Sul". *Mana*, v. 25, n. 2, pp. 391–426. DOI: doi. org/10.1590/1678-49442019v25 n2p391.

KEVLES, Daniel J.
2018. "Nouveau sang, nouveaux fruits", in F. Graber & F. Locher (orgs.), *Posséder la nature, environnement et propriété dans la nature*. Paris: Éditions Amsterdam, pp. 143–61.

KISTLER, Logan et al.
2018. "Multiproxy evidence highlights a complex evolutionary legacy of maize in South America". *Science*, v. 14, n. 362, pp. 1309–13. DOI: doi. org/10.1126/science.aav0207.

KOCH, Alexander; Chris BRIERLEY; Mark MASLIM & Simon LEWIS
2019. "Earth system impacts of the European arrival and Great Dying in the Americas after 1492". *Quaternary Science Reviews*, v. 207, pp. 13–36. DOI: doi.org/10.1016/j. quascirev.2018.12.004.

KOHN, Eduardo
2013. *How Forests Think: Toward an Anthropology beyond the Human*. Berkeley: University of California Press.

KOPENAWA, Davi
2019 (jan.–abr.). "Fala Kopenawa! Sem floresta não tem história", entrevista de Davi Kopenawa a Carlos Dias Jr. e Stelio Marras. *Mana*, Rio de Janeiro, v. 25, n. 1. DOI: doi.org/10. 1590/1678-49442019v25n1p236.

KOPENAWA, Davi & Bruce ALBERT
2015. *A queda do céu: Palavras de um xamã yanomami*, trad. Beatriz Perrone-Moisés. São Paulo: Companhia das Letras.

KRAHÔ, Creuza Prumkwyj
2017. "Mulheres-cabaças". *Piseagrama*, n. 11, pp. 110–17.

KRENAK, Ailton
2016. "Depoimento de Ailton Krenak", in ISA, *Povos Indígenas no Brasil: 2011–2016*. São Paulo: Instituto Socioambiental.

KROEMER, Gunter
1989. *A caminho das malocas zuruaha*. São Paulo: Loyola.

KROPOTKIN, Piotr
2009. *A ajuda mútua como fator de evolução*. São Sebastião: A Senhora Editora.

KRUSE, Nelson D.; M. Trezzi MICHELANGELO & A. Vidal RIBAS
2000. "Herbicidas inibidores da EPSPS: Revisão de literatura". *Revista Brasileira de Herbicidas*, v. 1, n. 2. DOI: doi.org/10.7824/rbh.v1i2.328.

LAMARCK, Jean-Baptiste de
[1809] no prelo. *Filosofia zoológica*, trad. C. Hirata, J. Namba e A. C. Soliva. São Paulo: Unesp.

LATOUR, Bruno
1991. *Nous n'avons jamais été modernes: Essai d'anthropologie symétrique*. Paris: La Découverte. [ed. bras.: *Jamais fomos modernos*, trad. Carlos Irineu da Costa. São Paulo: Editora 34, 2000].
1999. *Politiques de la nature: Comment faire entrer les sciences en démocratie*. Paris: La Découverte. [ed. bras.: *Políticas da natureza: como fazer ciência na democracia*, trad. Carlos Aurélio Mota de Souza. Bauru: Edusc, 2004].
2000. *Ciência em ação: Como seguir cientistas e engenheiros sociedade afora*, trad. Ivone C. Benedetti. São Paulo: Unesp.
2005. *Reassembling the Social: an Introduction to Actor--Network-Theory*. Oxford: Oxford University Press.
2015. *Face à Gaïa: Huit conférences sur le Nouveau Régime Climatique*. Paris: La Découverte. [ed. bras.: *Diante de Gaia: Oito conferências sobre a natureza no Antropoceno*, trad. Maryalua Meyer. São Paulo: Ubu Editora / Ateliê de Humanidades, 2020].

LE GUIN, Ursula K.
[1969] 2014. *A mão esquerda da escuridão*, trad. Susana Alexandria. São Paulo: Aleph.

LEMA, Verónica S.
2020. "Alteridades semejantes: Plantas y contradomesticación en comunidades andinas", *Cuadernos materialistas*, n. 5. Disponível em colectivamateria.wixsite.com/cuadmaterialistas/5.

LÉVI-STRAUSS, Claude
[1949] 1982. *As estruturas elementares do parentesco.* Petrópolis, Vozes.
1950. "The use of wild plants in tropical South America", in J. Steward (org.). *Handbook of South American Indians, v. 6: Physical Anthropology, Linguistics and Cultural Geography of South American Indians*. Washington: Smithsonian Institution, pp. 465–86. [ed. bras. 1987. "O uso das plantas silvestres da América do Sul tropical", in D. Ribeiro (ed.), B. G. Ribeiro (coord.), *Suma etnológica brasileira Vol. 1: Etnobiologia*. Petrópolis: Vozes / Finep, pp. 27–46.]
[1958] 2017. "A noção de arcaísmo em etnologia", in: *Antropologia estrutural I*, trad. Beatriz Perrone-Moisés. São Paulo: Ubu Editora.
1964. *Le Cru et le cuit: Mythologiques 1*. Paris: Plon. [ed. bras. *O cru e o cozido*, trad. Beatriz Perrone-Moisés. São Paulo: Cosac Naify, 2004].
[1967]. *Do mel às cinzas* (*Mitológicas v. 2*), trad. Carlos Eugênio Marcondes de Moura (coord.); trad. Beatriz Perrone-Moisés. São Paulo: Cosac Naify, 2004.
[1962] 1989. *O pensamento selvagem*. Campinas: Papirus.
[1968] 2006. *A origem dos modos à mesa. Mitológicas v. 3*, trad. Beatriz Perrone-Moisés. São Paulo: Cosac Naify.
1985. *La Potière jalouse.* Paris: Plon.
[1991] 1993. *História de lince*, trad. Beatriz Perrone-Moisés. São Paulo: Companhia das Letras.

LEVIS, Carolina; Priscila Figueira de SOUZA et al.
2012 (nov.). "Historical human footprint on modern tree species composition in the Purus-Madeira interfluve, Central Amazonia". *PLoS ONE*, v. 7, n. 11. DOI: doi.org/10.1371/journal.pone.0048559.

LEVIS, Carolina; Flávia R. C. COSTA et al.
2017. "Persistent effects of pre-Columbian plant domestication on Amazonian forest composition". *Science*, v. 355, n. 6328, pp. 925–31. DOI: doi.org/10.1126/science.aal0157.

LEVIS, Carolina; Bernardo M. FLORES et al.
2018. "How people domesticated Amazonian forests". *Frontiers in Ecology and Evolution*, v. 5. DOI: dx.doi.org/10.3389/fevo.2017.00171.

LIMA, Tânia Stolze
1996. "O dois e seu múltiplo: reflexões sobre o perspectivismo em uma cosmologia tupi". *Mana*, v. 2, n. 2, pp. 21–47. DOI: dx.doi.org/10.1590/S0104-93131996000200002.

2002. "O que é um corpo". *Religião & Sociedade*, v. 22, n. 1, pp. 9–20.
2005. *Um peixe olhou para mim: O povo Yudjá e a perspectiva*. São Paulo: Unesp / ISA / NUTI.
2011. "Por uma cartografia do poder e da diferença nas cosmopolíticas ameríndias". *Revista de Antropologia*, v. 54, n. 2. DOI: doi.org/10.11606/2179-0892.ra.2011.39641.

LINS, Juliana; Helena LIMA; Fabricio BACCARIO; Valdely KNUPP; Gleen SHEPARD & Charles CLEMENT
2015. "Pre-Columbian floristic legacies in modern homegardens of Central Amazonia". *PLoS ONE*, v. 10, n. 6, pp. 1–10. DOI: doi.org/10.1371/journal.pone.0127067.

LOCKE, John
[1689] 1978. *An Essay Concerning Human Understanding*, I, 3, 1. Ed. P. H. Nidditch. Oxford: Clarendon Press.

LOMBARDO, Umberto; IRIARTE, José et al.
2020. "Early Holocene Crop Cultivation and Landscape Modification in Amazonia". *Natures Research*, v. 581, n. 7807, pp. 190–93.

LONDRES, Flávia; Terezinha Borges DIAS; Ubiratan PIOVEZAN & Fernando SCHIAVIVI
2014. *As sementes tradicionais dos Krahô: uma experiência de integração das estratégias on farm e ex situ de conservação de recursos genéticos.* (*Sementes locais: experiências agroecológicas de conservação e uso*). Rio de Janeiro: AS-PTA.

LORENZI, Harri
2000. *Plantas daninhas do Brasil: terrestres, aquáticas, parasitas, tóxicas e medicinais*. Nova Odessa: Instituto Plantarum.

MACEDO, Rodrigo; TEIXEIRA, Wenceslau et al.
2019. "Amazonian dark earths in the fertile floodplains of the Amazon River, Brazil: An example of non-intentional formation of anthropic soils in the Central Amazon region". *Boletim do Museu Paraense Emílio Goeldi Ciências Humanas*, v. 14, n.1.

MAEZUMI, S. Yoshi; Daiana ALVES et al.
2018. "The legacy of 4,500 years of polyculture agroforestry in the eastern Amazon". *Nature Plants*, v. 4, n. 8, pp. 540–47. DOI: doi.org/10.1038/s41477-018-0205-y.

MAIA, Gabriel S.
2016. *Bahsamori: O tempo, as estações e as etiquetas sociais dos Yepamahsã* (*Tukano*). Dissertação de mestrado. Manaus: Universidade Federal do Amazonas.

MAIZZA, Fabiana
2012. *Cosmografia de um mundo perigoso: Espaço e relações de afinidade entre os Jarawara da Amazônia*. São Paulo: Edusp / Nankin.

2014. "Sobre as crianças-planta: O cuidar e o seduzir no parentesco jarawara", *Mana*, v. 20, n. 3, pp. 491–518. DOI: dx.doi.org/10.1590/S0104-93132014000300003.
2017. "Persuasive kinship: human-plant relations in Southwest Amazonia". *Tipití: Jounal of the Society for the Anthropology of Lowland South America*, v. 15, n. 2, pp. 205–20.
MARENGO, José A.; Carlos A. NOBRE & Wagner R. SOARES (org.)
2018. *Climate change risks in Braz*il. Amsterdam: Springer.
MARIS, Virginie
2018. *La Part sauvage du monde*. Paris: Seuil.
MARRAS, Stelio
2016. "Qual ciência visar?". *Revista Climacom*, Campinas, ano 3, n. 6.
2018. "Por uma antropologia do entre: Reflexões sobre um novo e urgente descentramento do humano". *Revista do Instituto de Estudos Brasileiros*, São Paulo, n. 69, pp. 250–66. DOI: doi.org/10.11606/issn.2316-901X.v0i69p250-266.
MARQUES, Luiz
2018. *Capitalismo e colapso ambiental*. Campinas: Editora da Unicamp.
MARTINS, Renata Maria de A.
2017. "Cuias, cachimbos, muiraquitãs: a arqueologia amazônica e as artes do período colonial ao modernismo". *Boletim do Museu Paraense Emílio Goeldi. Ciências Humanas*, Belém, v. 12, n. 2, pp. 403–26. DOI: dx.doi.org/10.1590/1981.81222017000200009.
MARTIUS, K. F. P. von
1854. *Systema de materia medica vegetal brasileira*. Rio de Janeiro: Eduardo Henrique Laemmert. Disponível em digital.bbm.usp.br/handle/bbm/4945.
MATAREZIO FILHO, Edson T.
2019. *A Festa da Moça Nova: Ritual de iniciação feminina dos índios Ticuna*. São Paulo: Humanitas/Fapesp.
MATOS, Beatriz de Almeida
2019. "O perigo do olhar da mulher: reflexões sobre gênero e perspectiva a partir de um ritual de iniciação masculina matses". *Amazônica: Revista de Antropologia*, v. 11, n. 2, pp. 637–56. DOI: dx.doi.org/10.18542/amazonica.v11i2.7637.
MAUÉS, Marcia M.
2002. "Reproductive phenology and pollination of the Brazil nut tree (*Bertholletia excelsa Humb. & Bonpl. Lecythidaceae.*) in Eastern Amazônia", in P. Kevan & V. Imperatriz-Fonseca (org.), *Pollinating Bees: The Conservation Link between Agriculture and Nature*. Brasília: Ministério do Meio Ambiente, pp. 245–54.

MEGGERS, Betty & Eurico MILLER
2003. "Hunter-Gatherers in Amazonia during the Pleistocene-Holocene Transition", in J. Mercader (org.), *Under the Canopy: The Archaeology of Tropical Rainforests*. London: Rudges University Press, pp. 291–316.

MELATTI, Júlio Cesar
1978. *Ritos de uma tribo timbira*. São Paulo: Ática.
2001. "A grande árvore, mitos indígenas", aula expositiva, UnB-ICS-DAN.

MENDES DOS SANTOS, Gilton
2001. *Seara de homens e deuses: uma etnografia dos modos de subsistência dos Enawenê-nawê*. Dissertação de mestrado. Campinas: Instituto de Filosofia e Ciências Humanas – Universidade Estadual de Campinas.
2006. *Da cultura à natureza: cosmologia e ecologia dos Enawenê-Nawê*. Tese de doutoramento. São Paulo: Universidade de São Paulo.
2010. "Imagens da Amazônia: natureza e humanidade", in V. A. Silva, A. L. Almeida & U. P. Albuquerque (org.), *Etnobiologia e etnoecologia: pessoas e natureza na América Latina*. Recife: Nupeea, pp. 111–31.
2016. "Plantas e parentelas: Notas sobre a história da agricultura no Médio Purus", in G. Mendes dos Santos & M. Aparicio (org.), *Redes arawa: Ensaios de etnologia no Médio Purus*. Manaus: EDUA, pp. 19–40.

MENDES DOS SANTOS, Gilton & G. HENRIQUES SOARES
[no prelo]. "Amazônia indomável: Relações fora do alcance da domesticação". *HAU: Journal of Ethnographic Theory*.

MENEZES, E. S. de
2019. *Relações sociais, processos de dominação e estratégias de enfrentamento no sistema de aviamento em Barcelos-AM*. Tese de doutoramento. Manaus: Universidade Federal do Amazonas.

MÉTRAUX, Alfred
1948. "Tribes of the middle and upper Amazon river", in J. H. Steward (org.), *Handbook of South American Indians: The Tropical Forest Tribes*. Washington: Smithsonian Institution Press, pp. 687–712.

MEYER, Rachel; Ashley DUVAL & Helen JENSEN
2012. "Patterns and processes in crop domestication: an historical review and quantitative analysis of 203 global food crops", *New Phytologist*, v. 196, pp. 29–48. DOI: doi.org/10.1111/j.1469-8137.2012.04253.x.

MILLER, Theresa
2015. *Bio-Sociocultural Aesthetics: Indigenous Ramkokamekra-Canela Gardening Practices and Varietal Diversity Maintenance*

in Maranhão, Brazil. Tese de doutoramento. Oxford: Institute of Social and Cultural Anthropology – University of Oxford.

MONGELÓ, Guilherme
2015. "Apontamentos sobre o Período Formativo nas Terras Baixas". *Revista do Museu de Arqueologia e Etnologia* Suplemento n. 20, pp. 43–47.

MOORE, Gerald & Witold TYMOWSKI
2008. *Guía explicativa del tratado internacional sobre los recursos fitogenéticos para la alimentación y la agricultura*. Gland: UICN.

MOREIRA, Priscila A.; Juliana LINS et al.
2015. "The domestication of annatto (*Bixa orellana*) from *Bixa urucurana* in Amazonia". *Economic Botany*, v. 69, n. 2, pp. 127–35. DOI: doi.org/10.1007/s12231-015-9304-0.

MOREIRA, Priscila A.; Cédric MARIAC et al.
2016. "Chloroplast sequence of treegourd (*Crescentia cujete*, Bignoniaceae) to study phylogeography and domestication". *Applications in Plant Sciences*, v. 4, n. 10. DOI: doi.org/10.3732/apps.1600048.
2017. "Human management and hybridization shape treegourd fruits in the Brazilian Amazon Basin". *Evolutionary applications*, v. 10, n. 6, pp. 577–89. DOI: doi.org/10.1111/eva.12474.

MOREIRA, Priscila A.; Xitlali AGUIRRE-DUGUA et al.
2017. "Diversity of treegourd (*Crescentia cujete*) suggests introduction and prehistoric dispersal routes into Amazonia". *Frontiers in Ecology and Evolution*, v. 5. DOI: doi.org/10.3389/fevo.2017.00150.

MORI, Scott A. & Ghillean T. PRANCE
1979. *Lecythidaceae. Flora Neotropica*, v. 21. New York: The New York Botanical Garden.
1990. "Taxonomy, ecology, imd economic botany of the Brazil nut (*Bertholletia excelsa* Humb. & Bonpl.: Lecythidaceae)". *Advances in Economic Botany*, v. 8, pp. 130–50.

MORIM DE LIMA, Ana Gabriela
2016. *"Brotou batata para mim": cultivo, gênero e ritual entre os Krahô (TO, Brasil)*. Tese de doutoramento. Rio de Janeiro: Universidade Federal do Rio de Janeiro.
2017. "A cultura da batata-doce: cultivo, parentesco e ritual entre os Krahó". *Mana*, Rio de Janeiro, v. 23, n. 2, pp. 455–90. DOI: dx.doi.org/10.1590/1678-49442017v23n2p455.
2018. "Etnografia das roças krahô: a vida sociorritual das plantas, a estética e a poética da diversidade", in A. G. Morim de Lima, I. Scaramuzzi, J. Cabral de Oliveira, L. Santonieri, M. Arruda Campos & T. M. Cardoso

(org.), *Práticas e saberes sobre agrobiodiversidade: a contribuição de povos tradicionais*. Brasília: IEB / Mil Folhas.

MORIM DE LIMA, Ana Gabriela; Verônica ALDÉ & Creuza PRUMKWYJ KRAHÔ
2020. "As festas do milho krahô: cantando sementes e semeando cantos". *Anuário Antropológico*, v. 3, pp. 106–26. DOI: doi.org/10.4000/aa.6573.

MORCOTE-RÍOS, Gaspar & Rodrigo BERNAL
2001. "Remains of palms (Palmae) at archaeological aites in the New World: a review". *The Botanical Review*, v. 67, n. 3, pp. 309–50.

MORTON, Julia F.
1968. "The calabash (*Crescentia cujete*) in folk medicine". *Economic Botany*, v. 22, pp. 273–80.

MOTAMAYOR, Juan; A. M. RISTERUCCI et al.
2002. "Cacao domestication I: the origin of the cacao cultivated by the Mayas". *Heredity*, v. 89, n. 5, pp. 380–86. DOI:10.1038/sj.hdy.6800156.

MOTAMAYOR, Juan C.; Philippe LACHENAUD et al.
2008. "Geographic and genetic population differentiation of the Amazonian chocolate tree (*Theobroma cacao* L.)". *PLOS ONE*, v. 3, n. 10. DOI: doi.org/10.1371/journal.pone.000331.

MOTTE, Charles Etienne Pierre
1834. Litografia, in DEBRET, Jean-Baptiste 1834. *Végétaux qui servente a faire des liens: imbire, cipò Imbé, sapoucaÿa, cotonnier.* Paris: Firmin Didot Frères, 1834.

MULLER, Jean Claude; Wolf DIETRICH & Ruth MONSERRAT
2019. *Dicionário de língua geral amazônica*. Primeira transcrição por Gabriel Prudente. Edição diplomática, revisada e ampliada com comentários e anexos. Potsdam / Belém: Universitätsverlag Potsdam / Museu Paraense Emílio Goeldi.

MURPHY, Robert F.
1960. *Headhunter's Heritage. Social and Economic Change among the Munduruku Indians.* California: Berkeley and Los Angeles.

NEVES, Eduardo G.
2013. "Was agriculture a key productive activity in pre-colonial Amazonia? The stable productive basis for social equality in the Central Amazon", in E. Brondízio & E. Moran (org.), *Human-environment Interactions: Current and Future Direction*. New York: Springer, pp. 371–88.
2014. "La incipiencia permanente: La Amazonia bajo el insistente destino de la incompletitud", in M. Campagno (org.), *Pierre Clastres y las*

sociedades antiguas. Buenos Aires: Miño y Dávila, pp. 65–80.
2016. "A tale of three species or ancient soul of tropical forests", in N. Sanz et al. (org.). *Tropical Forest conservation: Long-term Process of Human Evolution, cultural adaptations and consumption Patterns*. México: Unesco, pp. 228–46.

NEVES, Eduardo G.; James PETERSEN; Robert BARTONE & Carlos SILVA
2004. "Historical and socio-cultural origins of Amazonian dark earth", in J. Lehmann, D. C. Kern, B. Glaser & W. I. Wodos (org.), *Amazonian dark Earths*. Dordrecht: Springer, pp. 29–50. doi: doi.org/10.1007/1-4020-2597-1_3.

NEVES, Eduardo G.; Laura FURQUIM et al.
2016. "Pesquisa e formação nos sítios Espinhara e Sol de Campinas do Acre". Relatório Final de Atividades. Rio Branco: Iphan.

NEVES, Eduardo G. & Michael J. HECKENBERGER
2019. "The call of the wild: rethinking food production in ancient Amazonia". *Annual Review of Anthropology*, v. 48, n. 1, pp. 371–88. DOI: 10.1146/annurev-anthro-102218-011057.

NIETZSCHE, Friedrich
[1886] 1992. *Além do bem e do mal: Prelúdio de uma filosofia do futuro*, trad. Paulo César de Souza. São Paulo: Companhia das Letras.

OTERO, R.; V. NÚÑEZ et al.
2000. "Snakebites and ethnobotany in the northwest region of Colombia Part III: neutralization of the haemorrhagic effect of *Bothrops atrox* venom". *Journal of Ethnopharmacology*, v. 73, n. 1–2, pp. 233-41. DOI: doi.org/10.1016/s0378-8741(00)00321-4.

OVÍDIO
2017. *Metamorfoses*, trad. Domingos Lucas Dias. São Paulo: Editora 34.

OWEN, Richard
2007. *On the Nature of Limbs: A Discourse*. Ed. R. Amundson. Chicago: University of Chicago Press.

PANOFF, Michel
1982. "Rapport introductif", "Tubercules et Pouvoir". *Journal d'agriculture traditionnelle et de botanique appliquée*, ano 29, n. 3–4, pp. 221–22.

PAROLIN, P.; D. WALDHOFF & M T. F. PIEDADE
2010. "Fruit and seed chemistry, biomass and dispersal", in W. Junk, M. Piedade, F. Wittmann, J. Schöngart & P. Parolin (org.) *Amazonian Floodplain Forests*. Dordrecht: Springer, pp. 243–58.

PAZZARELLI, Francisco & Verónica LEMA
2018. "Paisajes, vidas y equivocaciones en los Andes Meridionales Jujuy, Argentina".

Chungara: Revista de Antropología chilena, v. 50, n. 2, pp. 307–18. DOI: doi.org/10.4067/S0717-73562018005000602.

PEDROSO JUNIOR, Nelson Novaes; MURRIETA, Rui Sérgio Sereni & ADAMS, Cristina
2008. "A agricultura de corte e queima: um sistema em transformação". *Boletim do Museu Paraense Emílio Goeldi Ciências Humanas*, v. 3, n. 2, pp. 153–74.

PERRONE-MOISÉS, Beatriz
2006. "Mitos ameríndios e o princípio da diferença", in A. Novaes, *Oito visões da América Latina*. São Paulo: Senac, pp. 241–57.

PERRONE-MOISÉS, Beatriz & R. SZTUTMAN
2010. "Notícias de uma certa confederação tamoio". *Mana*, v. 16, n. 2, pp. 401–33.

PESQUISADORES WAJÃPI
2017. *Plano de gestão ambiental: Terra Indígena Wajãpi*. São Paulo: Iepé, Awatac e Apina.

PESTRE, Dominique
2003. *Science, argent et politique: Un essai d'interprétation*. Versailles: Quæ.

PIPERNO, Dolores R.
2011. "The origins of plant cultivation and domestication in the New World tropics: patterns, process, and new developments". *Current Anthropology*, v. 52, n. S4, pp. 453–70. DOI: doi.org/10.1086/659998.

PITROU, Perig
2017. "Life form and form of life whiten an agentive configuration". *Current Anthropology*, v. 58, n. 3, pp. 360–80.

PLATEFORME INTERGOUVERNEMENTALE SUR LA BIODIVERSITÉ ET LES SERVICES ÉCOSYSTÉMIQUES (IPBES)
2019. "Le dangereux déclin de la nature: Un taux d'extinction des espèces 'sans précédent' et qui s'accélère". Comunicado para a imprensa. Disponível em ipbes.net/news/Media-Release-Global-Assessment-Fr.

POMPEIA, Caio
2020. "'Agro é tudo': simulações no aparato de legitimação do agronegócio". *Horizontes Antropológicos*, Porto Alegre, ano 26, n. 56, pp. 195–224. DOI: dx.doi.org/10.1590/s0104-71832020000100009.

PONTIFICIO STATO
1833/1835. *Raccolta delle leggi e disposizioni di pubblica amministrazione nello Stato Pontificio*, vol. V / VI. Roma.

POSTH, Cosimo; Nathan NAKATSUKA et al.
2018. "Reconstructing the deep population history of Central and South America". *Cell*, v. 175, n. 5, p. 1185-1197.e22. DOI: doi.org/10.1016/j.cell.2018.10.027.

PRICE, David Jr.
1972. *Nambikwara society.* Doctoral Dissertation in Anthropology. Faculty of the Division of the Social Sciences. Chicago: Illinois.

PROFESSORES WAJÃPI
2007. Ija Ma'ë kõ. São Paulo: Iepé.

PRÜMERS, Heiko & Carla Jaimes BETANCOURT
2014. "100 años de investigaciones arqueológicas en los Llanos de Mojos". *Arqueoantropológica*, v. 4, n. 4, pp. 11–53.

PRUMKWYJ KRAHÔ, Creuza
2017. *Wato ne hômpu ne kãmpa (Convivo, vejo e ouço a vida Mẽhĩ (Mãkrarè)*. Dissertação de mestrado. Brasília: Universidade de Brasília.

PUGLIESE, Francisco; Carlos ZIMPEL & Eduardo G. NEVES
2017. "Los concheros de la Amazonía y la historia indígena profunda de América del Sur", in S. Rostain & C. J. Betancourt (org.), *Las siete maravillas de la Amazonía precolombina*. La Paz: Plural.

PUJOL, Benoît; François RENOUX; Marianne ELIAS; Laura RIVAL & Doyle MCKEY
2007. "The unappreciated ecology of landrace populations: conservation consequences of soil seed banks in Cassava". *Biological Conservation*, v. 136, n. 4, pp. 541–51. DOI: doi.org/10.1016/j.biocon.2006.12.025.

RAMBERG, Lucinda
2014. *Given to the Goddess: South Indian Devadasis and the Sexuality of Religion*. Durham: Duke University Press.

RAMIREZ, Henri & Glenn SHEPARD JR.
2011. "Made in Brazil: human dispersal of the Brazil nut (BEL) in Ancient Amazônia". *Economic Botany*, v. 65, n. 1, pp. 44–65.

RANCIÈRE, Jacques
1998. *La Parole muette*: *Essai sur les contradictions de la littérature*. Paris: Hachette.
[2001] 2009. *O inconsciente estético*, trad. Mônica Costa Neto. São Paulo: Editora 34.

RESENDE, E. T. & André PROUS
1991. "Os vestígios vegetais do Grande Abrigo de Santana do Riacho". *Arquivos do Museu de História Natural da Universidade Federal de Minas Gerais*, v. 12, pp. 87–111.

RIBEIRO, Berta G.
1995. *Os índios das águas pretas: modo de produção e equipamento produtivo*. São Paulo: Edusp / Companhia das Letras.

RIBEIRO, Ricardo Gomes
2018. *Estudo etnobotânico e físico-químico da batata mairá* (*Casimirella* spp. Icacinaceae). Dissertação de mestrado. Manaus: Instituto Nacional de Pesquisas da Amazônia.

RICARDO, Fany & Majoi GONGORA (org.)
2019. *Cercos e resistências: povos indígenas isolados na Amazônia brasileira*. São Paulo: Instituto Socioambiental.

RIVAL, Laura
1998. "Domestication as a historical and symbolic process: wild gardens and cultivated forests in the Ecuadorian Amazon", in W. Balée (org.), *Advances in historical ecology*. New York: Columbia University Press, pp. 232–50.
2002. *Trekking through History: The Huaorani of Amazonian Ecuador*. New York: Columbia University Press.

RIVAL, Laura & Doyle MCKEY
2008. "Domestication and diversity in manioc (*Manihot esculenta Crantz* ssp. esculenta, Euphorbiaceae)". *Current Anthropology*, v. 49, n. 6, pp. 1119–28.

ROBERTS, Patrick
2019. *Tropical Forests in Prehistory, History, and Modernity*. Oxford: Oxford University Press.

RODRIGUES-FERREIRA, Alexandre
1933. "Memoria sobre as cuyas". *Revista Nacional de Educação*, ano 1, n. 6, pp. 58–63.

ROOSEVELT, Anna
1991. *Moundbuilders of the Amazon: Geophysical Archaeology on Marajo Island, Brazil*. Cambridge: Academic Press.

ROOSEVELT, Anna; M. COSTA et al.
1996. "Paleoindians cave dweelers in the Amazon: the peopling of Americas". *Science*, New Series, v. 272, n. 5260, pp. 373–84. DOI: doi.org/10.1126/science.272.5260.373.

ROSA, João Guimarães.
[1970] 2001. *Ave palavra*. Rio de Janeiro: Nova Fronteira.

RUDWICK, Martin J. S.
1997. *Georges Cuvier, Fossil Bones, and Geological Catastrophes*. Chicago: University of Chicago Press.

RUYSSCHAERT, S.; T. VAN ANDEL; K. VAN DE PUTTE & P. VAN DAMME
2009. "Bathe the baby to make it strong and healthy: Plant use and child care among Saramaccan Maroons in Suriname". *Journal of Ethnopharmacology*, v. 121, n. 1, pp. 148–70. DOI: doi.org/10.1016/j.jep.2008.10.020.

SAHLINS, Marshal
[1972] 1978. "A primeira sociedade da afluência", in E. Carvalho (org.), *Antropologia econômica*. São Paulo: Livraria Editora Ciências Humanas.

SALDANHA, João & Mariana Petry CABRAL
2014. "A longa história indígena na costa norte do Amapá". *Anuário Antropológico*, v. II, pp. 99–114. DOI: doi.org/10.4000/aa.1261.

SALLES, Vicente
1988. *O negro no Pará: sob o regime da escravidão.* Brasília / Belém: Ministério da Cultura / Secretaria de Estado da Cultura; Fundação Cultural do Pará Tancredo Neves.

SAMPAIO, Francisco Xavier Ribeiro de
1825. *Diário da Viagem que em visita, e correição das povoações da capitania de São José do Rio Negro fez o Ouvidor, e intendente geral da mesma.* Lisboa: Tipografia da Academia.

SANTILLI, Juliana
2009. *Agrobiodiversidade e direitos dos agricultores.* São Paulo: Peirópolis.
2016. "Biodiversidade, agrobiodiversidade e conhecimentos tradicionais associados: o novo regime jurídico de proteção", in C. Udry & J. Simoni (org.), *Conhecimento tradicional, conceitos e marco legal.* Brasília: Embrapa, pp. 229–88.

SANTONIERI, Laura
2015. *Agrobiodiversidade e conservação* ex situ*: reflexões sobre conceitos e práticas a partir do caso da Embrapa/Brasil.* Tese de doutoramento. Campinas: Universidade Estadual de Campinas.

SANTONIERI, Laura, & Patricia G. BUSTAMANTE
2016. "Conservação *ex situ* e *on farm* de recursos genéticos: desafios para promover sinergias e complementaridades". *Boletim do Museu Paraense Emílio Goeldi. Ciências Humanas*, v. 11, n. 3, pp. 677–90. DOI: dx.doi.org/10.1590/1981.81222016000300008.

SANTOS, Antonio M. de S.
1982. *Aritapera: uma comunidade de pequenos produtores na várzea amazônica (Santarém-PA).* Belém: Museu Paraense Emilio Goeldi.

SARRAF, Moisés
2019 (8 abr.). "Agricultores denunciam uso de agrotóxico como arma química em fazenda de Daniel Dantas". *Pública: Agência de Jornalismo Investigativo.* Disponível em apublica.org/2019/04/agricultores-denunciam-uso-de-agrotoxico-como-arma-quimica-em-fazenda-de-daniel-dantas/.

SASS, Walter (org.)
2004. *Ima Bute Denikha: Mitos Deni.* São Leopoldo: Oikos.

SCARAMUZZI, Igor
2016. *Extrativismo e as relações com a natureza em comunidades quilombolas do rio Trombetas, Oriximiná* (PA). Tese de doutoramento. Campinas: Universidade Estadual de Campinas.
2018. "Apelidar é entender: onomástica das castanheiras entre os quilombolas do Alto Trombetas, Oriximiná (PA)", in A. G. Morim de Lima, J. Cabral de Oliveira et al. *Práticas e

saberes da agrobiodiversidade: a contribuição dos povos tradicionais. Brasília: Mil Folhas / IEB.

2020. "Concepções e conhecimentos quilombolas e as hipóteses científicas sobre a criação e a reprodução das florestas de castanhais-Alto Trombetas, Oriximiná-PA". *Anuário Antropológico*, v. 25. n. 3. DOI: doi.org/10.4000/aa.6647.

SCHIEL, Juliana

2004. *Tronco velho: histórias apurinã*. Tese de doutoramento. Campinas: Universidade Estadual de Campinas.

SCHMITT, Stéphane

2006. *Aux Origines de la biologie moderne: L'anatomie comparée d'Aristote à la théorie de l'évolution*. Paris: Bélin.

SCHULTES, Richard E.

1957. "A little-known cultivated plant from northern South America". *Botanical Museum leaflets*, v. 18, pp. 229–44.

1984. "Amazonian cultigens and their northward and westward migration in pre-Columbian times", in D. Stone (org.), *Pre-Columbian Plant Migration: Papers of the Peabody Museum of Archaeology and Ethnology*, pp. 19–38. Cambridge: Harvard University.

1993. "The domestication of the rubber tree: economic and sociological implications". *American Journal of Economics and Sociology*, v. 52, n. 4, pp. 479–86.

SCOLES, Ricardo E.

2010. *Ecologia e extrativismo da castanheira* (*Bertholletia excelsa* Lecythidaceae) *em duas regiões da Amazônia brasileira*. Tese de doutoramento. Manaus: Instituto Nacional de Pesquisas da Amazônia.

SCOLES, Ricardo & Rogerio GRIBEL

2011. "Population structure of Brazil nut (*Bertholletia excelsa*, Lecythidaceae) stands in two areas with different occupation histories in the Brazilian Amazon". *Human Ecology*, v. 39, n. 4, pp. 455–64. DOI: doi.org/10.1007/s10745-011-9412-0.

2016. "Do rio Madeira ao rio Trombetas, novas evidências ecológicas e históricas da origem antrópica dos castanhais amazônicos". *Novos cadernos NAEA*, v. 14, n. 2, pp. 266–82. DOI: dx.doi.org/10.5801/ncn.v14i2.549.

SCOTT, James C.

2017. *Against the Grain: A Deep History of the Earliest States*. New Haven: Yale University Press.

SEEGER, Anthony; Roberto da MATTA; Eduardo VIVEIROS DE CASTRO

1987. "A construção da pessoa nas sociedades indígenas brasileiras", in J. P. de Oliveira (org.), *Sociedades indígenas e indigenismo no Brasil*. Rio de

Janeiro: Marco Zero / Editora UFRJ, pp. 11–29.

SERRES, Michel
1990. *O contrato natural*. Lisboa: Instituto Piage.

SHEPARD JR., Glenn
1999. "Shamanism and diversity: a Machiguenga perspective", in D. A. Posey (org.). *Cultural and spiritual values of biodiversity*. Nairobi: UNEP (Intermediate Technology Publication).

SHEPARD JR., Glenn; E. NEVES; Charles R. CLEMENT et al.
2020. "Ancient and traditional agriculture in South America: tropical lowlands". Oxford Research Encyclopedia of Environmental Science. DOI: doi.org/10.1093/acrefore/9780199389414.013.597.

SHIRATORI, Karen
2019. "O olhar envenenado: a perspectiva das plantas e o xamanismo vegetal jamamadi (médio Purus, AM)". *Mana*, v. 25, n. 1, pp. 159–88. DOI: doi.org/10.1590/1678-49442019v25n1p159.

SHOCK, Myrtle
2010. *Holocene Hunter-Gatherer Plant Use and Foraging Choice: a Test from Minas Gerais, Brazil*. Tese de doutoramento. Santa Barbara: Department of Anthropology, University of California.

SHOCK, Myrtle & Claide MORAES
2019. "A floresta é o *domus*: A importância das evidências arqueobotânicas e arqueológicas das ocupações humanas amazônicas na transição Pleistoceno/Holoceno". *Boletim do Museu Paraense Emilio Goeldi, Ciências Humanas*, v. 14, n. 2, pp. 263–89. DOI: dx.doi.org/10.1590/1981.81222019000200003.

SILVA, Marcio
1987. *Romance de primas e primos: – Uma etnografia do parentesco Waimiri-Atroari*. Manaus: Valer / EDUA.

SILVA, Aglair Gomes da et al.
2008. *Aldeias indígenas mura*. Manaus: Editora da Universidade Federal do Amazonas.

SILVA, João B. F. & Charles R. CLEMENT
2005. "Pupunha-brava (*Bactris gasipaes* Kunth var. chichagui) no sudeste da Amazônia". *Acta Botanica Brasilica*, v. 19, n. 2, pp. 283–86.

SIMON, Samson; Mathias OTTO & Margret ENGELHARD
2018. "Synthetic gene drive: between continuity and novelty: crucial differences between gene drive and genetically modified organisms require an adapted risk assessment for their use". *EMBO Rep.*, v. 19, n. 5, e45760. DOI: doi.org/10.15252/embr.201845760.

SMITH, Maira & Carlos FAUSTO
2016. "Socialidade e diversidade de pequis (*Caryocar brasiliense*, Caryocaraceae) entre os Kuikuro do alto rio Xingu (Brasil)". *Boletim do Museu Paraense*

Emilio Goeldi Ciências Humanas, v. 11, n. 1, pp. 87–113. DOI: dx.doi.org/10.1590/1981.81222016000100006.

SOLBRING, Otto T.; Edward O. WILSON; Carroll E. WOOD; Donald H. PFISTER

2003 (18 set.). "Richard Evans Schultes: memorial minute". *The Harvard Gazette*.

SOLIS, Ruth S.

2006. "America's first city? The case of Late Archaic Caral", in W. Isabell & H. Silverman (org.) *Andean archaeology III*. Boston: Springer, pp. 28–66.

SPRUCE, Richard

1851. "Journal of a voyage up the Amazon and rio Negro", in W. Hooker & W. Jackson (1853), *Hooker's Journal of Botany and Kew Garden Miscellany*. London: Lovell Reeve / John Edward Taylor Printer, v. 5, pp. 210–12.

STENGERS, Isabelle

2002. *A invenção das ciências modernas*, trad. Max Altman. São Paulo: Editora 34.

2015. *No tempo das catástrofes: Resistir à barbárie que se aproxima*, trad. Eloísa Araújo. São Paulo: Cosac Naify.

2017 (dez.). "O preço do progresso: Conversa com Isabelle Stengers". Entrevista concedida a Mathieu Rivat e Aurélien Berlan. *Revista DR, Dossiê "Magia e Reprodução"*, ed. 4. Disponível em revistadr.com.br/posts/o-preco-do-progresso-conversa-com-isabelle-stengers.

2018. "A proposição cosmopolítica". *Revista do Instituto de Estudos Brasileiros*, n. 69, pp. 442–64. DOI: doi.org/10.11606/issn.2316-901X.v0i69p442-464.

STENGERS, Isabelle & Bernadette BENSAUDE-VINCENT

2003. *100 mots pour commencer à penser les sciences*. Paris: Les Empêcheurs de Penser en Rond.

STENGERS, Isabelle & Philippe PIGNARRE

2005. *La Sorcellerie capitaliste: Pratiques de désenvoûtement*. Paris: La Découverte.

STEWARD, Julian

1949. *Handbook of South American Indians*. v. 5. United States: Government Printing Office. Disponível em etnolinguistica.org/handbook:intro.

STONE, Glenn D.

2002 (ago.–out.). "Fallacies in the genetic-modification wars, implications for developing countries, and anthropological perspectives". *Current Anthropology*, v. 43, n. 4. DOI: doi.org/10.1086/341532.

2010. "The anthropology of genetically modified crops". *Annual Review of Anthropology*, v. 39, n. 1, pp. 381–400. DOI: doi.org/10.1146/annurev.anthro.012809.105058.

STRATHERN, Marilyn
1987. "Out of context: the persuasive fictions of anthropology [and comments and reply]". *Current Anthropology*, Chicago, v. 28, n. 3, pp. 251–81.
1988. *The Gender of the Gift: Problems with Women, Problems with Society in Melanesia.* California: University of California Press.
1995. *The Relation: Issues In Complexity And Scale.* Cambridge: Prickly Pear.
2016. "Revolvendo as raízes da antropologia: algumas reflexões sobre 'relações'". *Revista de Antropologia*, v. 59, n. 1, pp. 224–57. DOI: doi.org/10.11606/2179-0892.ra.2016.116918.

SUJII, Patricia; Karina MARTINS; Lucia H. de O. WADT; Vânia C. R. AZEVEDO & Vera N. SOLFERINI
2015. "Genetic structure of *Bertholletia excelsa* populations from the Amazon at Different spatial scales". *Conservation Genetics*, v. 16, pp. 955–64.

SZTUTMAN, Renato
[no prelo]. "Um curioso manual de ética". Prefácio a C. Lévi-Strauss, *Origem dos modos à mesa.* São Paulo: Companhia das Letras.

TARDE, Gabriel
2007. "Monadologia e sociologia", in E. V. Vargas (org.), *Monadologia e sociologia: E outros ensaios*. São Paulo: Cosac Naify, pp. 51–133.

TAVARES, Geraldo dos S. & Alfredo K. O. HOMMA
2015. "Comercialização do açaí no estado do Pará: Alguns comentários". *Revista Observatorio Economía Latinoamericana.*

TAYLOR, Anne-Christine
2012. "O corpo da alma e seus estados: Uma perspectiva amazônica sobre a natureza do ser-se humano". *Cadernos de Campo*, São Paulo, v. 21, n. 21. DOI: doi.org/10.11606/issn.2316-9133.v21i21p213-228.

TEOFRASTO
2016. *História das plantas*, trad. Maria de Fátima Sousa e Silva e Jorge Paiva. Coimbra: Coimbra University Press / Annablume.

TER STEEGE, Hans; Nigel C. A. PITMAN et al.
2013. "Hyperdominance in the Amazonian tree flora". *Science*, v. 342, n. 6 156. DOI: doi.org/10.1126/science.1243092.

THOMAS, Evert; Maarten VAN ZONNEVELD; Judy LOO et al.
2012. "Present spatial diversity patterns of *Theobroma cacao* L. in the Neotropics reflect genetic differentiation in Pleistocene refugia followed by human-influenced dispersal". *PLoS ONE*, v. 7, n. 10. DOI: doi.org/10.1371/journal.pone.0047676.

THOMAS, Evert; Carolina A. CAICEDO, Judy A. LOO & Roeland KINDT
2014. "The distribution of the Brazil nut (*Bertholletia excelsa*) through time: from range contraction in glacial refugia, over human-mediated expansion, to anthropogenic climate change". *Boletim do Museu Paraense Emílio Goeldi. Ciências Naturais*, Belém, v. 9, n. 2, pp. 267–91.

THOMAS, Frederic
2015. "Droits de propriété industrielle et 'communs' agricoles", in S. Vanuxem & C. Guibet Lafaye (org.), *Repenser la propriété, un essai de politique écologique*. Aix en Provence: Presses Universitaires d'Aix-Marseille, pp. 171–89.

TIMMERMANN, Cristian & Zoë ROBAEY
2016. "Agrobiodiversity under different property regimes". *Journal of Agricultural & Environmental Ethics*, v. 29, n. 2, pp. 285–303.

TOLA, Miriam
2016. "Composing with Gaia: Isabelle Stengers and the feminist politics of the Earth". *PhœnEx*, v. 11, n. 1, pp. 1–21. DOI: doi.org/10.22329/p.v11i1.4390.

TSING, Anna Lowenhaupt
2015a (13–16 abr.). "In the midst of disturbance: symbiosis, coordination, history, landscape". ASA Annual Conference 2015, Symbiotic Anthropologies: Theoretical Commensalities and Methodological Mutualisms. Exeter: University of Exeter.
2015b. *The Mushroom at the End of the World*. Princeton: Princeton University Press.
2019. *Viver nas ruínas: Paisagens multiespécies no Antropoceno*. Brasília: Mil Folhas.

TYLOR, R. E. & M. J. AITKEN.
1998. *Chronometric Dating in Archaeology: Advances in archaeological and museum science*, III. New York: Plenum Press.

UGGÉ, Henrique (org.)
1991. *As bonitas histórias Sateré-Mawé*. Manaus: Secretaria de Estado de Educação e Qualidade de Ensino do Amazonas.

VAN ANDEL, Tinde R.
2000. *Non-timber Forest Products of the North-West District of Guyana Part I*. Tropenbos-Guyana Series. Georgetown: Guyana.

VAN ANDEL, Tinde; S. RUYSSCHAERT; K. de VAN PUTTE & S. GROENENDIJK
2013. "What makes a plant magical? Symbolism and sacred herbs in Afro-Surinamese winti rituals", in R. Voeks & J. Rashford (org.), *African Ethnobotany in the Americas*. New York: Springer, pp. 247–84.

VAN DOOREN, Thom
2012. "Wild seed, domesticated seed: companion species and the emergence of agriculture".

Philosophy Activism Nature, v. 9, pp. 22–28.
2014. "Care: living lexicon for the environmental humanities". *Environmental Humanities*, v. 5, pp. 291–94.
2016. *Flight ways: Life and Loss at the Edge of Extintction*. New York: Columbia University Press.

VAN DOOREN, Thom; Eben KIRKSEY & Ursula MUNSTER
2016. "Multispecies Studies: Cultivating Arts of Attentiveness". *Multispecies Studies, Environmental Humanities*, v. 8, n. 1, pp. 3–23. DOI: doi.org/10.1215/22011919-3527695.

VANDEBROEK, Ina; Michael J. BALICK et al.
2010. "The importance of botellas and other plant mixtures in Dominican traditional medicine". *Journal of Ethnopharmacology*, v. 128, n. 1, pp. 20–41. DOI: doi.org/10.1016/j.jep.2009.12.013.

VAN VELTHEM, Lucia H.
2012. "Cestos, peneiras e outras coisas: A expressão material do sistema agrícola no rio Negro". *Revista de Antropologia*, v. 55, n. 1. DOI: doi.org/10.11606/2179-0892.ra.2012.46970.

VAN VELTHEM, Lucia H. & Laure EMPERAIRE (org.)
2016. *Manivas, aturás, beijus: O sistema agrícola tradicional do rio Negro: Patrimônio cultural do Brasil*. Santa Isabel do Rio Negro: ACIMRN.

VASCONCELOS, Ana Carolina F.; Michelle BONATTI et al.
2013. "Landraces as an adaptation strategy to climate change for smallholders in Santa Catarina, Southern Brazil". *Land Use Policy*, v. 34, pp. 250–54. DOI: doi.org/10.1016/j.landusepol.2013.03.017.

VAZ, Nelson M.; Jorge MPODOZIS; João F. BOTELHO & Gustavo RAMOS
2011. *Onde está o organismo? Derivas e outras histórias na biologia e imunologia*. Florianópolis: Editora da UFSC.

VENTURINI, Tommaso
2010. "Diving in magma: how to explore controversies with actor-network theory". *Public Understanding of Science*, London, v. 19, n. 3, pp. 258–73.

VIALOU, Denis; Mohammed BENABDELHADI et al.
2017. "Peopling South America's centre: the late Pleistocene site of Santa Elina". *Antiquity*, v. 91, n. 358, pp. 865–84. DOI: doi.org/10.15184/aqy.2017.101.

VILAÇA, Aparecida
2008. "Conversão, predação e perspectiva". *Mana*, v. 14, n. 1, pp. 173–204. DOI: dx.doi.org/10.1590/S0104-93132008000100007.

VIVEIROS DE CASTRO, Eduardo
1986. *Araweté: Os deuses canibais*. Rio de Janeiro: Jorge Zahar / Anpocs.

1996. "Os pronomes cosmológicos e o perspectivismo ameríndio". *Mana*, v. 2, n. 2, pp. 115–44. DOI: dx.doi.org/10.1590/S0104-93131996000200005. [reeditado in *A inconstância da alma selvagem*. São Paulo: Ubu Editora, 2017].
2004. "Perspectival anthropology and the method of controlled equivocation". *Tipití: Journal of the Society for the Anthropology of Lowland South America*, v. 6, n. 1.
2007. "A natureza em pessoa: sobre outras práticas de conhecimento". Encontro Visões do rio Babel. Conversas sobre o futuro da bacia do rio Negro. Manaus: Instituto Socioambiental / Fundação Vitória Amazônica.
[2015] 2018. *Metafísicas canibais: Elementos para uma antropologia pós-estrutural*. São Paulo: Ubu Editora / n-1 Edições.

VOGEL, Alan
2019. *Textos interlineares jarawara*, v. 2. Sociedade Internacional de Linguística (SIL).

VOLPATO, Gabriele; Daimy GODÍNEZ; Angela BEYRA & Adelaida BARRETO
2009. "Uses of medicinal plants by Haitian immigrants and their descendants in the province of Camagüey, Cuba". *Journal of Ethnobiology and Ethnomedicine*, v. 5, pp. 16–24.

WAGLEY, Charles & Eduardo GALVÃO
1955. *Os índios Tenetehara* (*Uma cultura em transição*). Rio de Janeiro: Ministério da Educação e Cultura, Serviço de Documentação.

WATLING, Jennifer; Myrtle SHOCK; Guilherme MONGELÓ; Fernando Ozório ALMEIDA; Thiago KATER; Paulo OLIVEIRA & Eduardo G. NEVES
2018. "Direct archaeological evidence for Southwestern Amazonia as an early plant domestication and food production centre". *PLoS ONE*, v. 13, n. 7, pp. 1–28. DOI: doi.org/10.1371/journal.pone.0199868.

WINTERHALDER Bruce & Douglas KENNETT
2006. "Behavioral ecology and the transition from hunting and gathering to agriculture", in D. Kennett & B. Hinterhalder (org.). *Behavior Ecology and the Transition to Agriculure*. Berkeley: University of California Press, pp. 1–21.

WÜST, Irmhild & Cristiana BARRETO
1999 (mar.). "The ring villages of Central Brazil: A challenge for Amazonian archaeology". *Latin American Antiquity*, v. 10, n. 1. DOI: doi.org/10.2307/972208.

YOUNG, W. J.
1911. "The Brazil nut". *Botanical Gazette*, v. 52, n. 3, pp. 226–31.

ZARRILLO Sonia; Nilesh GAIKWAD et al.
2018. "The use and domestication of *Theobroma cacao* during the mid-Holocene in the upper Amazon". *Nature Ecology & Evolution*, v. 2, pp. 1879–88.

ZIMPEL, Carlos Augusto
2018. "A fase Bacabal e seus correlatos arqueológicos na Amazônia". Tese de doutoramento. São Paulo: Universidade de São Paulo.

ZUSE, Silvana
2014. *Variabilidade cerâmica e diversidade cultural no alto rio Madeira, Rondônia*. Tese de doutoramento. São Paulo: Museu de Arqueologia e Etnologia – Universidade de São Paulo.

INSTITUIÇÕES E ORGANIZAÇÕES

FOOD AND AGRICULTURE ORGANISATION (FAO)
1983. *Engagement international sur les ressources phytogénétiques.* Disponível em fao.org/fileadmin/templates/nr/documents/CGRFA/Resolution8–83_f.pdf.
1997. *State of the World's Plant Genetic Resources for Food and Agriculture.* Roma: FAO.
2003. *Tratado Internacional sobre os Recursos Fitogenéticos para Alimentação e Agricultura.* Disponível em fao.org/3/i0510pt/I0510PT.pdf.

FUNDAÇÃO DE PESQUISA SOBRE A BIODIVERSIDADE (FRB)
2019. *Rapport de l'étude sur l'utilisation des données de séquençage des ressources génétiques pour l'alimentation et l'agriculture*. Paris: FRB.

INSTITUTO CHICO MENDES DE CONSERVAÇÃO DA BIODIVERSIDADE – ICMBIO
2011. Termo de compromisso para a coleta e comercialização da castanha (*Bertholletia excelsa*) pelas comunidades quilombolas na Rebio do Rio Trombetas. Processo n. 02070.000643/2011-16, Porto Trombetas.

INSTITUTO DO DESENVOLVIMENTO SUSTENTÁVEL E DAS RELAÇÕES INTERNACIONAIS (DDRI)
2018. *Setting a Course for Beijing: the Hopes and Fears After the COP 14 on Biodiversity.* Disponível em iddri.org/en/publications-and-events/blog-post/setting-course-beijing-hopes-and-fears-after-cop-14-biodiversity.

NUSOKEN. Portal dos Filhos do Waraná
2020. Disponível em nusoken.com.

ORGANIZAÇÕES DAS NAÇÕES UNIDAS
2019. "Déclaration des Nations Unies sur les droits des paysans et des autres personnes travaillant dans les zones rurales", 2018, n. 73/165. Conseil des droits de l'Homme.

PLATEFORME INTERGOUVERNEMENTALE SUR LA BIODIVERSITÉ ET LES SERVICES ÉCOSYSTÉMIQUES (IPBES)
2019. "Le dangereux déclin de la nature: Un taux d'extinction des espèces 'sans précédent' et qui s'accélère". Comunicado para a imprensa. Disponível em ipbes.net/news/Media-Release-Global-Assessment-Fr.

SISTEMA NACIONAL DE PROTEÇÃO DE CULTIVARES (SNPC)
Disponível em sistemas.agricultura.gov.br/snpc/cultivarweb/index.php.

UNION POUR LA PROTECTION DES OBTENTIONS VÉGÉTALES (UPOV)
1991. Convention de L'UPOV. Disponível em upov.int/upovlex/fr/conventions/1991/act1991.html.

MINIBIOGRAFIAS VEGETAIS DOS AUTORES

ANA GABRIELA MORIM DE LIMA

Filha de mãe e pai botânicos, cresci passeando pelos arboretos do Jardim Botânico do Rio de Janeiro, e minha memória afetiva segue atravessando o bosque iluminado dos paus-mulatos, dançando com as vitórias-régias, deixando-se capturar pelas plantas insetívoras, abraçando a grande samaúma. Ainda me vejo espiando as salas dos pesquisadores e ouvindo curiosidades sobre as relíquias vegetais preservadas nas coleções do herbário. Da mata atlântica ao Cerrado, foi a partir do encontro com o povo indígena Krahô, e com a antropologia, que comecei a construir meu próprio percurso pelas trilhas vegetais. As mulheres krahô me conduziram pelo rumo dos pensamentos e sentimentos de suas plantas, que são cultivadas como parentes. Fiz o mestrado e o doutorado pelo Programa de Pós-graduação em Sociologia e Antropologia do Instituto de Filosofia e Ciências Sociais da Universidade Federal do Rio de Janeiro (PPGSA / IFCS-UFRJ), e minha pesquisa abordou o ciclo de vida das batatas-doces, suas histórias, cantos e danças rituais. Atualmente, sou pós-doutoranda pelo Programa de Pós-graduação em Antropologia Social da Universidade de São Paulo (PPGAS / USP). Sou pesquisadora do Centro de Estudos Ameríndios CEstA da USP. Sigo aprofundando o tema das interações entre as plantas e outros humanos e não humanos e buscando igualmente ressaltar a imensa contribuição dos saberes e práticas indígenas para o incremento e a conservação da agrobiodiversidade.

CREUZA PRUMKWYJ KRAHÔ

Nasci em fevereiro de 1971, na aldeia Galheiro, perto de um pé de jatobá. Minha avó sobreviveu a um massacre sofrido pelos Krahô na década de 1940, apenas um entre os vários que meu povo enfrentou ao longo de sua história. Atualmente moro na Aldeia Sol, na Terra Indígena Krahô, no estado do Tocantins. Fiz magistério na licenciatura intercultural da Universidade Federal de Goiás (UFG) e, posteriormente, o Mestrado em Sustentabilidade junto a Povos e Comunidades Tradicionais no Centro de Desenvolvimento Sustentável (MESPT-CDS) da Universidade de Brasília (UnB). Em minha dissertação *Wato ne hômpu kãmpa. Convivo, vejo e ouço a vida mehi* (*Mãkrarè*), defendida em 2017, trato dos diversos resguardos vivenciados pelos Krahô, dando atenção especial aos saberes das mulheres-cabaças. Trabalho com educação dentro da Terra Indígena desde 1994, atuando para que o conceito de "educação diferenciada" seja de fato colocado em prática.

EDUARDO GÓES NEVES

Graduado em história pela Universidade de São Paulo (USP), mestre e doutor em arqueologia pela Universidade de Indiana e livre-docente pela USP, atualmente sou professor titular de arqueologia brasileira do Museu de Arqueologia e Etnologia (MAE) daquela instituição. Sou pesquisador do Centro de Estudos Ameríndios CEstA da USP.

Paulistano e criado em uma chácara nas aforas da metrópole, cresci com um pé no mato e outro na cidade. Esse lugar na fronteira e as longas viagens de ônibus da rua para a roça me prepararam para ser arqueólogo e trabalhar na Amazônia, o que faço há mais de trinta anos. Moro em São Paulo e cultivo um jardim na antiga garagem de casa.

FABIANA MAIZZA

Sou professora na Universidade Federal de Pernambuco (UFPE), formada em antropologia social, mais especificamente em etnologia. Meu interesse pelo mundo vegetal surge com o andar junto a mulheres indígenas. Manira, Hinabori, Narabi e Makeni me ensinaram que o cuidado com esses seres deve ser em ritmo lento, com gestos delicados, visitas esporádicas e muita calma. Conviver com mulheres jarawara é conviver com seus jardins e roçados, com suas plantas de tabaco, pupunheiras, mandiocas, abacaxis, bananeiras, carás, milhos, algodoeiros, em busca de açaizeiros em lugares mais distantes na floresta. Mas também com enviras e seus trançados; com *sinã* (rapé) e outras folhas que curam, em uma dinâmica do estar junto que não prioriza nem hierarquiza formas de vida. E assim, seguindo os passos de mulheres jarawara, minhas pesquisas atuais focam as relações de gênero e entre humanos e plantas cultivadas. Publiquei artigos sobre agência feminina, políticas feministas da vida, ecologia e feminismo, relações humano-planta. Sou atualmente pesquisadora associada ao Centro de Estudos Ameríndios da Universidade de São Paulo (CEstA) e ao Centre Enseignement et Recherche en Ethnologie Amérindienne (Erea / Lesc) em Paris.

GILTON MENDES DOS SANTOS

Assim que terminei o curso de graduação em agronomia, pela Universidade Federal do Mato Grosso (UFMT), em 1991, fui trabalhar com os Enawenê-nawê, um povo de contato recente, habitante do noroeste do estado de Mato Grosso. Em visitas constantes à roça, vi homens e mulheres conversando, cantando, tocando e oferecendo comida às plantas e fiquei impressionado com aquilo. Alguns anos depois, fui fazer a pós-graduação baseada nessa minha experiência de campo. Fiz o mestrado em antropologia na Universidade Estadual de Campinas (Unicamp) e em seguida o doutorado, na Universidade de São Paulo (USP), sempre sob orientação de Marcio Silva, que conheci entre os Enawenê-nawê e com quem aprendi as primeiras lições antropológicas. Em 2006, ingressei como professor no recém-criado Departamento de Antropologia da Universidade Federal do Amazonas (Ufam). Sou pesquisador do Centro de Estudos Ameríndios CEstA da USP. Alguns anos depois, comecei a estudar e a incentivar pesquisas entre os grupos indígenas na bacia do Purus. Interessado na história da agricultura nessa região, acabei descobrindo que ela é uma prática muito recente e que esses grupos desenvolveram complexos sistemas de uso das plantas da floresta. Foi aí que descobri a importância da batata-mairá, uma planta venenosa produtora de grande tubérculo da qual se extrai a goma para a elaboração de diferentes tipos de alimento. Essa planta, por sua vez, me levou a repensar o sentido e o lugar da agricultura, num passado não muito distante, entre os povos nativos da Amazônia.

IGOR SCARAMUZZI

Tenho bacharelado e licenciatura em história pela Universidade Estadual Paulista Júlio de Mesquita Filho (Unesp) e mestrado em antropologia social pela Universidade de São Paulo (USP). Sou doutor em antropologia social pela Universidade Estadual de Campinas (Unicamp). Desde 2002 atuo na Amazônia como consultor de projetos que envolvem educação, cultura/patrimônio e terra/meio ambiente entre populações indígenas e tradicionais. Inicialmente, minha ideia de pesquisa de doutorado sobre o extrativismo comercial da castanha realizado pelos quilombolas do Alto Trombetas, em Oriximiná (PA), era realizar uma descrição etnográfica dessa atividade levando em consideração as formas de uso do território, de organização do trabalho e das técnicas empregadas. A pesquisa teve uma mudança de rumo quando, nas caminhadas pelos castanhais, observei alguns castanheiros quilombolas em paragens por vezes muito distantes de suas casas visitando árvores que chamavam pelo nome, que conheciam, e cujas histórias de vida eles narravam. Essas histórias eram entrelaçadas com as deles próprios, mas também envolviam os castanheiros mais antigos, os animais, os rios, outros vegetais e as montanhas que convivem com as castanheiras. Senti-me compromissado com a consideração e com o afeto que alguns quilombolas castanheiros tinham pelas castanheiras, e então eles acabaram se tornando, além de personagens, os sujeitos da minha etnografia.

IZAQUE JOÃO KAIOWÁ

Izaque João, da etnia Kaiowá, é pesquisador dedicado ao estudo dos cantos-rezas e dos conhecimentos tradicionais dos povos Kaiowá e Guarani. Mestre em história pela Universidade Federal da Grande Dourados (UFGD), no Mato Grosso do Sul, vive atualmente na Reserva Indígena de Dourados, onde coordena o Magistério Indígena Ára Verá. Fez parte da equipe de produção de "Monocultura da fé" (Brasil, 2018, 23"), finalista do Prêmio Gabriel García Márquez de Jornalismo como uma das dez melhores reportagens em vídeo da América Ibérica.

JOANA CABRAL DE OLIVEIRA

Filha de uma ecóloga-educadora e de um velho naturalista, ficólogo e afeito a canoas, cresci em meio a nomes científicos e à observação de plantas e animais. Durante a graduação em ciências sociais, o encanto pela existência de outras formas de existência me levou à etnologia, enquanto o gosto cultivado em família pelas plantas me fez cursar disciplinas na botânica. Em 2004 iniciei um trabalho junto ao povo Wajãpi, aliando a botânica e a antropologia, o que me rendeu um mestrado sobre a agricultura wajãpi, em que enfrentei os processos de produção da agrobiodiversidade, e o doutorado *Entre plantas e palavras*, que versa sobre os modos de conhecimento wajãpi sobre a floresta e suas árvores, em contraste com os procedimentos científicos da botânica. Atualmente sou professora de antropologia da Unicamp, pesquisadora do Centro de Pesquisa em Etnologia Indígena (Cepei-Unicamp) e cocoordenadora do Laboratório de Estudos Pós-disciplinares (LPOD-USP e Unicamp). Sou pesquisadora do Centro de Estudos Ameríndios CEstA da USP. Mantenho pesquisas no diálogo entre antropologia e biologia nos campos de estudos indígenas e científicos.

JÚLIA HANSEN

Júlia de Carvalho Hansen nasceu em São Paulo, em 1984. Cresceu entre muitos gatos e cachorros, num jardim cultivado pelo seu pai. Nesse quintal da infância, tinha medo que a Lua Cheia caísse em sua cabeça e talvez por isso tenha se tornado astróloga. Poeta, tomou, fumou e se banhou de muitas plantas até encontrar seus ritmos no próprio corpo do verbo.

KAREN SHIRATORI

Sou graduada em filosofia pela Universidade de São Paulo (USP), mestre e doutora em antropologia social pelo Museu Nacional do Rio de Janeiro (UFRJ). Sou pós-doutoranda do Departamento de Antropologia da USP e pesquisadora do Centro de Estudos Ameríndios (CEstA-USP).

Na cosmografia jamamadi, a extremidade oposta da terra é habitada por seres comedores de carne crua e propensos a guerrear, que ao mesmo tempo são conhecedores de tecnologias avançadas e têm uma fisionomia estranhamente familiar. O *Jabao me tabori*, as aldeias do Japão, são habitadas por parentes que foram embora há muito tempo, quando a terra ainda era jovem. Se dia e noite são invertidos, também as plantas dos antípodas diferem como imagens espelhadas. Em comum, têm o hábito de observar as plantas sabendo que possuem alma: aqui, dizem *kakatoma*; lá, falam *hanami*. Dessas almas distantes, um pajé emprestou para mim o nome de uma planta e passaram a me chamar *nemeaboni*, "céu sem nuvens". Das folhas antípodas, cultivadas entre a opulência anfitriã, é louvado o amargor, sutil, também a nostalgia de uma terra arrasada da qual resta a memória dos bosques. O chadô tem suas vertigens tropicais.

LAURA PEREIRA FURQUIM

Com avô e mãe historiadores, o gosto por estudar a passagem do tempo veio de família. Já o gosto pelas plantas apareceu primeiro no interesse pelos remédios dos caipiras que conheci na vida vale-paraibana (onde existe um chá para todo tipo de doença, do corpo e da alma) e depois na convivência com os ribeirinhos do rio Solimões, por ouvir seus diálogos com "as plantas dos antigos" que nascem em seus quintais. Durante minha formação em história, comecei a pesquisar as redes de troca indígenas na Amazônia, com o objetivo de entender possibilidades de vida e comércio fora do sistema capitalista – que depois vim a entender serem contra o próprio Estado e a noção de economia.

Daí veio a aproximação com a arqueologia, que estreitei durante meu mestrado no Museu de Arqueologia e Etnologia (MAE-USP), quando enveredei pelo mundo das plantas arqueológicas e busquei compreender o consumo de plantas em um sambaqui no Pantanal do Guaporé ao longo de seus 7 mil anos de ocupação. Atualmente circulo em uma história mais "recente", com vistas a compreender as redes de relações ameríndias, o uso de plantas domesticadas e silvestres e suas implicações para a mobilidade humana nos últimos quinhentos anos antes da colonização europeia. Entre plantas e histórias, trabalho também em um projeto de identificação de biotecnologias, receitas e consumo junto aos Jamamadi do rio Purus.

LAURE EMPERAIRE

A botânica me levou a percorrer vários caminhos, inicialmente nas caatingas do Piauí, praticando uma botânica descritiva de levantamentos de flora e vegetação. Depois vieram as trilhas amazônicas dos piaçavais, seringais, castanhais... em 1992, quando novos modelos de "floresta em pé" se desenhavam após a Rio-92. O caminho da roça foi um desdobramento lógico do trabalho sobre extrativismo. Sem roça, sem farinha de mandioca, não há "produto" da floresta. A partir da roça, de sua diversidade, tentei entender o que plantas e gentes revelam umas das outras, principalmente no rio Negro, e como a roça é um espaço de resistência, mas também de negociação com uma "modernidade agrícola". Essas problemáticas são analisadas igualmente no contexto de Timor-Leste. Em outros termos, sou formada em botânica, diretora de pesquisa no Institut de Recherche pour le Développement (IRD) e fui responsável de 2005 a 2019, com Mauro Almeida (Unicamp), pelo programa PACTA (Populações, Agrobiodiversidade e Conhecimentos Tradicionais Associados),

CNPq-Unicamp / IRD e diretora de 2016 a 2019 da Unidade de Pesquisa Patrimoines locaux, Environnement et Globalisation (PALOC) (IRD-MNHN / SU).

MARIA RODRIGUES DOS SANTOS

Agricultora e mais recentemente formada em agronomia, dona Maria reflete sobre a terra da perspectiva dos "sem terra". Inicialmente seu artigo se volta para os modos nativos de cultivo da terra, entretecidos pelos moradores da terra antes da conquista europeia, práticas diante das quais dona Maria se afirma uma aprendiz. Descendente de africanos e participando da "trajetória histórica trágica" da escravidão, registra que, "quando a gente caminha para a libertação dos escravos, a terra foi aprisionada pela Lei de Terras (1850), virou propriedade privada". O movimento da luta pela terra do qual participa na região de Sorocaba, no estado de São Paulo, reúne um contingente de desagregados da terra: indígenas, afrodescendentes como ela e imigrantes europeus, que constituem comunidades em assentamentos de famílias que se reúnem em torno da agroecologia e da biodinâmica e consolidam uma rede de comercialização de produtos orgânicos que se apoia também no amplo diálogo com setores da pesquisa acadêmica.

MARIO RIQUE FERNANDES

Descobri a antropologia durante a graduação em ecologia na Universidade Estadual Paulista (Unesp – Rio Claro / SP), quando passei a cursar disciplinas no Núcleo de Estudos sobre Populações Humanas e Áreas Úmidas Brasileiras (Nupaub / USP). Graduei-me com uma pesquisa etnobotânica sobre os sistemas tradicionais agrícolas em aldeias da região de Trás-os-Montes, Portugal. Desde então, passei a estudar o conhecimento ecológico popular, dando voz a outros conhecimentos, outras ecologias, para pensar os fundamentos da ecologia. Conheci e me apaixonei pelo Ser-tão natureza de Guimarães Rosa durante a pesquisa de mestrado no Centro de Desenvolvimento Sustentável da Universidade de Brasília (CDS / UnB) num povoado sertanejo de Goiás, no entorno do Parque Estadual de Terra Ronca, em São Domingo. Inspirado no pensamento complexo do educador Edgar Morin e pela literatura de Guimarães Rosa, investiguei os conhecimentos ecológicos e os vínculos históricos daquela gente com as paisagens do *sertão-cerrado*, em especial com suas veredas e buritis. Após o mestrado, mudei-me para a Amazônia, mergulhando de vez na seara antropológica e no mundo ameríndio com os Apurinã durante o doutorado em antropologia no Programa de Pós-graduação em Antropologia Social da Universidade Federal do Amazonas (PPGAS / Ufam). Atualmente, estou fazendo pós-doutorado em um projeto de pesquisa sobre políticas de saúde indígena na Fundação Oswaldo Cruz (Fiocruz / Manaus).

MARTA AMOROSO

Nasci em São Paulo, filha de um médico e de uma professora, e fui criada aos pés da serra da Mantiqueira, em uma casa construída sob um imenso jatobá. Nessa mesma serra, entre canteiros cultivados, anos mais tarde criamos nossos filhos. Sou antropóloga, professora da Universidade de São Paulo (USP) e coordenadora do Centro de Estudos Ameríndios CEstA (USP). Minhas pesquisas acompanham as teorias ameríndias sobre as paisagens e as territorialidades na Amazônia. Desde a década de 1990, atuo junto aos Mura da Terra Indígena Cunhã-Sapucaia (bacia do rio

Madeira, Amazônia) inicialmente nos programas de regularização fundiária das Terras Indígenas Mura. Mais recentemente venho aprendendo com as horticultoras a ouvir as vozes vegetais que elas me auxiliam a reconhecer nos caminhos dos Mura.

MIGUEL APARICIO

Nasci no vale do Douro, em uma cidade cercada por pinheiros e campos de trigo no planalto da Castela, mas a vida me levou às florestas do vale do Purus, no Amazonas. Conheci os Suruwaha em 1995: inalando seu tabaco temperado com cinzas de cupuí, aprendi a falar como gente e a andar pelos caminhos nas terras do Jukihi. Soube também dos perigos das plantas, Xamtiria e Hamy me ensinaram a ter cautela com os cipós do curare e com o timbó plantado nas roças. Seguindo caminhos distantes, conheci outros povos e convivi nas suas casas: os Deni do rio Cuniuá, os Katukina do Biá, os Banawá do igarapé Kitiya, cujo tabaco tem um perfume doce graças às cinzas do cumaru. Escrevi um livro chamado *Presas do veneno*, e o tempo me fez professor em uma cidade na foz do rio Tapajós, onde moro atualmente. Continuo ouvindo histórias dos Suruwaha e dos Banawá nas suas rodadas de rapé, em casa de Kwakwai ou do Inácio, e conto algumas delas aos jovens que encontro na Universidade Federal do Oeste do Pará (Ufopa), em Santarém. Leio muita etnologia, escrevo de vez em quando e gosto de conversar com os botânicos que, como Arihuina e Damani, passam muito tempo escutando as plantas.

PEDRO PAULO PIMENTA

Professor de História da Filosofia Moderna na Universidade de São Paulo (USP), na qual é livre-docente. Dedica-se a estudos sobre as relações entre filosofia e história natural nos séculos XVIII e XIX.

Confesso francamente: minha vegetalização, ainda em curso, teve início com os franceses, que fizeram o Jardim Botânico do Rio do Janeiro, onde pela primeira vez prestei atenção em árvores, plantas, flores e frutos, não em uma epifania, mas passeando por lá com minha filha bebê e depois sozinho, lendo um livro, quieto. Depois, nas páginas do filósofo-xamã Diderot, apologista das artes mecânicas, aprendi que o homem é um animal-planta e que tudo o que insistimos em separar, como se houvesse gente, bicho e planta, a Natureza (assim mesmo, com N maiúsculo) volta a juntar. No Jardim Botânico de Paris contemplei em silêncio profundo os fósseis de árvores pré-históricas, já sabendo que a única história que conta é a gravada nas espécies.

PRISCILA AMBRÓSIO MOREIRA

Quando criança, acompanhei meus pais em uma vida itinerante, da beira do rio Eufrates até a serra amazônica dos Carajás. Enquanto meu pai, engenheiro, amava tratores e abria estradas, minha mãe, professora, contava histórias. Dessa mistura tomei gosto desde cedo por ciência, literatura e diversidade vegetal: seus frutos, cheiros, coloridos; sempre tão imersos em paisagens e pessoas de todo canto. Em 2005, terminei a graduação em biologia, iniciando os estudos em sistemas agrícolas tradicionais. No mestrado, documentei a genética e a ecologia das florestas de bracatingas cultivadas em assentamentos da reforma agrária no sul do Brasil. No doutorado, descrevi histórias de difusão e diversificação das árvores de cuia na Amazônia. Desde que me tornei mãe, estreitei relações com a filosofia, a antropologia e a educação, colaborando na integração entre saberes e sensibilidades na ciência.

STELIO MARRAS

Bacharel em ciências sociais, mestre e doutor em antropologia pela Faculdade de Filosofia, Letras e Ciências Humanas da Universidade de São Paulo (FFLCH-USP). Professor e pesquisador em antropologia do Instituto de Estudos Brasileiros (IEB) da USP. Sou pesquisador do Centro de Estudos Ameríndios CEstA da USP. Atua principalmente em Antropologia da Ciência e da Tecnologia, Antropologia da Natureza e da Modernidade, Estudos Pós-disciplinares em Multiespécies e Cosmopolíticas, Antropologia e Meio Ambiente, Antropologia do Antropoceno, Teoria Antropológica.

Minha primeira urbanidade no interior de Minas Gerais foi, contudo, cercada por montanhas densamente arborizadas de um contraforte da Mantiqueira. Mas foi na megalópole paulistana, tão pobre de cobertura vegetal, e decerto por isso mesmo, que afinal descobri a riqueza das plantas cultivando-as em dezenas de vasos caseiros. Senti e entendi que, desde então, eu mesmo era ali cultivado. Parece que mais me humanizo quanto mais deixo de ser humano. Silogismo batesoniano interespecífico: "A planta morre. Os homens morrem. Os homens são plantas". Claro enigma.

VERONICA ALDÉ

Sou mãe, flautista, pesquisadora e educadora. Nasci na Itália, mas moro no Cerrado desde pequena. Depois de me formar em música e licenciatura pela Universidade Federal do Estado do Rio de Janeiro (UFRJ), retornei para Goiás, onde iniciei as pesquisas em etnomusicologia junto a povos do Cerrado no Instituto do Trópico Subúmido (ITS) da Pontifícia Universidade Católica de Goiás (PUC-Goiás), onde desenvolvemos o projeto Sons do Cerrado. Em 2013 concluí o Mestrado em Sustentabilidade junto a Povos e Terras Tradicionais no Centro de Desenvolvimento Sustentável (MESPT-CDS) da Universidade de Brasília (Unb). Atualmente sou doutoranda pelo Programa de Pós-graduação em Antropologia Social (PPGAS) da Universidade Federal de Goiás (UFG). Venho trabalhando junto ao povo Krahô há mais de uma década, com o objetivo de apoiá-los em ações de salvaguarda dos cantos e partes de sua oralidade. Entre 2011 e 2015, participei do projeto O Trabalho da Memória Através dos Cantos de documentação das sonoridades indígenas (Prodocson) do Museu do Índio do Rio de Janeiro / Unesco, quando foi possível registrar, dentre outros rituais, os repertórios de cantos do ciclo do milho (*Pohy jõ Crow, Pohypre e Cacot*). A espécie vegetal que mais me afeta é o buriti: cresci nadando nas águas de suas veredas e admirando seus cachos com araras barulhentas. Reencontrei o buriti com os Krahô, no coração de suas vivências e cosmologia.

AGRADECIMENTOS

Este livro tem suas raízes no seminário Vozes Vegetais, organizado em abril de 2019 pelo Centro de Estudos Ameríndios (CEstA-USP), pelo laboratório de Estudos pós-disciplinares (Lapod-USP), pelo Instituto de Estudos Brasileiros (IEB-USP), e pelo Centro de Pesquisa em Etnologia Indígena (CPEI-Unicamp). Com o apoio e o financiamento da unidade de pesquisa Patrimoines Locaux, Environnement et Globalisation (L'UMR 208 Paloc-IRD/MNHN) e do Institut de Recherche pour le Développement (IRD), o livro floriu e frutificou. A parceria com a Ubu possibilitou, finalmente, que o livro viesse a público lançar suas sementes.

Somos imensamente gratos ao ambiente enriquecedor e generoso que o Seminário produziu, aos estimulantes diálogos que dele brotaram, bem como às alianças desde então tecidas e fortalecidas. Gostaríamos de agradecer a Biblioteca Brasiliana Guita e José Mindlin (BBM-USP) por ter concedido as imagens de seu acervo. Agradecimentos especiais a Lucas Ramiro, Frank Nabeta, Isabela Zangrossi e Tatiane Klein pelo apoio na preparação do livro; a Luísa Girardi, Jennifer Watling, Regina Aparecida Pereira e Lucimara Rosa de Aguia do Quilombo Cafundó; Guilherme Henrique Soares, Ari Junior e Rafael Versolato do Instituto Chão; Caio Rennó do Terra Viva, Cássia D'Elia e Carolina Fenati, por participarem dos diferentes processos que antecederam e permitiram sua materialização.

Dados Internacionais de Catalogação na Publicação (CIP)
Bibliotecário Odilio Hilario Moreira Junior – CRB 8/9949

V977 Vozes vegetais: diversidade, resistências e histórias da floresta / organizado por Joana Cabral de Oliveira et al.. São Paulo: Ubu Editora / IRD, 2020. 386 pp., 38 ils.
ISBN UBU EDITORA 978 65 86497 23 6
ISBN IRD 978 2 7099 2879 3

1. Meio-ambiente. 2. Ecologia. 3. Ensaios. 4. Agricultura. 5. Botânica. 6. Povos tradicionais. 7. Crise ecoloígica I. Oliveira, Joana Cabral de. II. Amoroso, Marta. III. Lima, Ana Gabriela Morim de. IV. Shiratori, Karen. V. Marras, Stelio. VI. Emperaire, Laure. VII. Título.

2020-3072 CDD 577 CDU 574

Índice para catálogo sistemático:
1. Ecologia 577 2. Ecologia 574

APOIO

PALOC
PATRIMOINES LOCAUX, ENVIRONNEMENT & GLOBALISATION · IRD · MNHN

CEstA
Centro de Estudos Ameríndios
UNIVERSIDADE DE SÃO PAULO

IRD Éditions

ubu

ILUSTRAÇÃO DA CAPA Elisa Carareto

COORDENAÇÃO EDITORIAL Florencia Ferrari
ASSISTENTES EDITORIAIS Isabela Sanches e Júlia Knaipp
PREPARAÇÃO Mariana Delfini
REVISÃO Cláudia Cantarin, Leonardo Ortiz e Valquíria della Pozza
DIREÇÃO DE ARTE Elaine Ramos
PROJETO GRÁFICO Livia Takemura
PRODUÇÃO GRÁFICA Marina Ambrasas
TRATAMENTO DE IMAGEM Carlos Mesquita

COMERCIAL Luciana Mazolini
ASSISTENTE COMERCIAL Anna Fournier
GESTÃO SITE / CIRCUITO UBU Beatriz Lourenção
CRIAÇÃO DE CONTEÚDO / CIRCUITO UBU Maria Chiaretti
ASSISTENTE DE COMUNICAÇÃO Júlia França

Nesta edição, respeitou-se o novo Acordo Ortográfico da Língua Portuguesa.

UBU EDITORA
Largo do Arouche 161 sobreloja 2
01219 011 São Paulo SP
(11) 3331 2275 ubueditora.com.br
professor@ubueditora.com.br
/ubueditora

FONTES Politica e Tiempos
PAPEL Pólen soft 70 g/m²
IMPRESSÃO Maistype

CADERNO DE IMAGENS

[1]

[1] "Vegetais utilizados para fazer cordas: embira, cipó imbé, sapucaia, algodoeiro". Gravura, litografia de Charles Etienne Pierre Motte, 1834.

[2]

[3]

[4]

[2] Castanhais, Alto Trombetas. Foto: Igor Scaramuzzi.

[3] [4] Castanhais, paisagens-mundo-tempo. Fotos: Mario Rique Fernandes.

[5] "A castanha tem história", diz o *toty* apurinã Camilo Matoma.

[6] Dona Elza, anciã apurinã.

[7] Vestígios do dente da cutia num ouriço de castanha.

Fotos: Mario Rique Fernandes.

[5]

[6]

[7]

[8]

[9]

[8] A língua tukano reconhece dois tipos de árvore de *Crescentia cujete*, Alto Rio Negro. Frutos redondos ou cuias (*wahatowê*). Desenho dos pesquisadores indígenas Ismael Pimentel dos Santos e Lucas Alves Bastos, gentilmente cedidos pelo Instituto Socioambiental.

EXEMPLOS DE USOS DOS FRUTOS DE *CRESCENTIA CUJETE* NA AMAZÔNIA

[9] Comboró, tipo de bolsa com alças de piaçaba. Fonte: Richard Spruce, 1853, coleção digital Kew Economic Botany.

[10] Recipiente (canto esquerdo inferior) que armazena látex de seringueira na defumação da borracha, foz do rio Amazonas. Fonte: Jacques Huber, 1900.

[11] Coió, tipo de balde, foz do rio Amazonas. Foto: Nigel Smith.

[10]

[11]

[12]

[13]

[14]

[15]

[12] Mandiocas e manivas, roça de dona Maria Lopes em Acariquara, Santa Isabel do Rio Negro, 2014. Foto: Laure Emperaire.
[13] Variedades de milhos em vias de virar farinha, Terra Indígena Wajãpi (AP), 2005. Foto: Joana Cabral de Oliveira.
[14] Batata *manhafã*, Terra Indígena Cunhã-Sapucaia (AM), 2016. Foto: Marta Amoroso.
[15] Variedades de mandioca descascadas, Terra Indígena Wajãpi (AP), 2011. Foto: Joana Cabral de Oliveira.

[16]

[16] Variedades de urucum a caminho de se transformar em tinta para pintura corporal, Terra Indígena Wajãpi (AP), 2007. Foto: Joana Cabral de Oliveira.

[17] Mulheres suruwaha trituram raízes de timbó (*Deguelia* sp.) em pescaria. Foto: Paulo Múmia, 2020.

[18] Preparo do *curare* suruwaha. Foto: Juliana Lins, 2020.

[19] Detalhes das flechas suruwaha. Foto: Paulo Múmia, 2020.

[17]

[18]

[19]

[20]

[21]

[22]

[20] Meninas jamamadi carregam cestos com bananas.
[21] Damaris na casinha de reclusão, *wawasa*, 2013.
[22] Meninas jamamadi durante ritual *ayaka* que marca o fim da reclusão de Érica, 2017. Fotos: Karen Shiratori.

[23]

[24]

[23] Olegário Tejapôc Krahô e seu neto Wohôre Krahô. Foto: Ana Gabriela Morim de Lima, 2012.

[24] *Põhypre*: os feixes de milho. Festa de colheita do milho krahô. Foto: Ana Gabriela Morim de Lima, 2014.

[25]

[26]

[25] Caititu arrastando o talo de buriti e defecando outras sementes. Desenho de Tito Hapykrit Krahô.

[26] Árvore *Cuwryre*, Escorrega-Macaco. Desenho de Reginaldo Xàj Krahô.

[27]

[30] Arara "bagunçando" os frutos do buriti. Desenho de Sidney Pōhypej Krahô.